교과서와
함께 읽는
청소년
한국사

1

구 석 기 시 대 부 터   고 려 시 대 까 지

■ **일러두기**
1. 역사 인물은 괄호 안에 생몰 연대를 표기하고, 왕의 경우에는 재위 연도를 표기했다.
2. 1895년 갑오개혁으로 태양력을 사용한 이후의 사건은 양력 일자를, 그 이전은 태음력 일자를 표기했다.
3. 외국어는 소리 나는 대로 우리말로 표기했으며, 다만 필요한 경우에 한자나 외국어를 괄호 안에 넣었다.
4. 1910년 이전의 한자어와 외국의 인명과 지명 가운데 관용적으로 굳어진 용어는 우리식 발음으로 표기했다.
5. 본문의 좌우에 있는 시험 문제 해설의 출전은 다음과 같이 줄여서 표기했다.
   - (수) 2008 : 2008년도 수능 국사
   - (검) 1-6 : 한국사 능력 검정시험 1회 6급
   - (검) 2-고 : 한국사 능력 검정시험 2회 고급

교과서와
함께 읽는

청소년
한국사

1

오정윤 지음

한국사 공부는 꿈이 있는 청소년들에게
기본 중의 기본이다!

교과서와 함께 읽으면 더욱 도움이 될 청소년 한국사를 세상에 내놓는다. 그런데 마침 2010년 현재 중학교 3학년이 대학에 진학하는 2014년도부터, 서울대는 전 계열 응시자에게 한국사 과목을 이수해야 한다고 못 박았다. '2009 개정 교육과정'대로라면 고등학교 1학년 필수 과목이었던 한국사가 내년부터는 선택 과목으로 바뀐다.

5천 년 넘는 역사를 꿰뚫어봐야 한다는 역사 과목의 특성상 수업 부담이 만만치 않아, 학생들의 한국사 기피 현상은 크게 우려될 정도였다. 그러나 한국사를 외면하고 과연 미래의 비전을 가꿀 새 인재상을 기대할 수 있을까?

미국이나 일본은 국사를 필수 과목으로 지정하거나 교육의 중심으로 내세우고 있다. 특히 중국의 경우 명문대를 가려면 반드시 중국사를 공부해야 한다. 그들은 역사를 통해 자기들만의 고유한 전통과 문화를 끊임없이 확인하며 재생산해가고 있는 것이다. 그에 비하면 우리나라는 유구하면서도 찬란한 우리 역사를 너무 소홀히 대하는 바람에, 정작 외국인들이 우리를 더 잘 아는 경우도 드물지 않게 마주치곤 한다.

이제 다소 늦은 감이 없지 않지만, 우리나라 사람들에게 한국사가 제대로 대접받는 시대가 성큼 다가오고 있다. 앞으로 이런 현상은 더더욱 가속화될 것이다. 본질적으로 역사가 얼마나 중요한지에 대해 강조하는 것조차 부끄러운 일이다. 특히 우리처럼 글로벌 시대에 주변 각국과의 치열한 각축 관계에 놓여 있는 민족과 국가로선, 역사야말로 현재를 읽어내고 미래를 준비하는 매우 중요한 키워드가 아닐 수 없다. 한국사를 소홀히 대하는 청소년은 시대를 떠안고 갈 자격을 스스로 저버리는 것이나 다름없다.

이 책은 초등학교 4학년 이상이면 읽어볼 만한 내용으로 꾸미기 위해 애썼다. 수백만 년 전 인류가 태동한 이래, 우리가 이 땅에 어엿한 민족과 국가로서 자리 잡기까지는 실로 다사다난했다. 그 내용을 시시콜콜하게 다 기억하기란 어렵기도 하거니와, 어떤 면에선 바람직하지 않을 수도 있다.

그런 까닭에 이 책에서는 인류의 시작부터 남북한 당대까지 가급적 명료하게 역사적 삶의 맥락과 흐름을 짚어내고자 노력했다. 특히 우리를 둘러싼 주변국과의 관계사는 각별히 유의했다. 주체적이고 자주적으로 우리 역사를 지키려면 세계사적 보편성도 결코 놓쳐서는 안 될 중요한 측면이기 때문이다.

21세기를 맞아 우리 민족은 그 동안 엄청난 진보를 이룩했다. 그러나 우리가 직면하고 있는 분단의 민족 모순 외에, 우리를 둘러싼 강대국들 사이에서 어떤 모습으로 살아남을 것인지에 관한 고민은 여전히 현재진행형이다.

인류는 누구나 본질적으로 평등하지만, 각 국가와 민족은 삶의 내력이 제

각각이다. 결국 우리는 과거의 역사를 탐구하며 새로운 미래의 탄생을 도모하기 위해 최선을 다해야 한다. 그것이 바로 한국사 공부의 진정한 이유이다.

그러나 이 책은 이런 당위만을 강조하기 위해 쓰지 않았다. 당장 한국사 능력 검정시험과 대입 수능시험을 준비하는 청소년들에게 최적의 준비가 가능하도록 배려했다. 시험의 출제 경향과 키워드 등을 본문 좌우에 꼼꼼히 배치했고, 아울러 소제목만 읽어도 역사의 전체 흐름을 한눈에 볼 수 있도록 했다.
또한 장 도입 부분의 '역사를 보는 눈'에서는 짧지만 강한 역사의식이 어떤 것인지를 제시하여 청소년 독자들과 함께 역사적 성찰을 해보고자 했다. 그리고 각 절의 시작 부분에는 '한 줄로 읽는 우리 역사' 난에 반드시 기억해야 할 시대별 중요 역사를 간단명료히 정리했으며, 절의 끝 부분에는 '역사 지식 플러스'와 '논술 생각나무 키우기' 난을 첨부해 청소년들이 역사적 상상력을 더욱 깊고 넓게 확장할 수 있도록 했다.

이 책은 청소년은 물론이고 넓게는 학부모, 교사, 일반인 모두를 위한 대중 역사서로도 손색이 없지 않느냐고 말하고 싶다. 사실 역사를 냉철하게 인식하고 그곳에서 삶의 진실을 찾고자 한다면 이면에 숨어 있어 밖으로 잘 드러나지 않는 핵심을 파악해야 한다.

표면에 드러난 에피소드 따위는 역사에 흥미를 돋우는 장치에 불과할 뿐이다. 우리는 역사를 좀 더 깊은 인문학의 눈으로 바라봐야 한다고 믿으며, 이 책에서는 미흡하나마 그 점을 놓치지 않고자 애를 썼다고 자부한다.

　　끝으로 이 책을 내면서 특별히 두 사람에게 감사의 인사를 드리고자 한다. 도서출판 창해의 전형배 대표는 민족사학자이신 한암당 문하의 사형으로, 한결같이 필자를 격려하고 보듬어준 보배로운 인연이다. 학문의 동반자요 인생의 동반자인 홍수례 님은 늘 앞으로 나아갈 바가 무엇인지를 가늠해주는 내 삶의 지표 노릇을 해주고 있다.

　　그 밖에도 얼마나 많은 분들이 귀한 도움을 주셨는지 그저 생각만 해도 머리가 숙여질 따름이다. 이 땅에 태어나 한국사의 일원으로 살아가는 것을 한없이 기뻐하며, 같은 세상을 함께 사는 선한 인연의 모든 분들에게 감사의 말씀을 전한다.

2010년 7월

환궁재에서 오정윤 드림

제1장
한국사의 첫걸음

선사 시대와 고조선은 아득한 과거처럼 느껴진다. 그러나 한국사의 시작이 언제인지, 우리 민족의 활동 영역이 어디였는지, 우리 민족이 어떻게 이루어졌는지 알기 위해서는 반드시 살펴야만 한다. 70만 년 전 구석기 인류가 최초로 이 땅에 발자국을 남겼고, 기원전 8000년경 신석기 시대에 이르러 비로소 빗살무늬 토기와 돌무지무덤을 특징으로 하는 우리 민족의 고유한 문화적 특성이 나타났다. 청동기 시대에 등장한 고조선은 한국사 최초의 국가인 동시에, 만주와 한반도를 삶의 터전으로 삼은 우리 민족이 정치적·혈연적으로 동질성을 갖게 되는 출발점이다. 또한 주변 지역과 뚜렷하게 구별되는 고인돌, 비파형 동검, 미송리형 토기 같은 고유 문화가 창조된 시기였다.

역사를 보는 눈

선사 시대와 고조선, 한반도의 시각을 벗어나라!

한반도에 갇혀 있는 한국사의 범위를 벗어나야 선사 시대부터

고조선, 부여, 고구려로 이어지는 대륙사의 진면목을 볼 수 있다.

선사인들에게 국경은 없었다. 만주, 연해주, 시베리아, 한반도가 그들의

자유로운 생활 무대였다. 고인돌과 천손 사상은 고조선과 뒤를 이은

부여가 이들 선사 시대를 계승한 주민이며

활동의 중심지가 대륙임을 말해준다.

| 기원전 7~5세기경 전후의 세계 |

　인류는 1만 년 전 신석기 혁명을 통해 농경을 시작하여 이동과 수렵 생활을 마치고 처음으로 정착 생활을 하게 되었다. 그리고 4천 년 전 청동기 시대에는 도시국가를 중심으로 종교가 지배하는 국가권력을 이루었다.

　기원전 7세기에는 철기의 사용으로 농업 생산력과 과학 기술이 크게 발전하면서, 정치 권력이 세상을 지배하는 중앙집권 통일국가 시대가 열렸다. 종교 중심에서 벗어나 인간을 재발견하고, 철학과 예술을 꽃피우기 시작한 것이다.

　고조선 사회도 이 시기에 이르러 단군이 통치하는 중앙 권력이 약화되었다. 철기 문화를 바탕으로 여러 지방 권력이 성장하여 고조선이 해체되고, 부여·조선후·위만조선·삼한·예·옥저·숙신 등 여러 나라가 공존하며 경쟁하는 열국 시대가 열렸다.

우리나라 ▼	주요 연표	▼ 세계
	500만 년 전	오스트랄로피테쿠스 등장
평남 상원 검은모루 동굴 유적 (가장 오래된 구석기 유적)	70만 년 전	
경기 연천 전곡리 유적 (동아시아에서 처음으로 주먹도끼 출토)	30만 년 전	
슬기 슬기 사람(호모 사피엔스 사피엔스) 홍수아이	4만 년 전	

우리나라 ▼	주요 연표	▼ 세계
	1만 5천 년 전	크로마뇽 인의 에스파냐 알타미라 동굴 들소 그림
	B.C. 8000년	서아시아에서 보리 농경 시작
요서 홍륭와 지역에서 조, 수수 농사	B.C. 6000년	
	B.C. 5000년	멕시코 테오티우아칸에서 옥수수 재배
	B.C. 3500년	이집트 나일 강에서 관개수로 농경 시작
단군이 고조선 건국	B.C. 2333년	
	B.C. 1750년	바빌로니아 왕국 함무라비 법전 공포
	B.C. 1580년	이집트 신왕조 시작
	B.C. 1450년	모세 10계명 발표
조선후가 기자조선의 왕을 칭하고 고조선 계승 국가 자처	B.C. 4세기 초	
	B.C. 492년	그리스와 페르시아 전쟁 (~B.C. 479년)
	B.C. 431년	아테네와 스파르타의 펠로폰네소스 전쟁(~B.C. 404년)
	B.C. 317년	인도 마우리아 왕조 건립
	B.C. 221년	진(秦)나라가 중국 통일
위만조선과 한나라의 왕검성 전투 (~B.C. 108년)	B.C. 109년	

고조선의 청동 방울(팔주령)

함무라비 법전 부조

페르시아 전사 부조

1 선사 시대,
우리나라 역사가 시작되다

구석기 시대에는 깬석기·뗀석기를 제작하여 수렵이나 채집에 사용했으며, 동굴이나 막집에서 살다가 먹잇감을 찾아 이동하는 생활을 했다.

선사 시대는 역사 기록이 없는 시대를 말한다. 한국사에서는 구석기 시대와 신석기 시대를 선사 시대로 보며, 그 시기는 대략 70만 년 전부터 기원전 2000년경까지이다. 우리 민족 최초의 국가인 고조선이 들어선 청동기 시대부터는 역사 기록이 있어서 역사 시대라고 부른다.

고조선 시대의 고인돌(해성 석목성)
석목성 고인돌은 탁자식 고인돌로, 고조선 중기인 기원전 15세기경에 축조되었다. 고조선의 중심지가 만주에 있었음을 보여주는 지표 유물이다.

노동하는 인간, 최초의 도구 석기를 만들다

구석기 시대●와 신석기 시대는 당시 사용되던 주요 도구인 석기의 제작 방식에 따라 나뉜다.● 구석기 시대에는 돌을 깨서 만든 타제석기를 썼다.

타제석기는 몸돌(원석)에 타격을 가해 쓸모없는 격지(돌 조각)을 떼어내 자기가 원하는 모양으로 만든 깬석기(몸돌석기)와, 몸돌에서 떼어낸 격지를 사용하는 뗀석기(격지석기)로 나뉜다. 신석기 시대에는 석기의 표면을 매끄럽게 간 간석기(마제석기)가 등장한다. ●●

구석기인들은 짐승을 사냥하는 수렵 생활, 강변과 바닷가에서 물고기를 잡거나 조개 등을 줍는 어로 생활, 식물의 열매를 따거나 뿌리를 캐 먹는 채집 생활을 했다. 또한 계절의 변화나 먹을거리 증감에 따라 이동 생활을 했는데, 주로 강이 보이는 천연 동굴이나 강변에 막대를 세우고 풀을 덮어 만든 막집을 짓고 살았다.

구석기 시대는 석기를 제작하는 수법에 따라 전기, 중기, 후기로 나눈다. 전기 구석기인들은 자연 상태의 돌을 그대로 사용하다가 점차 쓰임새에 맞게 가공했다. 이에 따라 하나의 도구를 여

● **구석기 시대의 석기 제작 방식**
직접 떼기, 모루 떼기, 망치 떼기, 눌러 떼기
(검) 1-4, (검) 7-3

● **고고학의 시대 구분**
고고학은 발견된 유물을 통해 시대 구분을 한다. 돌을 도구로 가공하는 수준에 따라 구석기 시대(뗀석기)와 신석기 시대(간석기)로 구분하고, 이후에는 금속 재료에 따라 청동기 시대, 철기 시대로 구분한다.

●● **구석기 시대의 사회적 특징**
1) 타제석기 사용
2) 평등한 공동체 사회
3) 수렵, 채집, 동굴 · 막집 생활
4) 계절이나 먹을거리에 따른 이동 생활

주먹도끼(깬석기 : 몸돌석기)

좀돌날(뗀석기 : 격지석기)

간석기(마제석기)

구석기 시대의 인류와 도구

전기			중기	후기
원숭이 사람 (오스트랄로피테쿠스)	손 쓴 사람 (호모 하빌리스)	곧선 사람 (호모 에렉투스)	슬기 사람 (호모 사피엔스)	슬기 슬기 사람 (호모 사피엔스 사피엔스)
500만~450만 년 전	250만 년 전	190만~50만 년 전	15만 년 전	5만 년 전
두 발 걷기	도구 제작	불의 사용	언어 사용	예술 활동
자연 돌	단면 석기 (찍개)	양면 석기 (주먹도끼)	결합식 도구, 조립식 도구 (창, 작살, 팔매돌)	복합식 도구, 기계식 도구 (활, 어망, 배)

러 용도로 사용하는 찍개·긁개·밀개·주먹도끼 같은 뗀석기를 만들어 사용했다. 그리고 나무나 뿔, 조개껍데기 등을 갈아서 도구로 사용했으며, 불을 사용해 음식을 익혀 먹었다.

● **구석기 시대의 3대 사건**
1) 도구의 사용
2) 불의 사용
3) 언어의 사용

중기 구석기인들은 큰 몸돌에서 떼어낸 작은 격지들을 가공하여, 창이나 작살 등 하나의 용도로만 쓰는 예리한 도구를 만들어 사용했다. 또한 여러 사람이 서로 협력해서 사냥을 했다. 사냥할 때 의사 소통을 위해 사용하던 단순한 소리와 신호는 점차 정교해져서 언어로 발전했다.

후기 구석기인들의 도구 제작 기술은 쐐기 같은 것을 대고 모양이 같은 여러 개의 작은 격지를 만드는 수준에 이르렀다. 또 활이나 그물 등을 사용하여 먹잇감을 구했는데, 특히 활은 구석기 시대의 도구 가운데 가장 발달한 것으로 인류를 사냥의 명수로 만들었다. 하지만 이 때문에 먹잇감이 부족해졌고, 부족한 식량을 해결하기 위한 노력이 새로운 생활 방식인 농경과 목축 시작의 계기가 되었다.

동아시아 대륙을 누빈 우리나라 구석기인들

구석기 시대의 인류가 우리 민족의 생활 터전이었던 만주와 한반도에 출현한 시기는 대략 70만 년 전이다.

한반도에서는 평양 상원 검은모루 동굴, 웅기 굴포리, 평양 승리산, 공주 석장리, 연천 전곡리, 청원 두루봉 유적이 널리 알려져 있다. 만주 지역에서는 영구 금우산인, 본계 묘후산인, 단동 전양인 등이 우리나라 구석기인과 깊은 관련성을 맺고 있다.

70만 년 전, 평양의 검은모루 동굴에는 곧선 사람(호모 에렉투스)이 살았다. 그들은 동굴에서 지내며 멧돼지, 승냥이, 물소, 코뿔소, 코끼리 등 29종의 포유류를 사냥했다.

거의 비슷한 시기에 단양의 금굴과 구낭굴에 살았던 구석기인들은 주로 강변에서 사슴을 사냥했다.

30만 년 전, 경기도 연천의 전곡리인●들은 한탄강이 바라다보

● **전곡리 유적의 특징**
주먹도끼, 가로날도끼, 강 언덕 막집, 아슐리안 문화권
(검) 2-2, (검) 4-고

◀ **동아시아의 구석기 문화**
구석기 시대에는 국경이 없었다. 한반도에서 벗어난 동아시아 전역이 우리나라 구석기인들의 활동 무대였다. 역사의 눈을 좁히면 압록강 아래에 갇히고, 넓히면 대륙이 한눈에 들어온다.

● **주먹도끼의 특징**
주먹도끼는 곧선 사람(호모 에렉
투스)이 만들어 사용한 대표적인
다면 석기이다. 단면 석기인 찍
개는 한쪽 면을 사용하며 한 가
지 목적에 맞도록 만든 도구이지
만, 주먹도끼는 몸돌의 여러 면
을 다듬어서 만든 것으로, 도구
하나에 여러 가지 기능을 갖춘
만능 도구이다.

● **흥수아이의 삶**
동굴 주거, 화덕(불)의 사용, 꽃
의 아름다움 인식(미의식), 장례
의식
(검) 6-4

이는 언덕에 막집을 짓고, 동아시아에서는 처음으로 몸돌의 여
러 곳을 내리쳐서 만든 주먹도끼●를 사용했다.

10만 년 전에 살았던 평안남도 덕천인은 슬기 사람(호모 사피엔
스)으로, 사방이 탁 트인 평지에 막집을 짓고 때려 깨기와 내리쳐
깨기로 찍개 등을 만들었다. 또한 몸돌에서 떨어져 나온 돌 조각
일부를 갈아서 날카로운 깬석기를 만들었다.

4만 년 전에는 슬기 슬기 사람(호모 사피엔스 사피엔스)인 승리
산인과 흥수아이●가 출현했다.

평안남도의 덕천 승리산 동굴에서 발굴된 승리산인은 서른다
섯 살쯤 되는 남자로, 동굴에 살면서 찍개 · 긁개 · 밀개 등의 다

단양 수양개 유적
남한강변에 위치한 우리나라 구석기 후기의 대표적 유적으로,
격지석기의 꽃인 좀돌날 문화를 창조한 사람들이 거주했던 곳이다.

양한 도구를 만들어 사용했던 것으로 추정된다.

홍수아이는 같은 시기에 청원 두루봉 동굴에서 살았다. 여섯 살이 채 안 된 어린 나이에 세상을 떠난 홍수아이의 유골 근처에는 진달래와 들국화의 꽃가루가 발견되었다. 그래서 '세상에서 처음으로 꽃을 사랑한 구석기인'이라는 별명을 얻었다. 두루봉 사람들은 이때 이미 계절의 변화와 사물의 아름다움을 느끼는 미의식이 있었다.

신석기 시대 바로 직전인 약 2만 년 전에는 평양 만달인, 평양 용곡인, 단양 수양개인이 한반도에서 살았다. 이들은 몸돌에서 떨어져 나온 돌 조각을 잘게 갈아서 화살촉이나 작살촉을 만들

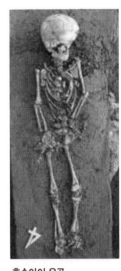

홍수아이 유골
청원 두루봉 동굴에서 발굴

어 사냥이나 물고기잡이에 사용했다.

이 도구들은 크기가 작아 잔석기, 세석기라고 한다. 이 도구 제작 기술은 동아시아 전역으로 퍼져나가 넓은 문화권을 이루었는데, 이를 '좀돌날 문화'라고 부른다.

좀돌날은 돌의 날을 예리하게 다듬은 것으로, 주로 창촉이나 화살촉으로 사용되었다. 한국의 중석기인과 신석기인들은 이들로부터 기술과 문화를 이어받았다.

중석기인, 가축을 기르다

● 중석기 시대란?
중석기 시대는 구석기와 신석기 시대의 중간에 해당된다. 신석기 시대와 비교하여 토기가 없고 농경을 하지 않았지만, 움집과 간석기가 존재하고 정착을 했으며, 사냥이나 물고기잡이(어로)를 위해 아주 잘고 날카로운 잔석기(세석기)를 만들어 사용했다.

중석기 시대●는 구석기 시대에서 신석기 시대로 넘어가는 징검다리 시기로, 대략 기원전 1만 2000년부터 기원전 8000년경까지이다.

이제까지 한국사의 시대 구분에서 중석기 시대는 설정하지 않았다. 그것은 중석기 시대가 존재하지 않아서가 아니라, 대표적인 유적이나 유물이 그다지 나타나지 않았기 때문이다.

중석기인들은 사냥을 통해 먹잇감을 구하는 한편, 만약을 대비한 비상 식량으로 야생의 양이나 염소, 개를 길들여 가축으로 기르기 시작했다.

또한 움집에서 살면서 정착 생활을 했고, 일부는 간석기를 사용했다. 하지만 아직은 신석기 시대의 특징인 농경이나 목축은 시작되지 않았고, 토기도 등장하지 않았다.

중석기 시대에는 바위에 그림을 새기는 암각화가 크게 유행했

고령 양전동 암각화 | 양전동 암각화는 농경과 다산을 기원하는 동심원, 태양무늬 등이 새겨진 고조선 후기의 작품으로 보고 있다. 이곳에서 제사와 여러 의례들이 행해졌다.

다. 또한 2~3cm 정도의 작은 크기의 세석기는 물론이고, 여러 날을 조립하여 위력을 더한 조립식 도구도 만들었다.

특히 얇고 날카롭게 떼어지는 특성을 지닌 흑요석으로 만든 활과 작살, 슴베찌르개●● 등은 중석기인을 뛰어난 사냥꾼으로 만들었다. 우리나라의 신석기인은 바로 이들의 후예이다.

우리나라의 대표적인 중석기 유적으로는 함북 웅기 부포리, 평양 승호 구역 만달리, 경남 통영 상노대도 패총(조개더미) 최하층, 거창 임불리, 강원 홍천 하화계리 유적이 있다.

●● **슴베찌르개**
슴베란 칼이나 호미의 자루 속에 들어박히는 뾰족하고 긴 부분을 말한다. 슴베찌르개는 슴베가 달린 찌르개로, 창의 기능을 했다.

인류는 왜 언어를 만들었을까?

인류의 언어 사용은 구석기 시대의 중요한 3대 사건 가운데 하나다. 인류는 지구상에서 도구 제작, 불의 사용과 더불어 언어를 구사하는 유일한 존재이다. 말을 할 수 있는 인류는 구석기 중기에 나타났고, 그들을 슬기 사람(호모 사피엔스)이라고 부른다.

그렇다면 인류는 왜 언어를 만들었을까? 그 이유는 세 가지를 들 수 있다.

첫째, 의사 소통이 필요해진 자연 환경 때문이다. 슬기 사람이 살던 시기에는 식량 부족과 사냥의 어려움이 심각해져서 협동과 분업의 집단 사냥이 시작되었고, 그에 따라 의사 소통이 필요해졌다. 집단 사냥은 개인별로 역할을 나누고 신호를 약속해야 한다. 처음에는 단순한 신호 체계가 점차 복잡해지면서 결국 언어가 만들어졌을 것이다.

둘째, 말을 할 수 있는 신체 구조의 변화 때문이다. 익힌 고기를 먹는 식습관과 등뼈를 세우고 걷는 직립 보행은 턱과 목, 구강(입)의 구조를 발달시켜 여러 소리를 낼 수 있게 했다.

셋째, 소리를 조합하여 언어를 만들 수 있는 두뇌의 발달 때문이다. 육식을 통해 풍부한 단백질이 공급되었고, 도구를 만들면서 더욱 활발해진 추상적 사고와 손의 자극 등이 뇌신경을 복잡하게 만들고 뇌 용량을 늘려서 언어를 만들 수 있게 했다.

인간은 언어를 사용하게 됨으로써 선조의 경험을 학습하고 전승하며 인간만의 문화를 창조해나갈 수 있었다.

인류는 왜 두 발 걷기를 시작했을까?

Point 1 │ 인류가 유인원에서 진화해왔다는 가설을 생각해보자.
오늘날 유인원은 여전히 나무에서 생활한다.

Point 2 │ 유인원은 손과 발의 역할이 제대로 분리되지 않은 상태이다.
인간만이 유일하게 손과 발의 기능이 분리된 유인원이다.

Point 3 │ 땅에 발을 디딘 인류는 손의 자유를 얻었다.
어떻게 손의 자유를 얻었는지 그 이유를 생각해보자.

공부를 더 하고 싶다면

✎《**선사 시대**》(조반니 카라다 지음, 이희정 옮김, 사계절)
구석기 시대부터 신석기 시대까지 선사 시대 인류의 삶, 기술, 경제, 예술 등 여러 주제를 다
양한 그림과 도표를 곁들여 폭넓게 설명한다.

✎《**한국 생활사 박물관-선사 생활관**》(한국생활사박물관 편찬위원회 편, 사계절)
《한국 생활사 박물관》 총서의 첫 권으로, 구석기 시대부터 신석기 시대까지를 다룬다. 풍부
한 세밀화를 통해 선사 시대의 다양한 생활상을 보여준다.

✎《**고고학 박물관**》(박정근 지음, 다른세상)
구석기 시대부터 청동기 시대까지의 고고학적 연구 성과를 바탕으로, 선사 시대 사람들의
삶과 역사를 42가지 주제로 다룬다.

2 농경,
인류 최초의 혁명이 일어나다

한 줄로 읽는 우리 역사

우리나라 신석기인들은 빗살무늬 토기를 만들어 음식을 조리하거나 저장하는 데 사용했고, 강변에
정착하여 움집을 짓고 농경을 하며 모계 씨족사회를 이루고 생활했다.

우리나라에서는 기원전 8000년경에 신석기 시대가 열렸다. 신석기 시대는
농경을 시작하고 토기를 만들기 시작한 혁명적 변화의 시기였다. 구석기 시대 후
기부터 만들어지기 시작한 초보적인 도구를 한층 발전시켜, 화학·물리적인 지식
을 응용한 토기, 가락바퀴, 갈판과 갈돌, 괭이와 도끼, 결합식 낚싯바늘 등 다양한
도구를 만들어 사용했다.

신석기 시대 움집(중국 신락 유적)
신락 유적은 중국 심양의 혼강 유역에 자리 잡은 기원전 4000년경의
신석기 유적으로 대형 석기 제작소, 신전, 회의를 하는 움집과 모계 사
회의 씨족장을 상징하는 봉황무늬 권장이 나왔다.

농경을 위한 도구, 갈아서 만든 간석기

신석기 시대●는 생활 방식이나 도구의 제작 기술 등이 구석기 시대와는 전혀 달랐다. 농경을 위해 몸돌이나 격지를 반들반들하게 갈아서 만든 도구인 간석기(마제석기)를 사용하기 시작한 것이다.

신석기 시대 사람들은 농경과 목축 위주의 생산 활동을 했다. 채집과 수렵이 중심이던 구석기 시대에는 뗀석기가 적합한 도구

● 신석기 시대의 사회상
1) 공동 생산과 공동 분배를 하는 평등한 사회
2) 혈연을 바탕으로 하는 모계 중심의 씨족사회
3) 혼인은 서로 다른 씨족끼리 하는 족외혼 풍습

● 우리나라의 신석기 유적
우리나라의 주요 신석기 유적으로는 제주 고산리, 서울 암사동, 평양 남경, 봉산 지탑리, 강원도 양양 오산리, 부산 동삼동, 김해 수가리 등이 있다. 또한 만주 지역의 흥륭와 문화, 홍산 문화, 신락 문화, 소주산 문화, 앙앙계 유적, 백금보 문화, 러시아 아무르 강과 연해주 지역의 여러 신석기 문화는 우리나라 신석기 문화와 깊은 관련성을 맺고 있다.

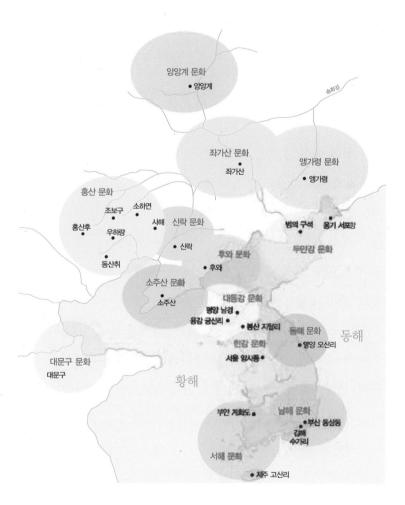

◀ 우리나라의
신석기 시대 유적 분포
요녕의 신석기 문화와 연해주, 시베리아 신석기 문화, 한반도의 신석기 문화는 같은 계통으로, 이곳의 신석기 문화가 서로 융합하여 고조선의 청동기 문화로 발전하였다.

구석기 시대와 신석기 시대의 특징

구분	구석기 시대	신석기 시대
연대	70만 년 전~1만 년 전	B.C. 8000년~B.C. 2000년경
석기 제작 방식	깬석기 · 뗀석기(사냥 도구)	간석기(농경 도구)
주요 석기	뼈 도구(골각기) 사냥 도구(주먹도끼, 팔매돌, 찍개) 조리 도구(긁개, 밀개, 뚜르개)	개간용(돌도끼, 돌삽) 농경용(돌괭이, 돌보습) 수확용(돌낫)
사회 경제	무리사회, 이동 생활 채집과 사냥	씨족을 단위로 하는 부족사회 농경, 목축, 어로, 사냥
예술과 신앙	뼈나 뿔, 석회암 등에 조각 사냥의 안전을 기원	조개껍데기 가면 흙으로 빚어 구운 얼굴상 영혼 숭배, 조상 숭배, 애니미즘, 샤머니즘, 토테미즘
주요 유적	검은모루 동굴, 전곡리, 두루봉 동굴	오산리, 암사동, 동삼동, 지탑리

였지만, 신석기 시대에는 농경을 하면서 간석기가 주로 만들어
졌다. 간석기는 충격에도 갈라지거나 부서지지 않고, 다양한 석
재를 골라 여러 가지 도구를 만들 수 있는 장점을 가졌다.

구석기인은 사냥과 채집을 위해 이동 생활을 했다. 따라서 일
정한 거처가 없이 막집을 짓거나 동굴, 바위 밑, 우거진 나무와
숲 등에서 살았다. 이와 달리 신석기인은 농경과 목축을 중심으
로 정착했다. 땅을 파고 둘레에 기둥을 세워 지붕을 얹은 움집을
짓고, 촌락 공동체를 이루어 생활했다.

또한 구석기인은 짐승이나 물고기, 곡식을 불에 익혀 먹었다.
주로 불에 직접 굽거나 돌판을 조리 도구로 썼다. 따라서 구석기
유적에서는 토기가 나타나지 않는다. 반면 신석기인은 농경을
하면서 곡식을 끓여 먹고 남은 식량은 저장했기 때문에 신석기
유적에서는 토기가 나타난다.

모계 씨족사회, 여신과 종교가 생겨나다

신석기 시대 사람들은 어머니 쪽 혈연을 중심으로 모계 씨족 사회®를 이루었다. 씨족의 사람들은 함께 농사를 짓고 수확을 똑같이 분배하는 공동체 생활을 했다.

씨족의 시조는 세상을 떠난 뒤 후손들에게 생산의 풍요와 생명을 이어주는 지모신(地母神)®®으로 숭배되었다. 흙으로 빚은 여자의 소조상이나, 인천 옹진 소야도와 부산 동삼동 조개무지(패총) 유적에서 출토된 조개껍데기로 만든 얼굴 모양의 가면 등은 바닷가에 사는 사람들이 숭배하던 지모신의 일종이다.

또한 죽은 조상과 후손들을 이어주는 존재인 샤먼(무당)이 있었고, 그 주술을 믿는 신앙인 샤머니즘(shamanism)이 나타났다. 씨족의 우두머리는 샤먼이 되어 제사를 주관하고 씨족사회를 다스렸다.

● 모계 씨족사회
신석기 시대는 모계의 혈통을 중심으로 씨족사회를 이루었다. 모계 씨족사회는 어머니가 씨족장으로 생산 공동체이며 혈연 공동체이고 또한 종교 공동체를 특징으로 하며 족외혼을 했다.

●● 신석기 시대의 종교
신석기 시대는 여성을 생명의 원천으로 숭배하는 지모신 신앙, 모든 만물에 생명이 깃들어 있다고 믿는 애니미즘, 영혼이 죽지 않고 영원하다고 믿는 조상 숭배(영혼 숭배), 하늘과 인간 세계를 이어주는 무당과 그 능력을 믿는 샤머니즘, 자신들이 숭배하는 특정 동물로 부족을 상징하는 토테미즘이 발생했다.

홍산 문화 우하량 유적 여신상
홍산 문화에 속하는 우하량 유적은 산상 제단, 신전, 적석총이 특징이다. 군림하는 모습의 여신상은 모계 사회, 여신 숭배 사상의 표현인데 단군의 모계인 웅녀족과 관련성이 높다.

또 동물이나 자연의 특성을 자신들의 씨족과 연결하여 곰이나 호랑이, 여우, 늑대 등 특정 동물을 숭배하는 토테미즘(totemism)과, 강이나 산, 바위, 오래된 나무, 깊은 연못 등 자연계의 모든 사물에 영혼이 깃들어 있다고 믿는 신앙인 애니미즘(animism)이 나타났다.

신석기 혁명, 농경과 토기의 탄생

구석기인과 신석기인을 구분하는 가장 큰 특징은 농경의 시작과 토기 사용이다. 이는 신석기 시대● 사람들이 정착 생활을 했다는 사실을 말해준다.

신석기인들은 처음으로 채집과 수렵 생활에서 벗어나 농경과 목축으로 식량을 생산하기 시작했고, 식량을 익히고 저장하기 위해 토기를 만들었다. 또 들이나 야산을 개간하고 나무뿌리나 돌을 캐기 위해 돌도끼를 만들었으며, 가락바퀴를 이용하여 실을 잣고 그 실로 옷을 지어 입었다.

신석기인들에게 채집, 수렵, 어로는 생활의 보조 수단이었다.

평양에서 출토된 빗살무늬 토기
평양 남경 유적에서 출토된 빗살무늬 토기는 입구의 너비가 약 1m에 이르는 대형 토기인데, 이를 통해 대동강 유역의 사회 발전과 생산력의 증가를 알 수 있다.

그들은 남는 식량으로 집 근처에 가축을 길러 예비 식량으로 삼았다. 농경지에서는 닭, 염소, 거위, 고양이, 돼지, 개 등의 가축을 길렀으며, 초원 지대에서는 양이나 말을 대량으로 키워서 얻은 젖이나 유제품, 가죽, 털을 농경 집단의 수확물과 교환하기도 했다.

우리나라의 신석기 시대 토기는 밑이 도토리나 달걀처럼 뾰족하고(뾰족밑), 겉면에 빛이나 번개, 물결 등의 무늬를 새긴 빗살무늬 토기••가 대표적이다. 빗살무늬 토기는 주로 서울 암사동, 평양 남경, 김해 수가리 같은 강가나 바닷가에서 발견되었다.

토기는 식량을 저장하거나 음식을 조리하는 데 주로 사용했으며, 잘 만들어진 토기는 이웃의 다른 물건과 교환하는 현물 화폐로도 사용되었다.

빗살무늬 토기가 나오기 전부터 썼던 무늬가 없는 이른 민무늬 토기, 토기의 몸체에 덧띠를 붙인 덧무늬 토기, 손톱이나 뾰족한 나뭇가지로 무늬를 찍어 누른 눌러찍기무늬 토기(압인문 토기) 등도 같이 사용되었다.

● **빗살무늬 토기의 특징**
강변이나 해안가에서 발견, 취사와 저장용, 표면에 기하무늬 (겸) 1–5, (겸) 7–고, (수) 1994, (수) 2003

● **빗살무늬 토기의 제작**
우리나라에서 가장 큰 빗살무늬 토기는 평양시 삼석 구역 호남리 표대마을 남경 유적에서 출토된 것으로 너비가 무려 1m에 이른다. 빗살무늬 토기의 크기가 커진 것에서 1) 농업 생산력이 높아졌고, 2) 집단 규모가 커졌으며, 3) 토기 제작 기술이 발전했고, 4) 전문적인 제작 기술자가 있었다는 사실을 알 수 있다.

이른 민무늬 토기

덧무늬 토기

눌러찍기무늬(압인문) 토기

바닷가나 강변에 정착, 가족 공동체와 농경의 시작

서울 암사동 선사 주거지
움집은 땅을 깊게 판 뒤 나무 기둥을 세우고 풀로 엮은 지붕을 덮어 만들었다. 부모와 자식을 단위로 하는 가족 공동체의 거주 형태이다.

● **신석기 시대의 생활상**
농사짓기, 낚시하기, 가축 기르기, 실 잣기·토기 만들기 등 원시 수공업, 평등한 공동체, 애니미즘, 샤머니즘, 토테미즘
(검) 1-6, (검) 5-초, (검) 5-3, (수) 2000

신석기인들●은 손쉽게 식량을 구할 수 있고 농사짓기에 편리한 바닷가나 강변을 생활 터전으로 삼아 정착했다. 식량 획득 방법은 농경의 비중이 높아졌고, 수렵이나 어획은 점차 줄어들었다. 조와 수수, 좁쌀 등을 재배했으며, 수렵도 꾸준하게 이어졌다. 또한 들이나 산에서 도토리, 야생 과일 등을 채집하고, 바닷가에서 굴이나 홍합 등을 채취했다.

주거지는 땅을 깊게 판 뒤 나무 기둥을 세우고 풀로 엮은 지붕을 덮어 만든 움집이었다. 움집은 대부분 바닥이 둥글거나 모서리를 둥글게 깎은 사각형이다. 햇빛이 잘 드는 남쪽에 출입문을 두었고, 4~5명 정도의 가족이 살기에 적당한 규모였다.

움집은 인류 역사상 최초의 사회 조직인 부모와 자식을 단위로 하는 가족 공동체의 거주 형태였다. 움집은 추위와 비바람을 막아주었고, 움집 내부에는 가운데 화덕을 두어 취사와 난방을

암사동 움집 터 | 한강변에 살던 신석기인들이 정착을 하고 어로와 채집, 농경을 하며 생활하는 모습을 확인할 수 있는 집단 취락지 유적이다. 빗살무늬 토기와 움집이 확인된다. 오른쪽 사진은 심양 신락유적의 모계 씨족장의 모습이다.

겸할 수 있었다. 화덕이나 출입문 쪽에는 저장 구덩이를 파서 식
량과 도구를 보관했다. 서울 암사동 주거지는 우리나라 신석기
시대의 대표적인 움집이다.

바닷가 사람들, 고래 사냥 그림과 패총을 남기다

강변에 사는 사람들이 주로 농경을 했다면, 바닷가에 사는 사
람들은 물고기를 잡아 생활했다. 기원전 4000년경, 부산 동삼동
에 살던 사람들은 '신석기 시대의 생활 백화점'이라 불리는 조개
무지 유적을 남겼다.

동삼동 조개무지(패총)●에는 해안가에서 채집한 홍합, 굴, 전
복, 소라, 성게, 백합 등 조개류 40여 종의 껍데기가 쌓여 있다.
이것으로 신석기 시대에 바닷가 사람들이 무엇을 먹고 어떻게
살았는지 알 수 있다. 그들은 배를 타고 먼 바다로 나가 대구, 방
어, 참돔, 다랑어, 상어 같은 물고기를 잡았다.

● **팔찌조개와 해상 교역**
일본 규슈 지역 유적에서 출토되
는 팔찌조개와 고라니는 한국산
이며 동삼동 유적의 흑요석은 일
본산이다. 이를 통해 부산 동삼
동 사람들은 일본 규슈에 사는
신석기인들과 배를 타고 교역했
음을 알 수 있으며, 이웃한 김해
수가리 유적에서는 동아시아에
서 가장 오래된 배가 출토되어
이를 증명했다.

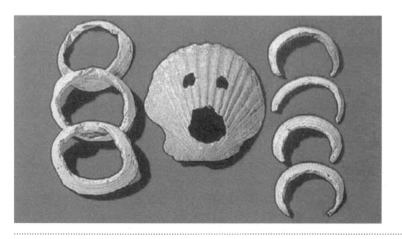

**부산 동삼동 출토 유물(팔찌조
개와 조개껍데기 가면)**
패총은 당시의 삶을 보여주는 생
활 백화점이고, 조개껍데기 가면
은 풍어와 바다의 안녕을 지켜주
는 여신, 또는 바다의 신으로 보
여진다.

함께 발견된 사슴, 멧돼지, 호랑이 뼈를 통해 육지와도 교역이
있었다는 것을 알 수 있고, 약간의 농경도 했다. 그리고 토기를
이용해 물고기나 해산물 등 여러 음식을 끓여 먹었다.

같은 시기에 고래 사냥의 명수들인 울주 태화강 사람들은 고
래가 많이 잡히고 안전한 항해가 되기를 기원하기 위해 반구대●
바위에 고래 그림을 새겼다. 이 암각화 위쪽에 그려진 샤먼은 머
리에 새의 깃털을 꽂고 엉덩이에 꼬리를 달았으며, 두 팔을 벌려
춤을 추고 있다.

풍부한 고래 사냥 경험을 지닌 그들은 긴수염고래, 흰긴수염
고래, 범고래, 귀신고래, 향유고래 같은 여러 종류의 고래들이 해
초 사이에서 노닐거나, 새끼를 등에 업거나, 먹이를 먹거나, 파도
를 타는 등 다양한 행동을 하는 모습을 생생하게 그렸다.

또한 10~20여 명이 배를 타고 고래를 사냥하는 모습과 작살
에 꽂힌 고래, 부구(浮具 : 부력을 이용해 고래를 가라앉지 않게 하는

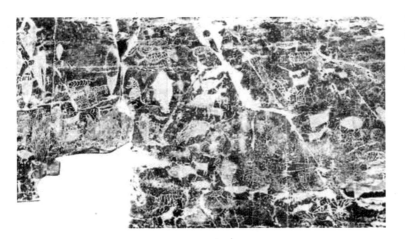

기구)를 매달아 고래를 끌고 가는 모습 등 고래 사냥의 여러 과정
도 자세하게 그렸다. 반구대 암각화는 고래 사냥꾼들이 거친 파
도가 치는 깊은 바다를 두려워하지 않고 힘차게 삶의 터전을 만
들어나간 모습을 생생하게 보여준다.

신석기 시대 10대 사건

구분	연대	사건내용
①	B.C. 12000년경	제주 고산리 유적, 한반도의 신석기 문화를 열다
②	B.C. 8000년경	흥륭와 문화, 빗살무늬 토기 제작과 기장·수수 재배
③	B.C. 6000년경	오산리 유적, 동해안 빗살무늬 토기 문화권 형성
④	B.C. 5200년경	조보구 문화, 토기에 사신도를 그리고 옥(玉)과 지모신 숭배
⑤	B.C. 5000년경	신락 문화, 요동 지역의 초기 빗살무늬 토기, 여신의 지배
⑥	B.C. 4000년경	암사동 유적, 한강변에 신석기 문화를 열다
⑦	B.C. 3500년경	홍산 문화, 제단과 돌무덤 축조, 옥과 여신 숭배
⑧	B.C. 3200년경	평양 남경 유적, 대동강변에 거주, 너비 약 1m의 대형 빗살무늬 토기 제작
⑨	B.C. 3000년경	울주의 신석기인, 반구대에 고래 그림과 짐승 그림을 새김
⑩	B.C. 2900년경	소하연 문화, 곰 숭배와 함께 문자를 토기에 새김

요하 문명은 한국사인가?

요하 문명은 요서 지역의 신석기 문화와 초기 청동기 문화인 흥륭와 문화, 조보구 문화, 홍산 문화, 소하연 문화, 하가점 하층 문화를 일컫는다. 시기는 대략 기원전 6000년경부터 기원전 2000년경까지이다. 요하 문명이 중요한 이유는 기원전 3500년을 전후한 시기에 동아시아에서 가장 발달된 신석기 유물이 대량으로 출토되고 있기 때문이다.

중국은 요하 문명을 황하 문명의 원류라면서 중국사의 일부로 끌어들이려 한다. 여기에는 세계 4대 문명인 메소포타미아 문명, 이집트 문명, 인더스 문명의 발생 시기가 기원전 3500년경인 데 비해, 황하 문명이 기원전 2000년을 넘지 못하는 한계를 요하 문명을 통해 극복하려는 의도가 숨어 있다.

한편 우리나라 입장에서, 고조선이 기원전 2333년에 건국되었다는 것을 입증하려면 그 시기에 해당되는 유적이나 유물 또는 그 이전의 신석기 문명 유적이 있어야 한다. 그런데 한강의 암사동이나 양양 오산리, 김해 수가리, 부산 동삼동 패총 유적을 통해서는 입증할 수 없다. 고조선 건국을 기원전 2000년경으로 보기 위해서는 요서 지역의 요하 문명이 가장 훌륭한 근거가 될 수 있다.

그렇다면 요하 문명을 한국사의 영역에 넣을 수 있을까? 요하 문명을 창조한 사람들이 누구인지 정확하게 알 수는 없다. 다만 산 위에 돌로 제단을 쌓고 돌무덤을 만들었으며, 곰 숭배 문화를 지니고 빗살무늬 토기를 사용했다는 점에서 중국보다는 우리나라의 신석기 문화에 가깝다는 것은 확실하다. 그러므로 요하 문명을 한국사의 영역에 놓아도 크게 문제가 되지는 않을 것이다.

논술 생각나무 키우기

농경의 시작을 인류 최초의 혁명이라고 부르는 까닭은?
또 토기와 간석기는 왜 발달하게 되었을까?

Point 1 인류 역사에 산업 혁명, 정보화 혁명과 같은 혁명적인 사건이 몇 차례나 있었는지 살펴보고, 왜 인류학자들은 이런 사건들을 혁명이라고 하는지 생각해보자.

Point 2 인류가 농경과 정착을 선택한 이유를 생각해보자. 그리고 농경이 가져온 사회, 가족, 도구, 음식, 의식, 종교, 생활, 문화의 변화를 꼽아보자.

Point 3 신석기 시대의 특징적인 유물인 토기와 간석기가 농경 사회에서 갖는 의미를 알아보자.

공부를 더 하고 싶다면

✎《**동북공정 너머 요하 문명론**》(우실하 지음, 소나무)
중국의 동북공정을 비판하고, 동아시아에서 가장 발달된 요서의 신석기 문화(요하 문명)가 우리 역사와 깊은 관련을 맺고 있다고 설명한다. 조금 어렵지만, 동북공정과 한·중 간의 역사 쟁점에 대한 다양한 견해를 알아볼 수 있다.

✎《**코리안 루트를 찾아서**》(이형구·이기환 지음, 성안당)
요서 지역의 신석기 문화(요하 문명)인 흥륭와, 홍산, 조보구, 소하연 등의 유적지를 직접 답사하고, 한국사의 관점에서 여러 시각과 주제를 풀어냈다. 신문에 연재한 내용이라 쉽게 읽을 수 있고, 다양한 사진도 실려 있다.

✎《**신석기 마을의 고래 사냥**》(정종숙 지음, 한솔수북)
울주 반구대 암각화에 새겨진 고래 그림에 관해 모험과 호기심을 자극하는 동화로 표현했다. 초등학생이 고래 그림과 친근해지고 쉽게 이해할 수 있도록 돕는 좋은 길잡이 책이다.

3 단군, 고조선을 세우다

한 줄로 읽는 우리 역사

단군왕검은 기원전 2333년에 만주의 아사달(평양)을 도읍으로 정하고 고조선을 건국했다. 고조선은 고인돌, 비파형 동검, 미송리형 토기 등 주변과 다른 특징적인 문화를 창조한 우리나라 최초의 고대 국가였다.

청동기 시대는 신석기 시대와는 근본적으로 다른 도시국가의 시대이다. 공동 생산, 공동 분배를 하던 모계 씨족사회가 무너지고, 대가족을 중심으로 농경과 목축을 하고 생산과 분배가 가족 단위로 이루어지는 부계 부족사회가 들어선 것이다.

강화도 마니산 참성단
강화도 마니산 참성단은 하늘에 제사 지내는 제단으로 단군왕검 시기에 축조되었다고 전해지는데, 하늘은 원이고 땅은 사각이라는 천원 지방의 우주설에 맞게 축조되었다.

당시 돌로 만든 무기를 가진 부족은 새롭게 등장한 청동 무기를 앞세운 부족에게 대항할 수 없었다. 청동 무기를 지닌 부족은 이웃 부족을 빠른 속도로 통합하여 거대한 부족연맹을 이루기 시작했다. 기원전 2500년경부터 기원전 2000년경에 나타난 이 부족연맹은 초기 고대국가로 볼 수 있다.

고조선은 청동기 시대*부터 철기 시대를 거치면서 동북아시아의 역사와 문화를 주도했다. 그리고 비파형 동검, 고인돌, 미송리형 토기, 온돌, 된장 등 우리 민족 문화의 원형이 만들어졌다.

고구려, 백제, 신라, 가야 등 4국의 역사와 문화가 고조선에 뿌리를 두기 때문에 고조선의 역사와 문화를 아는 것은 매우 중요하다.

● **청동기 시대의 특징**
1) 사유재산과 계급의 발생
2) 가부장 사회
3) 국가의 성립과 군장의 등장
4) 제정일치 사회

우리 민족 최초의 국가, 고조선●

신석기 시대 중·후기의 만주와 한반도에서는 강변을 벗어난 지역에 농토가 개발되었다. 그리고 곳곳에 강물을 끌어들이기 위한 관개수로와 저수지가 만들어지면서 생산력이 크게 늘어났다. 소비하는 농산물에 비해 생산량이 훨씬 많아서 남는 농산물이 생겼다.

이렇게 잉여 농산물이 늘어나면서 사유재산과 계급이 생겨났다. 그리고 권력을 지닌 귀족이나 노예주들 가운데 족장(왕)이 나타났다. 족장들이 서로 경쟁과 협력을 거치는 과정에서 유력한 족장들 가운데 하나가 여러 족장 사회를 통합하면서 점차 권력을

● **단군 신화의 사상**
홍익인간, 천손 사상, 농경 활동, 생명 존중, 노동력 중시, 토테미즘
(검) 2-5, (검) 4-고, (검) 5-4, (수) 1998

강화해나갔다. 청동기 시대에 이르러 국가가 출현한 것이다.

청동기 시대 초기에 형성된 족장 사회 가운데 최초로 국가를 이룬 세력은 고조선이다. 《삼국유사》와 《동국통감》의 기록에 의하면, 단군왕검●은 기원전 2333년에 고조선을 건국했다.

《삼국유사》는 단군왕검이 처음으로 세운 나라의 이름은 조선이고, 도읍지는 아사달이며, 중국 요임금과 같은 시기에 나라를 세웠다고 한다. 중국 요임금은 기원전 24세기경의 인물이다.

하느님의 아들인 환웅이 농경과 의학 기술을 지닌 풍백·우사·운사 등을 거느리고 하늘에서 지상으로 내려왔고, 그 뒤 모든 사람이 평등하다는 '홍익인간' 이념으로 그곳에 이미 살고 있던 웅족(곰 부족)과 호족(호랑이 부족)을 통합하여 신성한 땅이란 뜻의 신시(神市)를 열었다.

환웅과 웅녀의 아들인 단군왕검은 환웅이 세운 신시의 이념을 받들어 고조선을 세웠다. 그 뒤 백악산 아사달, 장당경 등으로 수도를 옮기면서 1,908년 동안 나라를 다스렸다.●●

● 단군의 어원
고조선의 통치자인 '단군'의 어원은 종교적 제사장을 뜻하는 '단(檀)'과 정치적 군장을 뜻하는 '군(君)'을 합친 용어로 제정일치 사회의 우두머리를 뜻한다는 주장과, 하늘의 임금이란 뜻을 지닌 북방 민족의 언어인 텡캔(천군, 天君)에서 비롯되었다는 주장이 있다. 그리고 '왕검'은 단군의 이름이거나 단군의 뜻을 우리말로 표기한 것으로 여겨진다.

●● 단군 신화의 의미
단군 신화에는 여러 가지 유형의 신화가 섞여 있다. 환웅이 하늘에서 내려오는 천손 강림 신화, 곰과 혼인하여 자식을 낳는 수조 신화, 신화의 주인공이 나라를 건국하는 개국 신화, 풍백·우사·운사 등 문화영웅 신화 등으로 구성되어 있는 것이다. 이것은 여러 신화들이 오랜 시간을 거치면서 융합된 것으로 본다.

단군 신화에 반영된 사회 발전 과정 4단계

① 환인 시대	중석기 시대	B.C. 12000년 ~ B.C. 8000년
② 환웅 시대	신석기 시대	B.C. 8000년 ~ B.C. 3500년
③ 환웅과 웅녀의 연합 시대	신석기 시대 후기 ~ 청동기 시대 전기	B.C. 3500년 ~ B.C. 2400년
④ 단군 시대	청동기 시대	B.C. 2400년 ~ B.C. 5세기

고조선의 중심지는 어디인가

고조선의 영토는 대략 오늘날의 만주, 중국 동부 해안, 연해주, 한반도와 일본 열도에 이르는 넓은 지역이었다. 고조선의 대표적인 유물인 비파형 동검, 탁자식 고인돌, 미송리형 토기, 고조선 후기에 사용했던 화폐인 명도전이 이 지역들에서 집중적으로 출토되었다.

하지만 청동기 시대에는 교통과 정보가 발달하지 못했기 때문에 통치하는 모든 지역에 행정력이 미치지는 않았다. 그리고 지배 세력들은 대부분 강변에 위치한 도시에 살았기 때문에 고조선의 행정력이 전역에 미쳤다고 보기에는 무리가 있다. 그렇다면 고조선 주민들이 모여 살았고 정치, 문화, 기술이 가장 발달했던 중심지는 어디였을까?

현재까지 고조선의 중심지에 대한 유력한 주장으로는, 만주 지역에 있었다는 만주 중심설과 대동강 유역에 있었다는 대동강 중심설을 들 수 있다.

그리고 정치적인 변동에 따라 초기에는 만주에 있다가 철기 시대에 대동강 유역으로 이동했다는 중심지 이

▼ 고조선의 중심지설
고조선의 중심지는 만주 중심설, 대동강 중심설, 만주에서 한반도로 이동하였다는 중심지 이동설, 그리고 대동강에서 오히려 대륙으로 뻗어 나갔다는 확대설 등이 있다.

동설도 있다.

오늘날 만주는 중국의 동북 3성을 가리키며 고조선 시기에는 요동이라 불렀다. 만주 지역이 고조선 중심지로 유력한 것은 고조선의 대표적인 유물●인 비파형 동검, 고인돌, 미송리형 토기가 집중적으로 나타났기 때문이다.

평양 대동강 유역을 고조선의 중심지로 보는 근거는 문헌과 유물을 들 수 있다. 중국의 여러 문헌은 고구려의 수도였던 평양이 위만조선의 왕검성이며, 시대를 거슬러 올라가면 결국 기자조선, 단군조선의 도읍지라고 전한다. 그리고 낙랑군과 관련이 있는 점제현 신사비●●와 중국 후한 시대의 유물을 근거로 든다.

중심지 이동설은 고조선의 중심이 초기에는 요동이나 요서에 있다가, 기원전 5세기경 중국이 전국 시대로 접어들었을 때 연나라의 침략을 받아 고조선이 서쪽 국경 2천여 리를 빼앗기고, 수도를 대동강 유역으로 옮겼다는 주장이다. 현재는 중심지 이동설이 가장 널리 받아들여지고 있다.

● **고조선의 영역을 알 수 있는 유물**
고조선의 대표적인 지표 유물로 고인돌, 비파형 동검, 미송리형 토기, 명도전이 있다.

●● **점제현 신사비**
낙랑 유물. 평남 용강군에 남아 있는 우리나라의 가장 오래된 비석으로 85년경에 세워졌다. 산신에게 제사를 지낸 내용이 기록되어 있다. 정인보는 일제 식민사학자 금서룡이 요동에 있던 것을 대동강변으로 옮겨 놓았다고 하였다.

살상력을 높여라, 과학적 무기 비파형 동검

고조선은 청동기 시대에 이웃 지역과 다른 독특한 문화를 발전시켰다. 그중에서 비파형 동검은 고조선을 대표하는 유물이다.●

중국의 곧은날 동검, 초원 지대의 굽은날 동검과는 다르게 고조선의 청동 단검은 비파 또는 나뭇잎처럼 생겼다. 또 검날에 피홈통과 돌기가 있으며 날과 손잡이, 칼머리가 조립식이다. 이 청

● **청동기 시대의 대표 유물**
고인돌, 비파형 동검, 반달 돌칼, 청동 거울, 청동 방울, 미송리형 토기
(검) 1-6, (검) 2-5, (검) 3-5, (검) 3-1, (검) 6-고, (수) 2002, (수) 2005

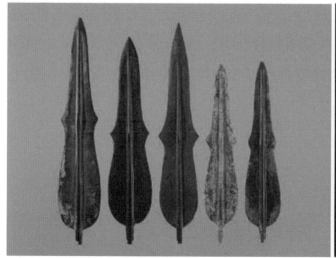

비파형 동검(좌)과 세형 동검 | 비파형 동검은 고조선 초기, 중기에 만들어진 유물로 만주 지역에서 주로 출토되고, 세형 동검은 좁은 놋단검의 일종인데 고조선 후기의 유물로 한반도에서 주로 발견된다.

동 단검은 기원전 12세기경부터 기원전 5세기경까지 주로 사용되었다.

비파형 동검●은 철기 시대에 이르러 검날이 좁은 세형 동검(한국식 동검, 좁은놋단검)으로 변했다. 세형 동검은 청천강 이남에서 주로 출토되며, 기원전 3세기경까지 만들어 사용했다.

따라서 비파형 동검이 만들어진 시기의 고조선 중심지는 만주였고, 세형 동검이 만들어진 시기의 고조선 중심지는 평양이라는 것이 중심지 이동설의 근거가 된다.

그런데 이에 대한 반론으로 평양 일대에서 세형 동검을 사용하던 시기에 만주 지역에는 철기 문화를 받아들인 부여가 고조선 세력을 대체했기 때문에, 세형 동검을 사용한 평양 지역 세력은 고조선이 아니고 다른 제후국이 존재했다는 주장도 있다.

고조선 사람들이 만들어 사용한 토기는 형태에 따라 만주 북

● **비파형 동검의 특징**
전체 길이가 30~40cm이며, 검날의 모양이 비파와 비슷하다. 검날과 손잡이가 조립식이며, 검날 가운데 돌기가 있다. 또한 날의 표면을 얇게 파서 검을 찌르면 피가 흐르도록 했는데 이런 피홈통은 살상력을 높이기 위한 기술이었다.

부에서 유행한 서단산 유형, 대동강 유역을 중심으로 하는 팽이형, 금강 유역의 부여 송국리 유형, 요동 지역의 의주 미송리형이 있다. 이중에서도 미송리형 토기는 고조선의 토기를 대표하며, 1959년 평안북도 의주군 미송리 동굴에서 처음으로 출토되었다.

▶ **우리나라의 청동기 유물 유적 분포**
고인돌, 비파형 동검, 미송리형 토기의 분포 지역은 고조선의 역사 영역이며 활동 공간이다. 또한 지표 유물이 집중적으로 출토되는 곳이 고조선 주민들의 중심지 도시이다.

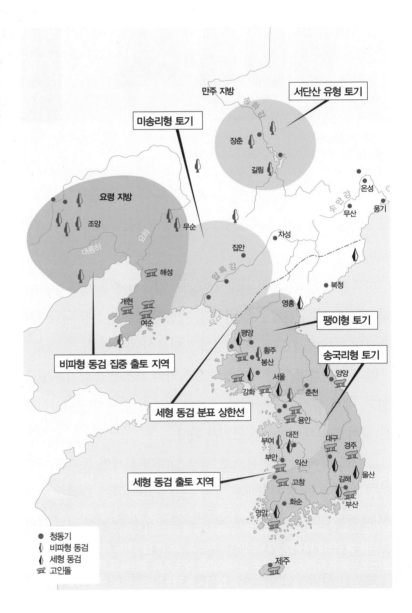

만주 지방

미송리형 토기

서단산 유형 토기

장춘

길림

온성

무산

옹기

요령 지방

조양

무순

집안

자성

북청

대릉하

요하

해성

압록강

영흥

개현

여순

평양

황주

봉산

팽이형 토기

비파형 동검 집중 출토 지역

양양

송국리형 토기

서울

강화

춘천

세형 동검 분포 상한선

용인

부여

대전

대구

경주

부안

익산

세형 동검 출토 지역

고창

김해

울산

영암

화순

부산

제주

● 청동기
♪ 비파형 동검
♪ 세형 동검
🪦 고인돌

요동 지역의 청동 단검과 같은 시대에 나타났기 때문에, 고조선의 세력권을 알려주는 대표적인 문화 유물로 여겨진다.

미송리형 토기◦는 신석기 시대에 요서 지역에서 사용되던 배가 불룩한 단지에서 유래한 것으로 추측된다. 바닥은 납작하거나 바닥 가운데가 패어 들어간 들린바닥 형태이다. 배가 불룩하게 나와 표주박처럼 생겼으며, 단지 입구는 하늘을 향해 벌어져 있다.

몸체 가운데는 귀라고 부르는 입술 또는 다리 모양의 꼭지가 달려 있고, 입구와 몸체와 밑동에 4~6개 정도의 선무늬가 있다. 높이는 20~30cm 정도이다. 하늘을 향해 벌어진 아가리로 보아 주로 신전의 제사에 사용한 그릇으로 추측된다.

● **미송리형 토기와 분포 지역**
요하, 혼하, 태자하를 중심으로 하는 요동 지역과 압록강 상류와 하류, 요동 반도, 청천강과 대동강 유역에 분포되어 있다. 주로 돌널무덤(석관묘), 고인돌 등에서 비파형 동검과 함께 많이 출토되어서, 부여나 고구려의 선조로 여겨지는 맥족의 유물로 보는 경향이 많다.

고인돌, 고조선을 대표하는 문화 유산

세계적으로 널리 발견되는 거석문화 유적의 하나인 고인돌은 대략 5만여 기가 알려져 있다. 그중 만주와 한반도에 남아 있는 것이 3만 5천여 기이다. 고인돌이 전국적으로 분포되었다는 것은 고조선 시대의 문화적 동질성이 매우 컸음을 의미한다.

고인돌은 모양에 따라 탁자식, 바둑판식, 개석식으로 나눈다. 탁자식 고인돌은 지상에 드러난 네 개의 굄돌 위에 편평하고 거대한 덮개돌이 덮여 있는 형태이다.

바둑판식 고인돌은 굄돌이 땅 위에 낮게 깔려 있고 그 위에 덮개돌을 덮은 형태로, 마치 바둑판처럼 생겼다고 해서 붙인 이름

강화도 부근리 고인돌(왼쪽)과 고창 매산리 고인돌
고조선의 지표 유물인 고인돌은 굄돌이 지상에 있는 탁자식(강화 고인돌)과 굄돌이 지하에 있는 바둑판식(고창 고인돌)이 있다. 고인돌은 무덤이자 제단으로 당시의 과학 기술, 경제력, 인구, 종교 사상, 사회 생활 등을 엿볼 수 있다.

이다.

개석식 고인돌은 땅 밑에 주검이 안치되어 있는 묘실이 있고 그 위를 덮개돌로 덮은 형태로, 가장 발견하기 어려운 고인돌이다. 눈여겨서 살피지 않으면 그냥 바위로 보이기 때문이다.

고조선 사람들이 고인돌을 만든 이유는 조상들의 주검을 묻기 위함이었다. 또한 마을의 안녕과 자손 번창을 기원하기 위해 규모가 큰 고인돌을 축조하고 제사 장소로 이용하기도 했다. 요녕 개현의 석붕산, 해성의 석목성, 강화도 부근리 고인돌이나 고창 매산리 고인돌, 황해도 안악 고인돌을 예로 들 수 있다.

그리고 고인돌은 재판 장소의 역할도 했다. 마을에 분쟁이 일어나면 누구도 거역할 수 없는 권위를 가졌던 조상신의 안식처인 고인돌 앞에서 판결하는 것이 가장 적당했기 때문이다. 그밖에도 마을 회의나 전쟁 선포, 청소년의 성인식도 이곳에서 치러졌을 것이다.

계급사회의 법, 범금 8조●

고조선 지역에서는 여덟 가지 법조문이 널리 행해지고 있었다. 중국의 역사 기록인 《한서(漢書)》 '지리지'에 보면 '낙랑조선에는 범금 8조가 있었다'고 하는데 현재는 3개 조항만 전해진다. 중국 요서 지역에 있었던 낙랑은 고조선에 소속된 제후국의 하나로, 중국 세력과 활발한 교역 활동을 했을 것으로 여겨진다.

● 범금 8조의 내용
고조선의 성문법, 사유재산 존재, 엄격한 신분제(노비 존재), 상해와 도둑질은 범죄
(검) 1-6, (검) 5-3, (검) 6-4, (검) 7-4

낙랑조선의 백성에게는 범금 8조가 있다. ① 살인자는 즉시 사형에 처하고, ② 남의 신체를 상해한 자는 곡물로써 보상하며, ③ 남의 물건을 도둑질한 자는 남녀 모두 소유주의 집에 잡혀 들어가 노비가 됨이 원칙이나, 자속(自贖 : 배상)하려는 자는 50만 전을 내놓아야 한다.

비록 죄를 면하여 평민이 되더라도, 풍속에 그 부끄러움을 씻지 못해서, 혼인을 하려고 해도 상대가 없다. 이로 인하여 그곳의 백성들은 끝까지 도둑질을 하지 않으며 문을 닫는 일이 없고, 여자들은 정절을 지키고 믿음이 굳세어서 음란하거나 삿되지 아니하다.

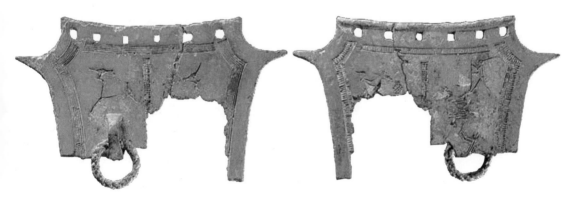

농경문 청동기 | 고조선 시대의 유물로, 농경 관련 제사에 사용된 도구. 너비가 약 12.8cm에 불과하지만 당시 사회의 모습을 밝히는 데 매우 중요한 자료이다. 인물이나 농기구, 경작지, 솟대 등이 묘사되어 있다.

고조선에 관한 여러 기록들

《삼국유사》 '고조선조'의 《위서》 인용문	《응제시주》 본주에 기록된 단군 기록	고조선과 중국 제나라의 무역 기록
《위서(魏書)》에서 말하기를 지금으로부터 2000년 전에 단군왕검(檀君王儉)이 있었다. 도읍을 아사달(阿斯達)에 세우고 나라를 여니 조선(朝鮮)이라고 부른다. 요(堯)임금과 같은 시기이다.	예전에 신인이 박달나무(단목) 아래로 내려오자 나라 사람들이 그를 세워 왕으로 삼았기에 단군이라 불렀으며 이때는 당나라 요임금 원년인 무진년이었다.	제나라 환공(桓公)이 관자(管子)에게 물었다. "나는 천하에 일곱 가지의 보물이 있다고 들었습니다. 어디서 구할 수 있겠습니까?" 관자가 답하기를 "음산 산맥의 옥돌이 하나이고, 연나라 자산의 백금이 하나이고, 발조선(發朝鮮)의 문피가 하나입니다."

(중략) 상인들이 왕래를 하게 되면서 밤이 되면 도적이 들끓어 점차 풍속이 각박해졌고 지금에 이르러 죄를 금하는 법 조항이 많아져 60여 조에 이르렀다.

―《한서》 '지리지'

위 기록에 드러난 범금 8조를 통해 고조선 초기에는 사형 제도를 비롯해 속전 제도(금전 납부로 형을 대신하는 제도), 노비 제도, 사유재산 제도, 화폐 제도, 연좌제가 있었던 것을 알 수 있다. 그리고 귀족·평민·노비 등 계급이 발생했고, 농경을 위해 생명(노동력)을 중시●하며 재산을 지키려고 노력한 것도 알 수 있다.

또한 고조선 후기에 들어서면 농업 생산력이 늘어나고 교역이 활성화되면서, 사회와 계급의 분화가 촉진되었고, 범죄가 늘어나 사회 질서를 유지하기 위해 법조문이 60여 조로 늘어났음을 알 수 있다.

● 농경문 청동기의 내용
부계 권력의 등장(제사장이 남성), 농경 중시(밭갈이와 씨뿌리기, 추수), 새 숭배 사상(솟대), 조우관(鳥羽冠)의 풍습

〈공무도하가〉, 고조선의 유행가

고조선 시대의 문화예술은 자료가 거의 없어서 구체적인 모습을 확인할 수가 없다. 다만 이웃 나라의 역사 자료에 나타난 단편적 기록이나 유물, 전래 신화나 풍습을 통해 유추할 수밖에 없다. 고조선 시대의 문학 작품으로는 〈공무도하가(公無渡河歌)〉가 유일하게 전해진다. 서정가요의 일종인 〈공무도하가〉는 고조선 시대 뱃사공이었던 곽리자고의 아내인 여옥이 지었다.

중국 진(晉)나라 최표의 《고금주》에 기록된 설화에 따르면, 뱃사공 곽리자고는 어느 날 새벽 강에 갔다가 슬픈 장면을 보았다. 머리가 허옇게 센 어떤 사내가 아내의 만류를 뿌리치고 머리를 풀어헤친 채 강을 건너다 빠져 죽었다. 그러자 그의 아내는 공후라는 악기를 타면서 구슬프게 울다가 남편을 따라 강물에 빠져 죽었다. 그 모습에 충격을 받은 곽리자고는 집으로 돌아와 아내에게 그 이야기를 전했다. 곽리자고의 아내인 여옥은 늙은 부부를 위해 〈공무도하가〉를 지어 영혼을 위로했다.

公無渡河(공무도하)	임이시여, 강을 건너지 마오
公竟渡河(공경도하)	그예 님은 건너시는구려
墮河而死(타하이사)	물에 빠져 죽으시니
當奈公何(당내공하)	이 일을 어찌할꼬

〈공무도하가〉는 비록 짧은 노래이지만, 우리나라 시조 문학의 원형을 보여주는 노래로 평가된다. 사람의 마음속 감정의 흐름을 잔잔하고 간결하면서도 정형화하여 표현한 수준 높은 작품이

다. 한편 이 가사에 나타난 공후는 서역에서 건너온 악기로, 고조선과 주변 지역의 문화 교류가 활발했던 것을 보여준다.

폭풍보다 거센 철기의 힘, 세상을 바꾸다

● 철제 농기구의 영향
경작지 확대, 깊이갈이, 잉여 생산물 증가, 교역의 활성화
(검) 5-4, (수) 2008

만주 지역과 한반도에서 철기 문화●가 시작된 것은 기원전 7세기에서 기원전 5세기경이다. 고조선 후기에 해당되는 철기 시대에 이르러 고조선 초기의 거친무늬 거울(다뉴조문경)은 잔무늬 거울(다뉴세문경)로 발전했다.

비파형 동검도 동검의 몸체가 날렵해진 세형 동검(한국식 동검)으로 변해갔다. 한편 독자적인 기술과 자체 제작을 보여주는

거친무늬 거울(왼쪽)과 잔무늬 거울
비파형 동검, 청동 방울과 함께 고인돌이나 석관묘 등에서 출토되는 고조선의 지표 유물이다. 초기에는 거친무늬 거울이 만들어졌고, 후기에는 고운무늬(잔무늬) 거울이 만들어졌다.

거푸집●도 활석으로 만들었다. 또한 청동기 시대에는 간석기를
농경 도구로 이용했지만, 철기 시대에는 도끼·홈자귀·괭이·쟁
기 등을 쇠로 만들었다.

　청동기 문명을 바탕으로 발전하던 고조선은 철기 시대의 도래
와 중국의 전국 시대라는 격변기를 맞아 서서히 쇠퇴의 길을 걸
었다. 정치·종교·교역 등 여러 방면에서 주도권을 잃어갔고,
제후국 또는 거수국으로 불리던 여러 소국들이 고조선의 통치권
에서 벗어나 곳곳에서 독립하기 시작했다.

　고려 시대에 이승휴가 지은《제왕운기》는 고조선의 뒤를 이어
대략 70여 개의 나라가 들어섰다고 전한다. 이를 근거로 이 시기
를 열국 시대라고 부르며, 조선후·위만조선·부여 등이 고조선
을 대체하여 치열한 경쟁 관계에 돌입했다.

고조선사 10대 사건

구분	연대	사건
①	기원전 2333년	단군왕검, 고조선을 건국하고 아사달(평양)에 도읍
②	기원전 2400년	하가점 하층 문화, 고조선의 대표적 청동기 문화를 꽃피움
③	기원전 1046년	상나라 왕족인 기자가 고조선의 서쪽 변방에 망명
④	기원전 8세기	심양 정가와자 유적, 청동 단검 문화의 중심지로 성장
⑤	기원전 5세기	고조선 지역에 철기 문화 도래, 철제 농기구와 무기 제작
⑥	기원전 323년	기후가 조선후를 자칭, 부여와 고조선의 경쟁
⑦	기원전 3세기	고조선과 흉노의 전쟁, 고조선과 연의 전쟁이 벌어짐
⑧	기원전 195년	위만이 준왕의 왕위를 찬탈, 위만조선 건국
⑨	기원전 128년	예왕 남여가 중국 한나라에 망명, 창해군에 속함
⑩	기원전 108년	고조선의 계승을 표방한 위만조선(우거왕)의 멸망

고조선의 비파형 동검을
과학적인 유물이라고 하는 이유는?

고조선의 대표적 유물인 비파형 동검은 중국의 곧은날 동검이나 북방 초원의 굽은날 동검과는 형태와 재질, 만드는 방법에서 뚜렷하게 차이가 난다. 검날이 비파 모양으로 되어 있으며, 날의 가운데에 돌기(척돌)가 있고, 검날에 피홈통이라고 부르는 얇은 홈이 파여 있으며, 검날과 손잡이와 칼머리를 따로 만들어서 합친 조립식이다.

일반적으로 비파형 동검은 실전에 쓰지 않은 의례용 단검이라고 추정했는데, 여러 곳의 고인돌이나 석관묘에서 청동 단검의 끝부분이 박힌 사람의 다리뼈가 나오면서 전투용으로 썼다는 것이 확인되었다.

비파형 동검은 전투용으로 쓰기 위한 여러 가지 과학적인 구조와 기능을 지니고 있다. 검날을 비파형으로 만든 것은 상처를 크게 내서 살상력을 높이기 위해서였고, 쉽게 부러지는 특성을 지닌 청동 단검을 강하게 만들고자 검날에 돌기를 만들었다.

피홈통은 찌른 다음에 빨리 빼기 위한 용도로, 피홈통으로 피가 빠지면 검날이 미끄러워져 쉽게 뺄 수 있다. 조립식으로 만든 까닭도 결국은 청동 단검이 잘 부러지는 것을 막기 위한 것이었다.

비파형 동검의 과학적 구조와 기능은 고조선이 동아시아의 강국으로 우뚝 설 수 있었던 요소 가운데 하나였다고 할 수 있다.

논술 생각나무 키우기

이 땅에 고조선이라는 국가가 들어서면서 자연스럽게 범금 8조 법률도 생겨났다. 국가가 세워질 때 법 제정이 갖는 의미는 무엇일까?

Point 1 세계 역사에서 여러 나라의 주요한 법률과 관습을 찾아보자. 특히 바빌로니아 왕국의 함무라비 법전, 이스라엘의 10계명 등을 고조선의 범금 8조와 비교해보자.

Point 2 국가를 건설하고 운영하는 데 필요한 여러 요소들을 문자, 과학 기술 등 항목별로 나누어 정리해보자.

Point 3 고조선의 후기에 중앙집권적인 통일제국을 세우는 페르시아 제국, 인도의 마우리아 왕조, 중국의 진(秦)나라가 공통으로 도량형이나 문자를 통일하고 강력한 법률을 제정한 까닭이 무엇인지 알아보자.

공부를 더 하고 싶다면

✎《고조선 사라진 역사》(성삼제 지음, 동아일보사)
고조선을 둘러싼 논쟁을 9개의 주제로 정리하여 청소년의 눈높이에 맞춰 설명한다. 고조선을 주제로 논술하기 편하게 쟁점별로 다양한 견해와 근거 자료를 제시한다.

✎《고조선 우리의 미래가 보인다》(윤내현 지음, 민음사)
학술연구의 대상이던 고조선사를 대중적으로 풀어 쓴 역사서. 주로 단군, 고인돌, 비파형 동검에 국한되던 논의를 넘어서 고조선의 정치, 경제, 사회, 종교 등 다양한 주제를 다룬다.

✎《단군, 만들어진 신화》(송호정 지음, 산처럼)
단군과 고조선에 대한 절대적인 믿음이나 과도한 주장 등을 염려하는 시각을 담았다. 과학적인 고증이나 사료 검증을 통해 단군과 고조선을 냉정하게 들여다보자고 역설한다.

조선후와 위만, 고조선인가 제후국인가

한 줄로 읽는 우리 역사

부여와 조선후가 고조선의 정통을 다투는 가운데 위만이 조선후를 멸하고 위만조선을 세웠다. 중국을 통일한 한나라는 위만조선을 멸하고 한사군을 설치했으며, 부여 지역에는 동부여·졸본부여·고구려 등 여러 나라가 독립하며 열국 시대를 열었다.

철기와 청동기에는 근본적인 차이가 있다. 철기는 아주 단단하고 굳세서 주로 농기구와 무기로 사용했다. 반면 구리를 원료로 한 청동기는 쉽게 닳고 부러지는 특징이 있어 주로 의례용이나 장식용 도구로 사용했다.

철기 시대●는 변화의 시기였으며 그 중심에 철제 농기구가 있었다. 사람들은 철제 농기구를 이용해 강변에서 멀리 떨어진 지역이나 야산도 논밭으로 개간할 수 있었다. 개인이 개간한 논밭은 스스로 팔고 살 수 있는 개인 소유의 사전(私田)이 되었고, 경작지의 확대로 잉여 생산물이 빠르게 증가했다.

여러 가지 철기 | 철기로 만든 농기구 가운데 쟁기는 농토를 쉽게 개간할 수 있고 땅을 깊게 팔 수 있어 생산력이 크게 증대되었다. 철정이나 철괴는 화폐로 이용되었다.

철기 시대의 사회 변화

철제 농기구	토지사유제	생산력 확대	잉여 생산물	철제 무기류	교역 확대	사상
경작지 확대	소지주 계층 탄생	잉여 생산물 발생	지배 계층 확대와 교역 활성화	군사력 강화와 잦은 전쟁	지역 간 정보 교류, 상인 계층의 성장	정치권력 우위, 소지주 계층 등장

철기를 바탕으로 성장한 새로운 정치 세력은 철제 무기로 세력이 약한 주변 지역을 정복하거나 교역을 통해 막대한 재력을 쌓았다. 교역●의 증가와 함께 다양한 사상과 문화의 교류가 있었으며, 이는 문화 충격으로 다가왔다. 그리고 이 충격은 사상의 대변화를 가져왔다. 종교적인 권위는 무너졌고, 새로운 계층으로 성장한 사(士)와 상인 계층의 이익을 지켜주는 새 종교와 사상이 여기저기에서 꽃피었다.

철제 무기로 무장한 지역 세력 간의 무력 충돌과 빈번한 교역으로 청동기 시대의 종교권력이 무너지고, 철기 시대의 정치권력이 등장했다. 경제·군사적인 힘을 배경으로 자신이 하늘의 자손이라고 부르짖는 영웅들이 새로운 지배자로 나타났다. 그 대표적 인물이 조선후●나 위만, 해모수, 동명 등이다.

● **철기 시대의 특징**
1) 중국과의 활발한 교류와 명도전, 반량전, 오수전 등 중국 화폐 사용
2) 한자의 사용과 지식인의 존재
3) 세형 동검(한국식 동검)과 잔무늬 거울
4) 반달 돌칼의 광범위한 사용에 따른 농업 생산력의 발달

● **명도전의 특징**
청천강 이북 분포, 고조선 후기 및 위만조선 사용, 연나라와 교역, 철기 시대
(검) 4-3

● **조선후의 의미**
조선후는 만주 지역에서 독자적인 세력으로 성장한 정치집단의 통치자를 중국 측에서 제후라는 의미로 낮춰 부르는 칭호이다.

고조선의 후예, 조선후와 위만조선

기원전 4세기경, 요서 지역에서 조선후인 기후(箕詡)가 독립했다. 고조선 제후국 중 하나인 기자조선의 통치자 기후는 상나라 왕족이던 기자의 후손임을 내세우며 본국인 고조선의 통제권에

서 벗어나 스스로 왕이라 칭하고, 연나라·흉노 등과 때로는 전쟁을 하고 때로는 교류하며 성장했다. 기후의 6대 후손인 기준(箕準)은 기원전 3세기 초에 이르러 연나라·흉노·부여 등을 압도하며 약 100여 년 이상 고조선의 계승 국가를 표방했다.

기원전 195년경 중국이 전란으로 혼란스러울 때 연나라 장군이었던 조선 사람 위만이 기준에게 망명했다. 기자조선의 서쪽 국경을 지키는 직책을 맡은 위만은 주변국에서 흘러들어온 망명자들을 받아들여 자신의 세력을 키웠다. 그리고 마침내 왕검성을 공격해 기준을 몰아내고 위만조선●을 세웠다.

위만은 망명할 때 조선인의 옷을 입고 상투를 틀었으며, 기준과 마찬가지로 고조선의 계승을 표방하며 나라 이름을 그대로 조선이라 했다.

위만조선은 요하 상류인 노합하(라오하 강)와 서랍목륜하(시라무룬 강) 유역을 지배하고, 그곳에서 기르던 우수한 전투마를 확보했다. 그리고 이 전투마를 흉노와 대결하는 한나라나 남쪽의 낙랑국, 삼한 등에 팔아서 막대한 이익을 얻었다. 또한 만주 지역의 우수한 동광석과 철광석을 차지하고, 주변 소국들과 무역을 하면서 소국의 특산물을 중국이나 흉노에 파는 중개 무역으로 국가의 재부를 늘렸다.

위만조선의 3대 왕인 우거는 중국의 난리를 피해 요동으로 오는 사람들을 받아들여 인구를 늘리고, 농업 생산력과 해산물 생산을 확대했다. 또한 중국, 흉노와 교역하려는 여러 나라들의 길목을 막고 위세를 부렸다. 이처럼 위만조선은 지리적인 이점과 국제 정세를 활용하여, 한나라나 흉노와 등거리 외교를 하며 동아시아 세력 균형의 핵심으로 떠올랐다.

● 위만조선은 한국사인가?
위만조선을 고조선의 계승 국가로 보는 경우 그 근거는, 1) 위만이 기준에게 망명할 때 조선인의 옷을 입고 상투를 틀었고, 2)왕이 되고 나서 조선이란 국호를 그대로 사용했고, 3)조선의 토착민들이 주로 위만 정권의 고위층에 많이 진출했다는 점을 든다.

위만조선, 한나라에 맞서다●

기원전 2세기경 중국에서 한나라 무제(B.C. 141~B.C. 87)는 지방 제후들을 제압하고 중앙집권화를 이루었다. 그는 북방 유목 제국인 흉노와 싸우기 위해 위만조선과 우호적인 관계를 맺으려 했다. 하지만 위만조선은 흉노와 동맹을 맺고, 오히려 한나라에 적대적인 정책을 펼쳤다. 두 나라 사이에 긴장이 고조되었고, 전쟁의 먹구름이 하늘을 덮었다.

한나라는 이에 요동 태수를 우거왕에게 보내 네 가지 제안을 했다. 첫째로 우거왕이 직접 한나라 장안에 들어와 예속받기 싫으면 독립적인 주권을 갖되 형식상으로는 한나라의 외신(外臣)으로 있을 것, 둘째로 우거왕이 한나라를 대신하여 북방의 여러 민족과 나라들을 보호하고 다스릴 것, 셋째로 북방 세력이 한나라 국경을 침범하지 못하게 막을 것, 넷째로 여러 북방국이 한나라와 무역하거나 교류하기 위해 국경을 들어올 때 길을 막지 않을 것. 한나라는 위만조선을 자기편으로 끌어들이기 위해 파격적인 특별 대우를 보장한 것이다.

위만조선의 우거왕은 이 기회를 활용해서 병력과 재물을 쌓고, 북방의 임둔, 진번, 대방, 낙랑, 현도, 창해 등 주변국들을 복속시켰다. 그리고 한반도의 삼한과 평양의 낙랑국, 동방의 예국, 옥저 등이 한나라와 교류하는 걸 막았다.

기원전 109년, 한나라는 섭하를 사신으로 파견했다. 한무제는 섭하를 통해 위만조선을 협박하고 타일렀지만 우거왕은 듣지 않았다. 섭하는 협상이 실패하자 자신을 환송하러 나온 위만조선의 비왕인 장(長)을 죽이고 패수를 건너 달아났다. 한무제는 섭하에

●● **위만조선과 한나라의 전쟁 원인**
기원전 109년, 우거왕과 한무제는 왕검성에서 전쟁을 벌였다. 그 이유는 1) 위만조선이 한나라에서 망명한 사람들을 끌어들이고, 2) 교역로를 장악하여 위세를 벌이고, 3) 위만조선이 흉노와 연대하여 한나라에 위협이 되었기 때문이다.

게 협상 실패의 책임을 묻지 않고 오히려 요동군 동부도위에 임명했다. 위만조선과 국경을 마주한 요동의 군사 책임자로 삼은 것이다.

사신을 환송하던 장군을 죽이고 달아난 섭하가 오히려 벼슬을 받자, 위만조선의 군대는 패수를 건너가 섭하를 죽였다. 아마 한무제는 이것을 노렸을지도 모른다. 섭하를 죽임으로써 황제를 욕보였다는 전쟁의 명분을 얻은 것이다.

한무제는 드디어 좌장군 순체에게 육군 5만 명, 누선장군 양복에게 수군 7천 명을 주어 위만조선을 침략했다. 마침내 위한 전쟁(왕검성 전투)의 불꽃이 튀기 시작한 것이다. 이때가 기원전 109년 가을이었다.

위만조선의 우거왕은 국경선인 패수를 중심으로 군대를 패수 동군, 서군, 상군, 하군과 왕검성을 지키는 중군으로 편성했다. 그리고 1차 전투 때는 수비와 공격 전략을 적절하게 사용하여 좌장군 순체 아래 있던 졸정(卒正) 다(多)의 군대와 누선장군 양복의 7천 수군을 격파했다. 2차 전투 때는 좌장군 순체와 누선장군 양복, 제남 태수 공손수가 몇 달에 걸쳐 왕검성을 공격했으나 실패했다.

3차 전투는 좌장군 순체가 시작했지만 또다시 위만조선에게 연거푸 패했다. 그러나 승패의 명암은 왕검성 내부에서 갈렸다. 주전파 우거왕의 위세에 굴복하여 전쟁에 참여한 주화파인 조선상 로인, 조선상 한음, 니계상 삼, 좌장군 왕협이 반란을 일으켜 우거왕을 죽이고 한나라에 항복한 것이다.

이로써 일 년여에 걸친 위한 전쟁은 내부 반란으로 위만조선이 멸망하면서 막을 내렸다. 또한 조선후에 뒤이어 고조선 계승 국가를 자처하던 위만조선도 역사의 무대에서 사라졌다(B.C. 108).

이제 한국사에서 부여가 유일하게 고조선을 계승하는 세력으로
남았다.

한나라는 전쟁에 승리했지만 좌장군 순체와 제남 태수 공손수
는 사형을 당했고 누선장군 양복은 서인으로 강등되었다. 반면
에 위만조선에서 항복한 로인, 한음 등은 제후의 직책을 받았다.
한나라는 위만조선 땅에 낙랑군, 진번군, 임둔군, 현도군 등 이른
바 한사군을 두었다. 하지만 한사군이 실제로 행정력이 미치는
군현이었는지는 알 수 없고, 그 위치도 요서인지 평양인지 모를
정도로 의문스럽다.

그중 진번군은 기원전 82년에 폐지되어 낙랑군 남부도위에 합
쳐졌으며, 임둔군은 같은 해에 현도군에 흡수되었다. 현도군도
기원전 75년경에는 부여계 주민들의 공격으로 유명무실해졌다.
그 뒤 3세기 중반 동천왕 시기에
대부분의 땅을 고구려에게 빼앗기
고 명맥만 유지하다가, 광개토태
왕 시기에 고구려에 완전히 흡수
된 것으로 보인다.

서기 204년에는 요동 태수인 공
손강이 고구려와 동방의 여러 나
라를 견제하고자 낙랑군 남부도위
7현을 합해 대방군으로 바꾸었다.
미천왕은 313년과 314년에 잇달아
낙랑군과 대방군을 요동에서 완전
히 축출했다.

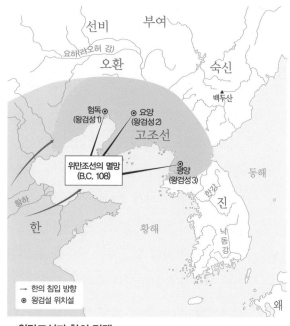

▲ **위만조선과 한의 전쟁** | 위만조선과 한나라는 왕검성에 일 년여 기간에 걸
쳐 전쟁을 치렀다. 왕검성의 위치에 대해서는 요서설, 요동설, 평양설이 있는데 정
확한 위치는 알 수 없다.

한사군이 한국사에 미친 영향은?

한사군은 기원전 108년에 중국의 한나라 무제가 위만조선을 멸망시키고 그 땅에 설치한 낙랑군, 진번군, 임둔군, 현도군을 말한다.

고구려는 건국 때부터 한사군을 몰아내는 데 주력했고, 4세기경에 이르러 한사군을 축출하고 고조선의 영토를 모두 회복했다. 이후 한사군은 정치적인 측면에서 중국 측이 고구려를 침략할 때 침략의 정당성을 뒷받침하는 역사적 근거로 활용되었을 따름이다.

한사군은 근대에 이르러 식민사관의 도구로 이용되었다. 일제 식민사학자들이 우리 민족은 원래 독립된 나라를 세울 능력도 없고 문화를 발전시킬 역량도 없었는데, 한사군의 발달된 정치·문화적 충격으로 고대국가를 세울 수 있었다는 궤변을 편 것이다. 이는 조선을 정벌한다는 정한론의 이론적 근거가 되어, 일본이 한사군을 대신하여 조선을 개화시키고 발전시켜야 한다는 침략 이론으로 구체화되었다.

민족사학자인 신채호와 정인보 등은 일제 식민사학자들의 한사군 문화충격론은 침략사관을 합리화하는 역사 왜곡이며 근본적으로 허구라고 인식했다. 한사군의 위치가 한나라와 동방의 국가들을 연결하는 지역이었기 때문에 교역이나 외교, 문화 교류를 통해 동방 지역에 어느 정도 영향을 준 것은 사실이다. 하지만 고구려를 비롯한 우리나라 삼국은 한사군의 정치적 영향과는 무관하게 고조선과 부여에서 갈라져 나왔으며, 문화적 전통도 돌무덤, 기마 전통, 바지 문화, 온돌 사용 등 오히려 고조선에서 부여로 이어지는 북방 지역의 색채가 더욱 강하다. 이런 점에서 한사군의 영향력을 과대평가할 필요는 없을 것이다.

철기는 세상을 어떻게 바꾸었을까?

Point 1 청동기와 철기의 특성을 비교하여 각각의 금속으로 만들 수 있는 도구가 무엇인지 알아보자.

Point 2 국가와 사회가 운영되기 위해 필요한 생산물이 무엇이고, 그것이 철기와 어떤 관계가 있는지 살펴보자.

Point 3 철기가 가져온 여러 가지 변화를 분야별로 정리하여 각각의 변화상을 알아보자.

공부를 더 하고 싶다면

✎**《고조선 단군 부여》**(동북아역사재단 편, 동북아역사재단)
중국이 동북공정을 통해 주장하는 내용을 비판하고, 우리 국민이 알아야 할 고대사를 주제별로 나누어 다루었다. 학문적인 성과를 역사교양서의 수준으로 풀어 썼다.

✎**《흉노》**(사와다 이사오 지음, 김숙경 옮김, 아이필드)
고조선의 역사와 깊은 관련을 맺고 있으며, 로마와 게르만의 역사를 바꾼 흉노 제국을 다루었다. 정치, 경제, 사회, 종족 등 다양한 주제를 한 권에 담았다. 유목 국가의 이해는 우리 고대사를 읽는 바탕이란 점에서 읽어볼 만하다.

제2장
삼국 시대의 시작

고조선 이후 한국사는 만주와 한반도에 부여, 고구려, 옥저, 동예, 삼한 등
여러 나라가 들어서는 열국 시대에 접어든다. 만주 북쪽의 부여, 만주 남쪽의
고구려, 평양의 낙랑국, 한반도의 백제, 신라, 가야는 본격적인 협력과 경쟁의 시대를 만들어갔다. 이 국가들의 등
장으로 만주와 한반도는 활력과 변화가 넘치는 지역으로 발전했고 연해주, 몽골 초원, 바다 건너 왜, 유구, 동남아
의 역사와 문화에도 많은 충격과 자극을 주었다. 특히 고구려, 백제, 신라 삼국은 4세기부터 율령을 제정하여 중
앙집권적인 왕권국가를 수립하고, 보편성을 지닌 세계 종교 불교를 수용하여 사상·예술·문화 등 다양한 방면에
서 발전을 이루었다.

역사를 보는 눈

분열을 극복하고 통일을 지향하는 우리 역사

고조선을 계승한 부여가 쇠퇴하고, 한국사는 열국이 다투는 분열이

시작되었다. 분열은 끝이 아니라 새로운 역사를 준비하는 과정이다.

삼국은 분열을 극복하고 통일을 지향하는 역사였다. 삼국은 각자

통일의 시대를 열고자 협력하고 경쟁했다. 율령 반포는 법치와

행정 통일로 가는 중요한 개혁이었고, 불교 공인은 보편적 세계와

소통하면서 사상의 통일성을 갖는 계기였다.

| 3세기경의 세계 |

300년을 전후한 세계사는 격변의 시기이다. 동양과 서양의 교류가 활발해지면서, 세계적인 종교와 사상이 여러 지역으로 퍼져나가 꽃을 피웠다. 지중해 연안은 그리스도교, 오리엔트는 조로아스터 교, 북인도와 동아시아는 불교가 유행했다.

동서양 양대 제국을 이루던 로마와 한나라의 지배가 무너지고, 훈 제국과 게르만 민족의 등장, 사산 왕조 페르시아의 성장과 인도 굽타 왕조의 등장, 중국의 5호 16국 시대 등 정치적 다원화가 이루어졌다.

우리나라에서는 고구려가 만주 지역을 차지하고 민족의 방파제와 같은 역할을 하며 정치·경제·문화를 주도했고, 백제는 바다를 개척하며 해상왕국을 준비했으며, 가야는 발달된 철기 문화를 주변국에 전파하며 독자적인 연맹국가를 이루었다. 발전이 늦은 신라도 주변 국가들과 교류하며 서서히 한반도의 역사 무대에 등장하기 시작했다.

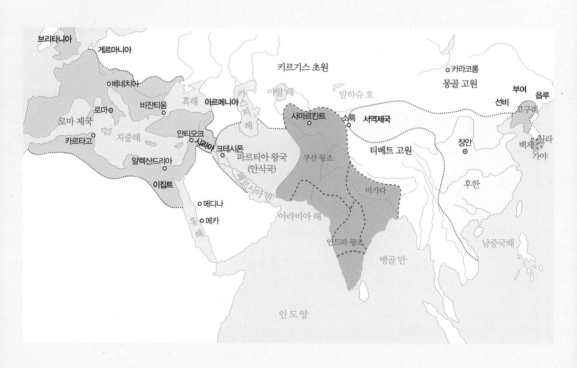

우리나라 ▼	주요 연표	▼ 세계
	B.C. 138년	한무제의 실크로드 개통 (~B.C. 115년)
박혁거세의 신라 건국	B.C. 57년	
	B.C. 73년	로마의 스파르타쿠스 반란
주몽의 고구려 건국	B.C. 37년	
	B.C. 27년	옥타비아누스가 로마 최초의 황제(아우구스투스) 즉위
온조의 백제 건국	B.C. 18년	
	A.D. 25년	광무제 유수의 후한 건국
	30년	예수의 죽음과 그리스도교 탄생
김수로의 금관가야 건국	42년	
	105년	월지 족이 북인도에 쿠샨 왕조 건립
	184년	중국 황건농민군의 반란
가야, 포상8국의 난	209년	
	226년	아르다시르 1세의 사산 왕조 페르시아 건국
위와 고구려의 전쟁 고이왕, 요서 진출	242년	
미추 이사금, 김씨 왕통 수립	262년	
백제 고이왕의 율령 반포	269년	
모용외, 서부여 공격	286년	
고구려 미천왕 즉위	300년	
	304년	5호 16국 시대의 시작
	313년	로마 콘스탄티누스 황제의 기독교 공인
	320년	굽타 왕조가 한두교를 국교로 삼고 인도 북부 지배
고구려와 전연의 전쟁	342년	
백제 근초고왕 즉위	346년	
고구려 소수림왕 불교 공인	372년	
	374년	훈 족(흉노족)이 라인 강 서쪽에 훈 제국 건국
	376년	게르만 족이 훈 족의 공격을 피해 로마로 대이동
백제 침류왕 불교 공인	384년	
	392년	로마 테오도시우스 황제가 기독교를 로마 국교로 삼음

아우구스투스 상

사산 왕조 페르시아의 은제 사냥무늬 접시

고구려 고분 벽화 〈현무〉

가야 판갑옷과 투구

기마인물형 토기

1 열국 시대에서 삼국 시대로

한 줄로 읽는 우리 역사

부여는 고조선의 계승 국가로 1책 12법과 영고라는 제천 행사가 있었고, 고구려는 부여의 뒤를 이어 만주 지역을 통합했다. 한반도 중남부의 삼한은 고조선의 후예들로 나중에 부여의 이주 세력과 연합해 백제, 신라, 가야로 발전했다.

고조선을 계승했다고 주장하는 조선후가 요동 서쪽에서 세력을 확대하고 있을 때, 오늘날의 송화강(쑹화 강) 중류 지역에는 고조선을 계승한 부여가 세력을 크게 넓히고 있었다. 부여는 중국 연나라, 제나라 등과 함께 기원전 5세기경 철기 문화를 일으켜 조선후와 함께 동방 사회에서 가장 앞서가는 세력으로 발전했다.

부여 초기 도읍지 동단산성
용담산 아래, 송화강변의 평지에 있는 동단산성과 남성자 토성은 부여의 초기
도읍지이며, 신성한 제단이 있는 용담산성은 배후에 자리 잡고 있다.

고조선의 후예, 부여인의 삶

부여는 땅 넓이가 사방 2천여 리에 이르고 인구는 8만 호(40여 만 명)가 넘었다고 한다. 왕 밑에는 독자적인 세력을 지닌 족장인 대가(大加)들이 있었고, 왕은 대가들의 연합으로 추대되었다.

대가들은 부족을 상징하는 가축 이름을 따서 마가(馬加 : 말), 우가(牛加 : 소), 저가(猪加 : 돼지), 구가(狗加 : 개)라고 불렀다. 행정구역은 왕이 직접 다스리는 중앙과 대가들이 각각 다스리는 사출도가 합쳐져 5부를 이루었다.

관리로는 왕과 대가들 간의 연락을 담당하는 대사, 대사자, 사자가 있었는데, 이들은 머리에 사자를 뜻하는 새의 깃털을 꼽았다. 부여의 읍락은 세력이 있는 제가들이 다스리고, 그 밑으로 국인이라 부르는 민(民)과 노비처럼 여겨진 하호(下戶)가 있었다.

백성들은 흰옷을 즐겨 입었다. 반면에 지배 계층 사람들은 보통 수를 놓은 비단이나 모직물로 옷을 지어 입다가 겨울에는 여우털·담비털·원숭이 가죽 등으로 지은 옷을 입었고, 머리에는 금과 은으로 장식한 모자를 썼다. 오곡을 재배하고 목축을 했으며, 특산물로는 말·주옥·모피가 있었다.

정월에는 영고(맞이굿)라는 제천 행사●가 벌어졌는데, 이는 수렵사회의 전통이다. 이때는 죄수들을 풀어주고, 날마다 식혜나 술을 마시며 춤추고 노래하며 놀았다.

전쟁 때는 제천 행사를 열고 소를 잡아 굽이 갈라진 모양을 보고 길흉을 점쳤다(우골점). 제가들은 백성 위에 군림하되 전쟁이 일어나면 앞장서서 싸웠고, 백성들은 스스로 예비군이 되어 집집마다 무기를 갖추었으며, 하호들이 식량을 지어 날랐다.

> ● 열국의 제천 행사
> 부여 – 영고, 고구려 – 동맹, 동예 – 무천, 삼한 – 오월제
> (수) 2010, (검) 4-고

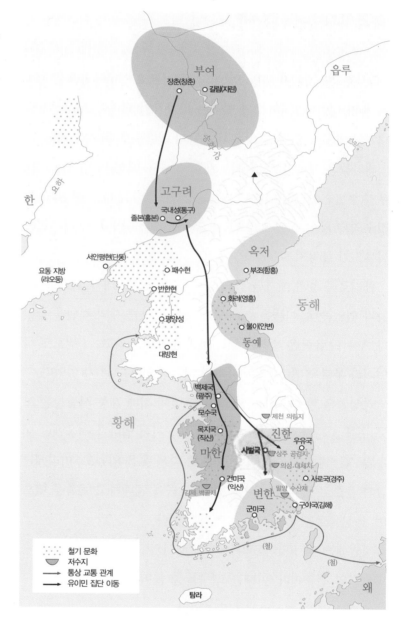

▶ 부여와 열국의 위치
고조선의 뒤를 이은 만주의 주
인은 부여였다. 그리고 고구려,
동예, 옥저, 삼한, 낙랑국 등이
계속 출현했는데 이때를 열국
시대라고 한다.

또한 형이 죽으면 동생이 형수를 아내로 맞는 형사취수제가
있었는데, 이는 고구려·흉노 등 북방 종족의 일반적인 풍속이었
다. 제가들이 죽은 뒤에는 후하게 장사를 지냈고, 순장 풍습이 있

66

었다. 무덤은 석관묘와 석곽묘를 주로 사용했다. ●

《삼국지》 '위지 동이전'에 따르면 부여에는 고조선 이래 전해지는 법률이 있는데, 그 형벌이 엄격했다. 1) 도둑질을 하면 12배로 갚아야 하고(1책 12법), 2) 살인자는 죽이고 그의 가족은 노비로 삼으며(연좌제), 3) 남녀가 생활이 문란하고, 부인이 질투하면 죽이고, 4) 시신은 남쪽 산 위에 버려두었으며, 집에서 여자의 시신을 찾아 가려면 소와 말을 내놓아야 했다.

이처럼 부여의 법은 남성 중심이며, 부권이 강조된 가부장제의 특징이 잘 나타나 있다. 또한 여인의 정절을 중시하고 질투를 범죄로 여기는 풍조를 통해 한나라의 유교 문화를 받아들였음을 알 수 있다.

● **부여의 생활 문화**
1책 12법, 순장 풍속, 반농 반목, 왕호 사용, 사출도(5부족), 마가·우가 등 가축명 관직, 영고, 우골점
(검) 6-4, (검) 4-고, (검) 5-4, (검) 3-5, (검) 3-4

부여의 분열, 영웅들의 시대를 예고

부여는 고조선 문명의 발상지였던 만주 지역의 너른 초원과 농경지를 차지하고도 고대국가로 발전하지 못했다. 철기 시대에 이르러 동북아시아 역사의 중심이 요동과 평양, 한강 이남으로 이동했고, 부여는 변방으로 전락하고 말았다. 부여는 구심체를 잃으면서 해모수의 북부여, 동명의 졸본부여, 해부루의 동부여 세력으로 분열되었다.

북부여와 해모수
북부여의 해모수는 고조선이 해체되고 위만조선이 사라지는

격변기에 우리 역사의 무대에 화려하게 등장하는 영웅이다.

이규보의 〈동명왕편〉, 《삼국유사》 등의 기록에 따르면, 북부여의 건국자인 해모수는 임술년(B.C. 239) 4월 8일에 신검 용광검(龍光劍)을 들고 다섯 마리 용이 이끄는 수레 오룡거(五龍車)를 타고 하늘에서 웅심산으로 내려와 흘승골성을 도읍으로 정하고 나라 이름을 북부여라고 했다. 웅심연에서 하백의 장녀인 유화를 만나 혼인했지만, 나중에 유화를 버리고 하늘로 돌아갔다고 한다.

오룡거와 용광검은 북부여 세력이 철기 문명을 가졌다는 걸 뜻한다. 해모수가 하늘에서 내려왔다는 것은 우리나라의 전통적인 천손 신화를 반영하며, 그가 천손족(태양족)이라는 것을 보여준다. 또한 웅심산에 내려왔다는 것은 모계나 처계가 웅족(곰 부족)일 가능성을 말해준다.

즉 해모수는 천손족과 웅족이 하백 세력과 연합하여 세운 군주였다. 해모수가 유화를 버리고 하늘로 돌아갔다는 것은 종족 연합이 깨졌음을 말하며, 북부여가 만주 지역의 패권을 차지하지 못했음을 뜻한다.

오녀산성(흘승골성)에서 바라본 홀본
오녀산성은 주몽이 홀본(졸본 : 만주 환인 지역)에 건축한 산상의 성곽으로 신성성과 신비로움을 간직하고 있다. 아래의 홀본에는 평지성인 하고성자 토성이 자리 잡고 있다.

졸본부여와 동명

동명은 졸본부여를 세운 난생 신화의 영웅이다. 훗날 고구려를 세우는 주몽과 혼동하기도 하는데, 후한의 왕충이 쓴 《논형》에서는 동명이 고리국의 궁녀가 낳은 알에서 태어났으며, 활을 잘 쏘아서 이름을 동명이라 하였고, 고리국왕이 동명의 재주를 시기하여 죽이려고 하자 남쪽으로 내려가 부여국을 세웠다고 한다. 기록에 따르면 이후 백제를 세운 온조와 비류의 어머니 소서노도 졸본부여의 왕녀였다.

소서노 세력이 주몽을 도와 고구려를 세운 뒤, 다시 고구려에서 이탈하여 남쪽으로 내려가 백제를 세울 수 있었던 것도 국가를 경영한 경험과 동조 세력이 있었기 때문에 가능한 일이었다.

온조가 백제를 건국한 뒤 주몽의 사당 대신 동명묘를 세운 것은, 백제의 뿌리가 졸본부여의 동명왕이란 것을 말해준다. 이런 점에서 동명이 세운 졸본부여는 고구려와 백제의 뿌리가 된다.

동부여와 해부루

해부루는 동부여를 세운 영웅이다. 《삼국유사》 '동부여조'를 보면, 해부루의 신하 아란불의 꿈에 천제(하느님)가 나타나 "이 땅은 나의 자손이 나라를 정할 곳이니 너는 이곳을 떠나라." 하고 말했다. 아란불의 설득에 따라 해부루는 동쪽 해안가인 가섭원을 도읍으로 정하고, 나라 이름을 동부여라고 지었다.

동부여는 오늘날 백두산 북쪽의 용정(룽징), 돈화(둔화), 연길(옌지) 지역에서 풍부한 농경지와 해산물을 바탕으로 빠르게 성장하여, 주변국을 아우르는 동방 사회의 맹주로 부상했다. 하지만 해부루는 가섭원에 있는 토착 세력을 완전히 굴복시키지 못했다. 이 토착 세력을 상징하는 인물이 바로 금와왕이다.

동부여의 신화에 따르면, 해부루는 늙어서도 자식이 없어 날마다 산천에 제사를 지냈다. 그러던 어느 날 곤연이란 호수를 지나는데, 타고 온 말이 큰 돌을 보고 울부짖었다.

아란불이 얼른 가서 돌을 굴리니 그곳에 방긋 웃는 금빛 개구리 같은 사내아이가 있었다. 해부루는 하늘이 내려준 아이라 여기고 궁궐로 데려왔다. 그리고 개구리같이 생겼다고 금와(金蛙)라 이름 짓고, 태자로 삼아 왕위를 물려주었다. 동부여는 해부루의 나라에서 금와의 나라로 재탄생했다.

금와라는 이름은 금속 문명을 지닌 것을 나타낸다. 금와는 곤연을 무대로 삼아 철을 제련하고 교역을 해서 재력과 군사력을 키워나간 토착 세력이다. 금와 세력은 처음에 해부루에게 눌렸지만 점차 세력을 키워나가, 결국 해부루의 후계자가 되었다.

금와는 주몽의 어머니인 유화 세력과 연합하여 해부루 세력을 눌렀을 것이다. 유화의 아버지는 강을 통해 무역을 하던 하백이다. 해모수와의 연대에 실패한 하백은 유화를 금와에게 시집보내 금와 세력을 성장시키고, 해부루 세력을 견제했을 것이다.

졸본의 왕녀 소서노의 첫 번째 남편 우태가 해부루의 서손, 즉 서자의 아들이었다는 기록에 비추어보면, 그는 금와에게 패배하여 졸본 지역으로 이주한 인물일 것이다. 또한 훗날 주몽도 금와의 아들인 대소에게 밀려 졸본부여로 피신한 점에서 우태와 주몽은 부여계, 금와와 대소는 토착계라고 짐작된다.

금와와 대소는 동부여의 권력을 장악했지만 얼마 뒤 세력이 약화되어, 결국 졸본부여에서 일어난 고구려에게 부여의 정통성을 빼앗기고 멸망했다. ●

● 부여, 옥저, 동예가 고대국가로 발전하지 못한 까닭
부여는 5부족의 힘이 균형을 이루고 있어 왕권이 약했기 때문에 고대국가로 발전하지 못했다. 옥저와 동예는 지리적인 고립으로 선진 문화의 수용이 어려웠고, 고구려의 압력으로 정치 통합을 이루지 못했다.

백제, 신라, 가야의 모체 삼한

위만에게 나라를 빼앗긴 기준은 기원전 195(194)년에 자신을 따르는 무리를 이끌고 남쪽으로 내려가 마한을 세웠다. 그 뒤 많은 고조선 유민들이 마한 동쪽에 변한, 진한을 세웠고, 이 삼한을 통틀어 진국(辰國)이라고 불렀다.

삼한의 맹주국, 마한

마한●을 이루고 있는 소국들의 하나인 목지국의 지배자는 마한왕 또는 진왕으로 추대되어 삼한 전체의 주도 세력이 되었다. 마한에서 큰 나라는 1만여 호로 통치자를 신지라 하였고, 작은 나라는 수천 호로 통치자를 읍차라 하였다.

초기에는 마한이 평양에 있었으나 낙랑국 세력이 평양으로 이주하자 한강변으로 중심지를 옮긴 뒤 백제에게 밀려 전라도 지역으로 이동한 것으로 추측된다.

> **● 마한의 사회**
> 진왕(목지국), 소도(별읍, 신성구역), 천군(제사), 신지와 읍차(지역의 통치자)
> (검) 1-4, (검) 3-4

 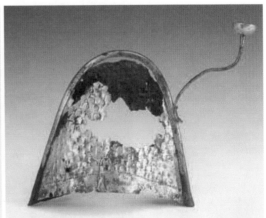

나주 반남면 신촌리 고분에서 출토된 금동관(왼쪽)과 익산 입점리 고분에서 출토된 금관 | 백제의 영향력 아래 놓여 있는 마한의 토착 지배 세력의 유물이다. 백제는 지역 수장에게 금동관, 금동신발과 같은 위세품을 내려 간접 지배권을 확보했다.

3세기경 마한에는 천안, 익산, 나주 지역을 무대로 54국, 10여 만 명의 주민이 있었다. 당시 마한 54국 가운데 하나였던 백제는 4세기경에 마한 세력을 흡수하여 해상 무역과 농경을 아우르는 강국으로 성장했다.

마한에서는 일 년에 두 번 하늘에 제사를 지냈다. 씨를 뿌리는 5월에 오월제를 지냈고, 곡식을 거두는 10월에 시월제를 지냈다. 마을마다 하늘에 제사를 주관하는 천군(天君)이 있고, '소도(蘇塗)'라는 종교적 구역에서 제사를 지냈다.

소도에는 솟대를 세우고 신성하게 여겼다. 이곳에 죄인이 들어오면 어느 누구도 처벌할 수 없을 만큼, 천군의 종교적인 권위는 매우 컸다.

또 마한인은 변한인과 마찬가지로 가야금의 원류인 현금(玄琴)을 제사와 여러 행사에 사용했고, 항아리 두 개를 맞붙여 독

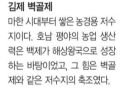

김제 벽골제
마한 시대부터 쌓은 농경용 저수지이다. 호남 평야의 농업 생산력은 백제가 해상왕국으로 성장하는 바탕이었고, 그 힘은 벽골제와 같은 저수지의 축조였다.

무덤(옹관묘)으로 사용했다. 나주 반남면 신촌리의 대형 고분군
은 마한의 대표적인 유적이다.

철의 나라, 변한

변한은 변진이라고도 부르며 12개의 나라로 구성되었다. 우두
머리는 신지라 했고, 그 아래 험측·번예·살해·읍차라는 관직
이 있었다. 일부는 마한에 예속되었고, 일부는 독립적인 세력을
형성해 나라를 유지했다.

변한의 특산물은 철이다. 변한은 제련한 철을 가지고 이웃 마
한과 진한·왜, 북쪽의 동예·대방·낙랑 등과 교역●하여 국가의
재력을 쌓았다. 변한의 유적에서 나온 중국 진나라 화폐인 반량
전과 전한의 오수전은 중국과 교역했다는 사실을 보여준다. 또
한 많은 유적지에서 묶음으로 나오는 철정(덩이쇠)은 철이 화폐
로도 사용된 것을 말해준다.

변한인들은 고조선 유민답게 음주가무를 즐겼고, 가야금의 원
류인 현금이란 악기를 만들었다. 또 변한인은 아이를 낳으면 돌
로 머리의 앞뒤를 눌러 뾰족하고 평평하게 만드는 편두를 했다.

편두는 신전 사제들의 신성성을 보여주는 것으로, 하늘과 가
까운 산이나 바위를 상징한다. 중국 산동성 유역에서 신석기 시
대에 해당되는 대문구 문화를 일으킨 동이족이 편두를 한 것으
로 보아, 변한인들은 요서 지역에서 왔음을 유추할 수 있다.

변한 12국은 점차 김해 지역의 구야국을 중심으로 연맹체를
이루었다. 구야국은 9도간이라 부르는 토착 세력이 나중에 김해
지역에 이주하는 김씨계 수로왕, 아유타 국의 허씨계 허황옥 세
력과 결합하여 6가야로 발전한다.

● **철기 시대 대외 교류**
명도전(연나라), 반량전(진나
라), 오수전(한나라), 화천(신나
라)
(검) 4-3

● 창원 다호리 유적
변한의 철기 유적, 한자 사용
(붓), 칠기 제작, 현악기 사용, 중
국과 교류(오수전), 통나무 관
사용
(검) 6-고

변한 사람들이 남긴 대표적인 유적은 창원 다호리● 유적이다. 이 유적에는 통나무관이 원형대로 보존되어 있었다. 통나무관은 하늘과 맞닿은 나무에 대한 숭배와, 죽으면 강을 따라 하늘로 돌아간다는 믿음을 드러낸 것으로 보인다. 또한 옻을 칠한 칠기, 붓 등도 나왔다.

한편 두(豆)라 부르는 제사용 접시에 담긴 율무를 통해 그 원산지인 베트남이나 중국 남부와 해상 교역을 했을 것으로 추측한다. 또 작은 충청도 밤과 큰 평안도 밤이 함께 섞여 있는 것으로 보아 한반도 내륙이나 해안을 통한 교역도 활발했던 것을 알 수 있다.

신라의 전신, 진한

마한의 동쪽에 위치한 진한은 12개 나라, 4~5만 호 규모였다. 큰 나라는 4천~5천 호, 작은 나라는 600~700호 정도였다. 마한이 북쪽 낙랑 세력과 한강으로 이주한 백제 세력에 밀려 남쪽으로 내려가자, 진한도 남한강을 따라 대구를 거쳐 오늘날 경주 지역에 정착했다.

이런 점에서 초기에는 진한도 한강 유역에 있었을 가능성이 높다. 이때 진한 12국 가운데 사로 세력이 경주

정(세 발 달린 솥)
세 발 달린 솥은 상나라 계통의 조선후가 통치의 상징으로 삼던 위세품이다. 위만에게 나라를 빼앗긴 준왕이 남쪽에 마한을 세우고 진왕이 되었을 때 주변 세력에게 하사한 유물로 본다.

를 기반으로 두각을 나타냈고 훗날 신라의 모체가 되었다.

경주 사로국의 6촌은 경주 분지에 터를 잡고 세력을 키워나가 드디어 진한을 통합했다. 그리고 나중에 북쪽 부여에서 내려온 박씨계, 해상을 따라 이주해온 석씨계, 부여계 흉노에서 기원한 김씨계 등 금속 문명 세력과 결합하여 신라로 발전한다. 경주 조양동 유적에서 출토된 세 발 달린 솥 '정(鼎)'은 이곳에서 왕권이 출현했으며 경주가 진한의 중심지였음을 말해준다.

평양의 최씨 왕국, 낙랑국

오늘날 북한의 평양에는 낙랑국이 들어섰다. 건국자는 밝혀지지 않았지만 후대에 최리가 왕을 이었으니 최씨 왕국이라고 할 수 있다. 낙랑국은 본래 고조선에 속하는 70여 개 소국 가운데 하나로 오늘날 만리장성이 시작되는 창려(창리)에 있었다.

낙랑국은 조선후 기후에게 복속되었다가, 이후에는 위만조선에 속했다. 그러다가 기원전 108년 위만조선이 멸망하고 그곳에 한사군이 설치되자 동쪽으로 이주하여 오늘날 평양에 낙랑국을

낙랑의 구리 솥과 구리 향로
평양의 낙랑국은 요서 지역의 낙랑조선 유민들이 세운 나라이다. 주변의 여러 나라와 활발한 교역을 했는데 그중에서도 한나라와 빈번하게 교류하여 중국계 유물이 많이 출토되었다.

세운 것으로 보인다.

낙랑국은 그 뒤 중국 한나라, 북방의 부여와 고구려, 남쪽의 삼한과 교역하면서 성장했다. 하지만 140여 년 뒤인 서기 32년에 고구려의 대무신왕에게 멸망당했다. 고구려는 한반도와 요동을 잇는 교통의 요지이자, 넓은 평야 지대가 있고 소금과 해산물이 많이 생산되던 낙랑국이 필요했다.

이후 평양 지역은 낙랑 유민들이 고구려에 대한 반란을 일으키고 한나라 세력이 진출하는 등, 고구려가 완전히 차지하는 4세기 초까지 국제적인 각축장이 되었다.

옥저와 민며느리제

옥저●는 고구려와 같은 부여족의 한 갈래이다. 옥저는 만주어로 '와지'라고 하는데, 숲에 사는 사람들을 가리킨다. 역사서에 나타나는 옥저는 남옥저, 북옥저, 동옥저가 있다. 이는 원래 옥저가 여러 세력으로 나뉘어 있었거나 흩어져 살았음을 뜻한다.

옥저는 서쪽으로 장광재령, 동쪽으로 원산 지역, 남쪽으로 요동 반도, 북쪽으로 백두산 지역에 이르는 넓은 지역에서 소규모 읍락 단위로 수렵과, 채집, 어로를 하면서 생활했다.

옥저는 고조선에 속한 제후국으로 훗날 위만조선에게 복속당하고, 위만조선이 망한 뒤에는 낙랑국 밑으로 들어갔다가 낙랑국이 멸망하자 옥저는 다시 고구려에 예속되었다.

동옥저는 인구가 5천 호(약 2만 5천여 명)이고, 왕은 아직 없으나 읍락마다 읍군이나 삼로라는 군장이 있어 마을을 다스렸다.

옥저에는 특이한 풍속으로는 민며느리제가 있었다. 여자아이가 남편이 될 사람의 집에 가서 집안일을 해주며 살다가 나중에 성장한 뒤 남자가 예물을 치르고 정식으로 혼인하는, 일종의 매매혼이다. 또 골장제라는 장례 풍습이 있어, 가족이 죽으면 시체를 가매장했다가 나중에 뼈를 추려 가족 공동묘인 커다란 목곽분에 안치했다.

고구려는 동옥저를 복속시키고 삼베의 일종인 맥포, 고기, 소금, 바닷물고기 등의 조공을 받았다. 옥저의 일부는 고구려에 융합되고 나머지 옥저의 후예들은 훗날 물길족과 말갈족으로 발전하여 여진족을 이루게 된다.

동예의 전통 문화, 무천과 책화

동예●는 고조선이 해체된 뒤 예족이 동쪽에 세운 나라다. 예족의 군장이던 예군남려가 기원전 128년 한나라에 투항하자, 일부 유민이 한반도 동해안에 동예를 세웠다. 이는 고조선의 주축이던 예족이 부여 계통의 맥족에게 밀려난 것을 뜻한다.

동예는 초기에 위만조선에게 복속되었다. 군왕이 없으며 읍군이나 삼로가 다스렸고, 나중에 백제 · 고구려 · 신라에게 차례로 복속되었다.

동예의 말투나 풍속은 고구려를 닮았다. 10월에는 무천이란 제천 행사를 열었고, 족외혼을 엄격하게 지켰다. 그리고 다른 마을

● 동예의 사회
무천, 족외혼, 책화, 단궁 · 과하마 · 반어피 생산, 왕 없이 읍군과 삼로가 통치
(검) 6-3

● 동예의 책화
대군장이 없던 동예는 씨족 사이
의 분쟁이 잦았다. 책화는 경제
활동 범위를 정해서 씨족 사이의
충돌이나 갈등을 줄이기 위한 풍
습이었다.

의 생활권을 침범하면 노비와 소, 말로 변상하게 하는 책화● 풍
습이 있었다.

동예 사람들은 호랑이를 신으로 섬겨 제사를 지냈는데, 이는
동예가 단군 신화에 나오는 호족의 후손임을 말해주는 단서이다.

특산물로는 고조선 시대부터 단궁(박달나무 활), 과하마(키가
작은 말. 말을 타고 과일 나무 아래를 지날 수 있는 말이라는 뜻), 표범
가죽과 반어피(무늬가 있는 바닷물고기의 가죽) 등이 널리 알려져
있었고, 방직 기술이 발달하여 명주와 삼베가 유명했다.

열국 시대에서 삼국 시대로

위만조선은 요서 지역에 위치하여 고조선 계승 국가를 자처했
다. 하지만 한나라의 침략과 내분으로 멸망하고 그 땅에 낙랑군,
대방군, 창해군, 임둔군, 진번군 등 한나라의 여러 군현이 설치되
었다. 그렇지만 위만조선은 한나라나 흉노 등의 세력과 교류하
면서 받아들인 선진 문물과 문화 충격을 만주와 한반도 여러 나
라에 전달하는 창구 역할을 했다.

고조선을 계승한 또 다른 국가인 부여는 만주 지역의 패권을
차지하지 못했지만, 한국사에서 중요한 의미를 갖는다. 우선 고
구려와 백제가 부여에서 나왔으며, 신라 건국의 주역인 박씨와
석씨의 뿌리가 부여라는 주장도 있다. 신라 김씨와 가야 김씨도
흉노 제국에 참여한 부여계 흉노족일 가능성이 매우 높다. 따라
서 삼국과 가야의 뿌리는 모두 부여에 닿아 있다고 볼 수 있다.

열국의 사회·경제·문화

구분	부여	고구려	옥저	동예	삼한
위치	만주 길림시 송화강 유역	동가강 유역 압록강 중류	함경도 지역	강원도 지역	충청, 전라(마한) 경남(변한) 경북(진한)
제천 행사	영고(12월)	동맹(10월)		무천(10월)	수릿날(5월) 계절제(10월)
문화	1책 12법 순장, 우골점	데릴사위제 조상신(주몽, 유화신)	민며느리제 가족 공동묘 (골장제)	족외혼 책화	소도(신성 구역) 천군(제사장)
정치	왕호 사용 5부(중앙, 사출도)	5부족 연맹 제가회의	왕이 없음 읍군, 삼로	왕이 없음 읍군, 삼로	목지국 지도자(진왕) 신지, 견지
경제	반농 반목	산, 계곡 위치 곡물 부족	해산물 풍부 (소금, 해산물)	단궁, 과하마, 반어피	농사(두레) 철(변한)

만약 부여가 없었다면 고조선과 삼국은 서로 연결되지 않았을 것이고, 우리 문화의 근간도 형성되지 못했을 것이다. 뿐만 아니라 만주 지역이 우리 역사의 영역에서 사라졌을지도 모른다. 이런 점에서 부여사는 한국사의 커다란 줄기로 다루어야 한다.

평양의 낙랑국은 중국과 만주 세력, 한반도 삼한을 이어주는 교통로에 위치하여 주변국들의 상업, 외교, 문화 교류를 중계하는 역할을 충실하게 했다. 그리고 삼한은 지역 토착 세력과 연합하여 철기 문화와 농업을 발전시켜 훗날 백제, 신라, 가야 발전의 토대가 되었다. 이런 점에서 열국 시대는 삼국 시대를 준비하는 역사의 징검다리라 하겠다.

동명과 고주몽은 같은 사람일까?

후한의 왕충이 쓴 《논형》에 따르면 부여를 세운 사람이 동명이다. 그리고 이보다 늦게 쓰인 역사서 《삼국사기》와 《삼국유사》는 고구려의 건국자인 주몽을 동명성왕이라고 전한다. 이 때문에 많은 이들에게 《논형》의 동명과 《삼국유사》의 주몽(동명성왕)이 같은 사람이라고 알려져 있다.

하지만 기록에 나타난 신화를 살펴보면 동명과 주몽 두 사람은 다른 점이 너무나도 많다.

《논형》《위략》《수신기》《후한서》'부여전', 《북사》 등에서는 모두 동명이 고리국 또는 색리국의 사람이라 기록한 데 반해, 《삼국사기》에서는 주몽의 출신지가 동부여라고 기록하고 있다.

동명의 어머니는 고리국 왕의 시녀이고, 주몽의 어머니는 하백의 딸 유화이다. 동명이 남쪽으로 떠나면서 만난 강은 엄호수인데 주몽은 엄리대수를 건넜으며, 동명은 부여를 세우고 주몽은 고구려를 세웠다. 이런 점으로 미루어 보면 동명과 주몽은 다른 사람임이 확실하다.

그렇다면 왜 주몽이 동명성왕이라고 알려져 있을까? 주몽의 기록이 처음 나타나는 광개토태왕비에는 그를 추모왕이라 했고, 여러 역사서에도 주몽을 추모, 도모, 중해, 중모라고 했다. 이처럼 초기 기록이나 금석문에선 주몽을 동명성왕이라 하지 않았다. 주몽을 동명성왕이라고 기록한 사서는 《구삼국사》와 《삼국사기》이다.

아마 부여가 멸망한 494년 이후 어느 시점에 고구려가 부여의 정통성을 내세우기 위해 동명의 신화와 역사를 빌려다가 주몽의 신화로 바꾸면서, 주몽과 동명을 한 명으로 만들지 않았을까 여겨진다.

고구려의 데릴사위제와 옥저의 민며느리제는 왜 생겨났을까?

Point 1 고구려에서는 남자가 여자의 집에서 사는 데릴사위제가, 옥저에서는 여자가 남자의 집에서 사는 민며느리제가 행해진 역사적인 이유를 생각해보자.

Point 2 고구려와 옥저의 지리적 위치와 자연 환경, 정치 제도와 산업 등을 두 혼인 제도와 연결해보자.

Point 3 동아시아 여러 지역의 결혼 제도를 살펴보고, 데릴사위제와 민며느리제의 특징을 이와 비교해보자.

공부를 더 하고 싶다면

✎《**동이족과 부여의 역사**》(서병국 지음, 혜안)
국사 교과서나 한국사 통사에서 대부분 간략하게만 다루는 부여의 역사를 시대별로 자세하게 소개한다. 중학생 이상이면 읽을 수 있다.

✎《**잃어버린 나라 낙랑**》(이성재 지음, 어드북스)
평양에 있던 낙랑국과 한사군의 하나였던 낙랑군의 실체에 접근하는 데 많은 도움을 주는 책. 낙랑공주와 호동 왕자의 역사를 만나는 것도 즐거운 일이다.

✎《**고고학으로 본 옥저 문화**》(강인욱 외, 동북아역사재단)
옥저는 오늘날 백두산 주변에 있던 열국의 하나로, 콩과 온돌의 고향이다. 이들의 역사와 문화는 고구려에 흡수되어 사라진 것이 아니라 지금까지 우리 삶에 면면히 이어져 오고 있다. 이런 점에서 옥저에 대한 탐구는 우리 뿌리를 찾는 현재진행형이다.

2 삼국 시대가 열리다

한 줄로 읽는 우리 역사

주몽은 만주의 홀본에 도읍을 정하고 고구려를 세웠으며, 박혁거세, 김알지, 석탈해는 번갈아 신라의 왕위를 이었다. 김수로는 김해의 교통로와 철기 문화를 바탕으로 가야를 세우고, 온조는 하남 위례성에서 해상왕국인 백제를 건국했다.

위만조선과 부여가 주도하고 낙랑국, 동예, 옥저, 삼한 등이 도전하면서 형성된 열국 시대는 기원전 1세기 후반부터 동부여, 고구려, 백제, 신라, 가야의 5국 시대로 통합되었다.

고구려 강서 우현리 고분 벽화 〈현무〉
고분 벽화는 고구려의 경제적, 문화적 풍요와 예술성, 기술을 엿볼 수 있는 걸작품이다.
특히 강서대묘의 사신도는 7세기 초의 완숙한 경지에 이른 고구려 예술을 대표한다.

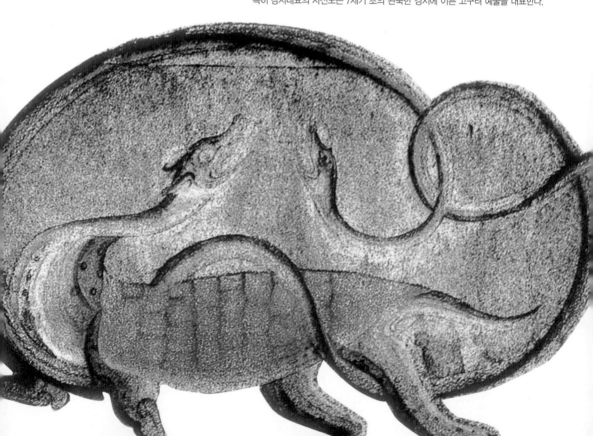

《삼국사기》와 《삼국유사》의 영향으로 이때를 보통 삼국 시대라고 부른다. 하지만 동부여가 망하고 그 후예들이 고구려에 흡수된 5세기 후반까지는 고구려, 백제, 신라, 가야, 동부여의 5국 시대였다. 따라서 엄밀한 의미에서는 562년 금관가야와 대가야를 포함한 가야 연맹이 신라에 편입된 시기부터 신라가 통일하기 전까지를 삼국 시대라 할 수 있다.

고주몽,˙ 홀본에서 고구려˙를 건국

고조선과 부여 이후에 만주 대륙에서 두각을 나타낸 세력은 고구려이다. 그리고 그 고구려를 세운 영웅은 주몽이다.

주몽은 하백의 딸 유화와 천제의 아들 해모수 사이에서 태어났다. 해모수에게 버림받은 유화는 동부여의 금와왕에게 시집가서 알을 낳았다. 기이한 일에 놀란 금와는 알을 궁궐 밖에 버렸으나 돼지, 개, 소, 말, 새가 알을 보호했다. 그 알에서 태어난 것이 주몽이다.

아이는 성장하면서 활쏘기에 능하여 주몽이란 이름을 얻었으며, 영민하고 말타기에도 능했다. 나중에 금와왕의 일곱 아들이 주몽의 능력을 시기하여 죽이려고 하자 주몽은 어머니 유화의 뜻에 따라 자신의 아이를 잉태하고 있던 부인 예씨를 남겨두고 자신을 따르는 오이, 마리, 협보와 함께 동부여를 떠났다.

동부여의 태자 대소가 주몽을 추격했으나, 엄리대수라는 강에

● **고주몽의 호칭**
고구려의 건국 시조를 광개토대왕비는 '추모'라고 했고, 《삼국사기》에서는 '주몽'이라고 불렀으며 그 외에 '도모, 중해, 중모' 등의 이름으로 알려져 있다. 이는 활을 잘 쏘는 영웅이란 뜻의 부여 '듀므르'를 한자로 옮긴 것이다. 또한 후대에 그의 업적을 기려 '동명성왕'이라고도 부른다. 졸본부여의 건국자인 '동명'은 주몽과 다른 사람이다.

● **고구려의 풍속**
데릴사위제, 후장(후한 장례), 소나무와 잣나무를 묘역에 식수, 계단식 적석총, 형사취수제 (수) 2009

고구려의 고분 벽화
1기: 4세기, 신화, 생활, 풍속
2기: 5세기, 연꽃, 예불, 연화생
3기: 6세기, 사신도
(검) 2-6, (검) 6-초, (검) 3-6,
(검) 3-5, (검) 3-2

비류수에서 바라본 오녀산성 | 주몽이 처음으로 도읍을 삼은 홀본성이다. 평지에 하고성자를, 산상에 오녀산성(흘승골성)을 쌓았다. 삼면이 절벽으로 이루어져 신성함과 신비로운 기운을 느끼게 한다.

서 자라와 물고기가 다리를 놓아주어 무사히 건넜다. 도중에 재사, 무골, 묵거라는 현인을 만나 부하로 거두고 졸본부여에 이르렀다. 그때 졸본부여의 왕녀 소서노는 동부여 왕 해부루의 서손 우태와 결혼했으나 일찍이 남편을 잃었다. 소서노는 주몽의 인물됨을 알아보고 그와 결혼하여 고구려 건국을 도왔다.

주몽 신화를 역사의 눈으로 재해석하면 고구려의 초기 건국 과정을 이해할 수 있다. 난생 신화는 주몽이 해모수 계통의 천손족이란 뜻이다.

알은 태양을 의미하는데, 태양을 토템으로 하는 세력은 부여 왕족이다. 알을 보호하던 돼지, 개, 소, 말, 새 등도 부여계 종족

고구려의 국동대혈 | 고구려의 제천 행사인 동맹제 기간에 국왕이 직접 산에 올라가 제사를 지내고 불씨를 받아 오던 신성한 제단이다. 동굴에는 불을 관장하는 수신이 모셔져 있다.

의 토템이다. 주몽을 따르던 오이, 마리, 협보는 이들 토템의 주인공으로, 해모수 계통의 북부여 세력으로 추측된다.

주몽이 건너려던 엄리대수에서 다리를 놓았던 물고기와 자라, 갈대 등은 외가인 하백의 세력을, 가는 도중에 만난 현인들 재사, 무골, 묵거는 졸본 지역에 선주하던 북부여계 세력을 뜻하는 것으로 보인다.

이처럼 고구려 건국의 토대는 북부여계와 하백계이다. 주몽은 졸본 지역에서 소서노 세력과 다시 연합하고, 오늘날의 국내성에 기반한 고조선 후예들이 세운 송양국을 접수하여 건국의 기틀을 마련했다.

주몽은 송양국 세력을 앞세워 기원전 32년에는 행인국, 기원전 28년에는 북옥저를 점령했다. 북옥저는 고구려에 예속되었다가 일부가 훗날 물길족과 말갈족으로 발전한다.

이제 고구려와 동부여 사이에는 완충 지대가 사라져 직접 국경을 맞댄 사이가 되었다. 기원전 19년 4월, 동부여에 두고 온 예씨의 아들 유리가 고구려로 찾아오자, 주몽은 그를 태자로 삼고 9월에 세상을 떠났다. 주몽이 이룩한 건국의 주춧돌은 유리가 순조롭게 왕위를 계승하는 바탕이 되었다.

백제의 건국과 여걸 소서노

백제는 소서노라는 여걸의 출현과 함께 시작되었다. 소서노는 주몽의 부인이며 비류와 온조의 어머니이다. 졸본부여의 왕녀인 소서노는 자신의 집안이 가졌던 기득권을 깨끗하게 버리고 고구려 건국에 참여했다. 그리고 비류와 온조가 주몽의 뒤를 계승하지 못하자, 이번에는 과감하게 고구려를 포기하고 백제를 건국하는 모험에 뛰어들었다.●

비류와 온조는 어머니 소서노를 모시고 남쪽으로 이동했다. 이때 요동 반도에는 남옥저, 압록강 남쪽에는 낙랑국, 대방국이 있어서 육로로 이동하지 못했다. 그래서 비류와 온조는 압록강 하류에서 요동 반도로 나와 네 곳에 해상 교두보를 마련하고 정착지를 찾았다. 이 네 지역이 요동 반도, 요서 지역, 산동 반도, 강화만 지역이다.

● 백제와 고구려의 관계
고구려와 부여에서 기원, 성왕의 국호 남부여, 초기에 동명 묘에 제사, 한강변 계단식 적석총, 무덤 벽화의 사신도
(검) 1-3, (검) 5-3, (검) 3-4

백제 석촌동 돌무지무덤
한강변에 위치한 계단식 적석
총(돌무지무덤)은 백제의 지배
층이 고구려 계통이란 사실을
보여준다. 백제의 국력이 급성
장하던 근초고왕 시기에 축조
한 것으로 본다.

《삼국사기》에는 비류와 온조가 오간, 마려 등 열 명의 신하를 이끌고 한강 유역의 한산 부아악(북한산)에 올라 도읍지를 물색했다는 기록이 있다. 열 명의 신하들은 비류와 온조에게 하남 땅이 북쪽으로 한수(한강)를 끼고, 동쪽은 높은 산을 의지하며, 남쪽에는 비옥한 농토가 있고, 서쪽에는 큰 바다가 있어 천험의 요새이니 이곳을 도읍으로 하라고 권유했다.

온조는 이 말에 따라 하북 위례성을 도읍으로 정하고 나라 이름을 십제(十濟)라고 한 반면에, 비류는 듣지 않고 미추홀을 도읍으로 정하고 백제(百濟)를 세웠는데 이때가 기원전 18년이다.

미추홀에 자리 잡은 비류의 나라는 발전하지 못하고 끝내 십제에 복속되었다. 온조는 이때 나라 이름을 십제에서 백제로 바꾸었다. 그리고 기원전 6년에 도읍지를 하남 위례성으로 옮겼다.

● **삼국의 건국 순서**
《삼국사기》의 기록에 의하면 신라(B.C.57)−고구려(B.C.37)−백제(B.C.18)−가야(42)의 순서이지만, 일반적으로 중앙집권의 성립과 고고학적 발전을 받아들여 고구려−백제−신라−가야의 순서로 정한다.

비류가 바닷가를 중심으로 백제를 세운 것은 우태의 아들로서 해상 교역을 중시했기 때문이다. 그런데 당시 동북아시아의 시

▶ 삼국과 가야의 성립과
발전
열국 시대는 점차 부여, 고구려,
백제, 신라, 가야의 5국으로 통
합되고, 4세기경에 이르러 고구
려와 백제, 신라가 주도권을 장
악하면서 삼국 시대를 형성하
였다.

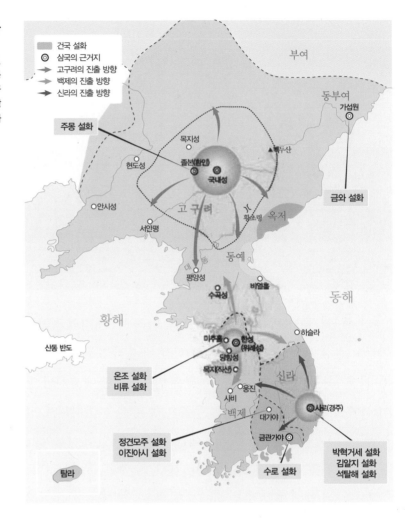

대 상황이 혼란스러워 교역으로 이득을 취하기가 어려웠다. 더
구나 건국 초기에 요동과 한반도의 여러 해변에 세력을 분산시
킨 것은 커다란 실책이었다. 하지만 비류가 선택한 해상 교역의
길은 훗날 고이왕·근초고왕·동성왕·무령왕으로 계승되어 백
제가 동아시아의 해상왕국으로 발전하는 초석이 되었다.

이에 비해 온조는 주몽의 아들로서 농경을 중시했다. 그는 경
기도 일대의 평야를 빠르게 정복하여 국가의 기틀을 세울 수 있

었다. 서기 8년(온조왕 26년) 백제는 마한을 공격하여 도성을 함락했고, 이듬해 4월에는 한강 유역의 마한 소국들을 완전히 병합한 뒤 북한강과 남한강으로 세력을 뻗어나갔다. 주변의 말갈, 동예, 맥국 등이 백제의 성장에 위협을 느끼고 백제에 도전했지만 실패했다. 그리고 마침내 백제가 한반도 중부의 주도권을 장악했다.

신라는 나의 것, 박혁거세 · 석탈해 · 김알지

《삼국사기》 중 '신라본기'에 따르면 신라 지역에 먼저 정착한 6촌 사람들은 고조선 유민들이다. 이들은 고조선이 해체되고 제일 먼저 경주에 내려와 살고 있었다.

뒤를 이어 박혁거세 세력이 경주에 도착했다. 박혁거세(B.C. 57

신라의 오릉
신라를 건국한 박혁거세와 알영 왕비, 두 번째 임금 남해 차차웅, 세 번째 임금 유리 이사금, 그리고 파사 이사금 등 다섯 임금을 모신 능으로 전해진다.

경주 반월성 터 | 경주 분지에 있는 평지의 궁궐로 반달 모양으로 생겼다. 석탈해가 이곳에 살던 호공의 저택을 빼앗아 이주했다는 역사가 전해진다. 성 바로 아래에 계림과 첨성대가 있다.

~A.D. 4)의 탄생 설화에 따르면, 6촌 중 하나인 고허촌의 촌장 소벌공이 어느 날 나정이란 우물 옆 숲에서 말이 꿇어앉아 우는 모습을 보았다. 다가가자 말은 사라졌고 큰 알만 하나 남았다. 이 알에서 태어난 사람이 바로 박혁거세다.

신화에 등장하는 말은 박혁거세의 세력이 북방에서 내려온 기마종족이란 것을 보여준다. 성씨인 박(朴)은 부여와 같은 '광명, 빛, 밝음'의 뜻을 지닌다. 알에서 태어났다는 난생 신화●와 '거서간'이란 왕호도 그가 부여계라는 것을 말해준다.

박혁거세는 13세 때 왕이 되었다고 하는데, 이것은 박혁거세 집단이 6촌과 경쟁했던 기간이 13년 정도라는 뜻이다. 또 기원전 53년에 알영과 혼인한 것은 경주에 토착한 알영 집단과 연합하여 사로국을 세운 것을 보여준다. 박씨 계통과 알영 계통의 씨족

● **한국의 난생 신화 특성**
건국 영웅 신화, 하늘 숭배 의식, 북방 민족의 후손, 이주형 신화
(검) 7-초, (검) 5-초, (검) 3-6

연합은 6촌을 누르는 결정적인 요소였다.

박혁거세와 함께 신라 초기를 주도한 집단은 석탈해 세력이다. 탄생 설화에 따르면, 용성국의 왕과 적녀국의 왕녀 사이에 알이 태어났다. 불길하게 여긴 왕이 이를 내다 버리게 하자, 왕비는 알을 비단으로 싸고 궤짝에 담아 물에 흘려보냈다.

기원전 19년 신라 아진포에서 한 노파가 이 궤짝을 발견하고 궤짝에 담긴 아이를 길렀는데, 이 아이가 바로 석탈해, 즉 탈해 이사금(57~80)이다.

석탈해의 조상은 대장장이였는데, 고대에는 금속을 제련하는 집단이 정치적인 힘을 지녔다. 난생 신화와 석(昔)이란 성씨가 까치 작(鵲) 자에서 온 걸로 보아 새 토템을 지닌 부여족이란 것을 알 수 있다.

경주 계림
석탈해 이사금 시기에 김씨의 시조인 김알지가 알에서 태어난 설화가 깃든 곳으로, 경주 김씨의 발상지이다. 여기저기 나이 든 수목들이 무척이나 신비로운 분위기를 자아낸다.

석탈해는 동해 섬나라 다파나국(용성국)에서 김해로 갔다가 김수로 세력에게 패해 경주로 이주했다. 그 뒤 경주 반월성 아래에 터를 잡았던 왜 출신의 호공 세력과 연합하고, 신라 2대 왕 남해 차차웅(4~24)의 딸인 아효 부인과 결혼하여 일정한 세력을 이루는 데 성공했다.

남해 차차웅이 죽은 뒤 유리 이사금(24~57)과 왕권을 다투었지만, 결국 치아의 수가 유리 이사금보다 적다는 이유로 왕위를 양보했다. 이는 아직 석탈해 집단이 박씨계 집단을 누르기에는 역부족이었다는 뜻이다. 석탈해는 유리 이사금을 이어 4대 왕이 되었다.

하지만 석탈해가 죽은 뒤 왕위는 다시 박씨계로 넘어갔고, 그 후손들은 100년이 훨씬 지난 9대 왕 벌휴 이사금(184~196) 때 비로소 석씨 왕계를 세웠다.

김씨계 왕계를 세운 김알지는 박씨계, 석씨계에 뒤이어 경주에 나타났다. 박씨계가 부여에서 동해안으로, 석씨계가 동해에서 일본과 김해를 거쳐 신라로 왔다면, 김씨계는 요서 지역에서 해로나 육로를 통해 오늘날 서울에 정착했다가 다시 대구를 지나 경주에 도착했을 것으로 추정된다. 김씨계도 석씨계와 마찬가지로 금속 제련 기술자 집단이었다. 그래서 신성한 금(金)을 상징하는 김(金)으로 성을 정했다.

김알지는 석탈해가 임금으로 있던 시기에 경주에 정착했다. 탈해 이사금이 김알지 세력을 받아들인 것은 박씨계를 견제하기 위해서였다. 석씨계와 김씨계의 연합을 주선한 것이 탈해 이사금 세력이자 왜인인 호공이란 점에서 더욱 신빙성이 높다.

김씨계는 신라 13대 왕 미추 이사금(262~284)에 이르러 드디

신라 왕호의 변천

왕호	거서간	차차웅	이사금	마립간	왕
최초 사용 왕	혁거세 거서간	남해 차차웅	유리 이사금	내물 마립간	지증왕
지위	군장	제사장	연장자	대군장	군주(국제적 칭호)
특성	추대의 뜻	신정 일치	정치적 독립	6부의장	중앙집권

어 왕통을 세우는 데 성공했다. 하지만 여전히 석씨계 세력이 강해서, 왕위는 다시 석씨계로 넘어갔다. 석탈해와 김미추는 이런 면에서 닮은꼴이다. 김씨계는 80년 뒤인 내물 마립간 시기에 고구려의 지원으로 세습 왕통을 세우는 데 성공했다.

신라에서 박씨계, 석씨계, 김씨계가 왕위를 차례대로 계승할 수 있었던 까닭은 무엇일까? 그건 토착 세력인 6부 귀족들과 박, 석, 김씨들이 권력을 나누어 가졌기 때문이다. 신라의 지배 세력들은 가야, 마한, 백제, 왜 등에 둘러싸인 정세를 감안하면, 권력을 다투기보다 세력 균형을 유지하는 게 서로에게 유리하다고 판단한 것이다.

권력 분점은 대개 혼인 동맹을 통해 이루어졌다. 박씨계는 6부 세력과 혼인 동맹을 맺어 세력을 키웠으며, 석씨계는 김씨계와 혼인 동맹을 맺어 박씨계를 누르고 왕위를 이을 수 있었다.

김씨계는 석씨계의 도움으로 경주에서 세력을 키운 뒤, 주로 김씨끼리 혼인하는 근친혼을 통해 골품제의 기반을 만들었다. 그리고 결국 김씨계는 내물 마립간 시기에 이르러 신라 왕통을 독점 세습하는 데 성공했다.●

● **삼국의 고대국가 발전 과정의 공통점**
1) 왕권 강화 : 정복 활동 등으로 통치 지역 확대
2) 통치 제도의 정비 : 율령 반포, 관제의 정비, 복식 규정 등
3) 사상 통합 : 불교가 사회와 집단을 통합하는 구심체 역할

6가야 연맹, 철과 교역을 선택하다

가야는 변한의 작은 나라에서 출발했다. 지금의 낙동강 지역에 위치했던 가야는 대국 6개, 소국 10여 개로 이루어진 연맹국가였다. 가락, 가라, 가야, 구야, 가량, 임나 등 다양하게 불리지만, 보통 가야국 또는 가야 연맹이라고 부른다.

이 가운데 해상 교역의 중심에 위치한 낙동강 하류의 구야한국이 금관가야로 발전하여 전기 연맹의 주도권을 잡았다. 내륙에서는 고령 지역의 반파국이 훗날 대가야로 발전하여 후기 연맹의 맹주를 차지한다.

함안의 아라가야(안라국)는 오랫동안 금관가야, 대가야 사이에서 등거리 외교를 통해 협력과 경쟁과 견제 관계를 유지하며, 가야 연맹의 삼각축을 이루었다. 나머지 10여 개가 넘는 소국들은 6가야에 예속되거나 느슨한 형태의 연맹을 이루었다.

전기 가야 연맹을 주도한 금관가야는 김수로왕●이 건국했다. 《삼국유사》에 기록된 설화에 따르면, 서기 42년에 금관가야 9도

● **삼국의 대표 시가**
〈황조가〉(고구려 유리왕이 지은 노래), 〈구지가〉(가야 김수로왕의 건국 신화가 담긴 노래), 〈서동요〉(백제 무왕이 지은 향가), 〈여수장우중문시〉(고구려 을지문덕이 지은 한시)
(검) 2-5

● **〈구지가(龜旨歌)〉**
구지봉 주위에 살던 9도간들과 그 백성들이 수로왕을 맞기 위해 부른 노래.

龜何龜何　(구하구하)
首其現也　(수기현야)
若不現也　(약불현야)
燔灼而喫　(번작이끽)

거북아 거북아
네 머리를 내어라
만일 내놓지 않으면
불에 구워서 먹으리

대가야의 토기와 야광 조개
유구국(오키나와)의 특산품인 야광 조개로 만든 국자는 제단에 사용한 신성한 그릇이다. 대가야는 백제의 도움으로 동남아, 남중국, 왜와 교역을 했다.

가야 지산동 고분군 | 대가야의 왕실과 귀족이 묻혀 있는 산상의 고분군으로 조상신이 거주하는 공간이다. 아래 궁궐에서 보면 마치 하늘에 있는 듯한 산상의 무덤은 위대한 조상신의 혼령이 깃들어 보인다.

간의 추장들이 김해 구지봉(龜旨峰 : 봉우리가 거북이와 닮았다고 해서 붙여진 이름)●에 모였을 때, 붉은 보자기에 싸여 금합이 하늘에서 내려왔다. 그 안을 보니 황금 알 여섯 개가 있었다. 반나절 만에 여섯 개의 알은 모두 사람이 되었는데, 그 가운데 가장 먼저 김수로가 태어났다.

가야 지역에 먼저 정착한 것은 고조선 후예들로 변한 12국을 세운 9도간 세력이었다. 김수로 설화는 북방 금속 문명 세력이 9도간과 연합하여 거북이로 상징되는 토착계를 눌렀다는 뜻을 담고 있다.

김수로왕은 이어서 인도 아유타 국에서 배를 타고 김해에 도착한 허황옥●●과 결혼한다. 김수로왕 세력과 허황옥 세력은 혼인 동맹을 통해 세력을 키워서, 드디어 토착계와 9도간을 완전하게 제압하고 금관가야의 주도권을 장악했다. 그리고 금관가야는 낙동강 하구의 지리적인 이점과 풍부한 철 생산을 바탕으로 전기 가야 연맹의 맹주 자리를 차지할 수 있었다.

●● 허황후(허황옥)는 정말 인도 아유타 국에서 왔을까? 《삼국유사》 '가락국기'에 따르면 김수로왕의 부인인 허황후는 인도 아유타 국의 공주라고 한다. 수로왕릉에 있는 쌍어문, 허황후 릉의 파사석탑은 이 사실을 보여주는 증거이다.

허황후 파사석탑

부여는 왜 고대왕국으로 성장하지 못했을까?

부여는 열국 시대를 주도한 고조선의 계승 국가였다. 유목과 농경이 동시에 가능한 송화강 유역의 넓은 영토, 중국과의 교류를 통한 수준 높은 문화, 그리고 많은 인구를 지니고 있었다.

그런데 부여는 고구려와 백제가 등장하면서 점차 소국으로 전락해갔고, 고대국가로 발전하지 못한 채 결국 고구려에 흡수되었다. 그 원인은 도대체 무엇일까?

우선 많은 인재들이 부여를 이탈한 데서 그 이유를 찾을 수 있다. 해모수는 북부여를, 해부루는 동부여를, 동명은 졸본부여를 세웠다. 또한 주몽과 유리는 동부여에서 이탈하여 고구려를 세웠으며, 졸본부여의 왕녀 소서노와 그의 아들인 비류와 온조는 남쪽으로 내려가 백제를 세웠다. 넓게 본다면 이 모두가 여러 세력이 부여에서 빠져나오면서 부여의 세력이 계속 축소되는 과정이었다.

다음으로 지리적 위치를 꼽을 수 있다. 만주의 패권을 잡은 부여는 초기에 모든 교통로와 무역을 차지했으나, 고구려·백제·중국이 등장하면서 오히려 동북쪽의 변방으로 고립되었다. 고구려는 한반도와 요동과 요서로 통하는 길목을 차지했고, 백제는 해상 교역로를 장악하였기 때문이다.

결국 부여는 경쟁과 자극을 받을 수 있는 지리적인 이점을 잃고 소국으로 약화된 것이다.

논술 생각나무 키우기

삼국과 가야는 건국자가 모두 알에서 태어났다는 신화를 지니고 있다. 그 이유는 무엇일까?

Point 1 ┃ 최고 권력자인 왕의 힘과 신성성이 어디에서 오는지 조사해보고, 이를 통해 고조선 단군 신화와 북부여 해모수 신화가 갖는 의미를 생각해보자.

Point 2 ┃ 고구려의 주몽, 신라의 박혁거세, 석탈해, 김알지, 가야의 김수로 신화가 단군이나 해모수 신화와 어떻게 다른지 살펴보자. 그리고 그 차이가 갖는 의미를 생각해보자.

Point 3 ┃ 신화에서 영웅은 대부분 인간의 아이로 태어나지 않았다. 그 까닭을 살펴보고, 그것이 한국의 난생 신화에서 어떻게 나타나는지 생각해보자.

공부를 더 하고 싶다면

✎《**한국사의 1막 1장 건국 신화**》(이종욱 지음, 휴머니스트)
기존 역사서에 대한 재해석을 통해 건국 신화에 숨어 있는 역사의 진실을 끄집어낸다. 이 책을 통해 단군에서 견훤까지 우리나라의 건국 신화를 한눈에 볼 수 있다.

✎《**고구려 건국사**》(김기흥 지음, 창작과비평사)
고주몽, 유리, 대무신왕은 고구려의 초기 역사를 읽는 열쇠이다. 여러 각도에서 퍼즐처럼 얽혀 있는 고구려의 건국 이야기를 풀어낸다.

✎《**풍납 토성, 500년 백제를 깨우다**》(김태식 지음, 김영사)
백제의 초기 도읍지로 유력한 한강변의 풍납 토성을 통해, 일반적인 견해와 달리 백제가 기원 전후에서 늦어도 서기 200년경에는 강력한 중앙집권 국가가 되었다고 주장한다. 풍납 토성 발굴기를 예리한 기자의 눈으로 살폈다.

3 삼국과 가야의 발전

한 줄로 읽는 우리 역사

삼국 초기에는 제가회의, 정사암회의, 화백회의 등 귀족회의체가 강했지만, 삼국의 왕들은 부자상속제, 주변 소국의 병합을 통해 왕권을 강화시켜 나갔다. 중국이 황건농민군의 반란 등으로 쇠퇴하자, 삼국은 적극적으로 대외 교류를 추진하며 각각 자기 나라의 발전을 꾀했다.

고구려, 백제, 신라, 가야는 모두 열국 시대의 소국들을 기반으로 국가를 세웠다. 고구려는 주변의 옥저, 동예, 숙신, 선비, 황룡국, 주나국 등 소국들을 병합하고 동부여를 눌러 만주 대륙의 패자가 될 수 있었다. 백제는 마한의 소국들을 차례로 정복하여 경기, 충청, 전라도 방향으로 세력을 확장했다.

가야는 낙동강 유역의 유력한 6개 집단이 주도권을 장악하고, 주변 10여 개 소국들이 그들에게 예속하는 방식으로 가야 연맹을 구성했다.

경주 분지의 신라도 대구, 울진, 포항, 동래(부산) 지역으로 세력을 확장하면서 가야와 세력을 다투었다. 2세기부터 4세기까지는 고구려와 백제가 주도하고 가야와 신라가 따라가는 형태의 세력 균형이 이루어진 시기였다.

고구려 국내성 서벽 | 세계 문화 유산으로 등재된 국내성의 서벽으로, 통구하를 해자로 삼고 있다. 1920년대까지 완벽한 높이와 성문을 자랑하던 국내성은 도시 개발로 많은 부분이 파괴되었다.

고구려, 고조선의 땅을 되찾다

고구려의 유리왕**은 송양국과 혼인 동맹을 맺고, 서기 3년에 처가의 근거지인 국내성으로 도읍을 옮겼다.

국내성 천도의 이유는 1) 동부여와 경쟁을 통해 국내의 긴장감을 높여서 토착 세력과 공신 세력을 견제하고, 2) 처가인 송양국 세력을 바탕으로 왕권을 강화하며, 3) 동부여와 패권을 다투는 와중에서 후방으로 침략할 가능성이 높은 한나라를 전략적으로 방어하고, 4) 천도를 통해 민심을 결집하려는 의도였다. 결과적으로 유리왕의 천도는 성공했다.

3대 왕인 대무신왕은 22년에 북방의 가장 위협적인 세력인 동부여를 공격하여 멸망시켰다. 부여의 정통성을 확보한 대무신왕은 32년에 남쪽의 낙랑국으로 눈을 돌렸다.

● **삼국의 중앙집권 체제 정비**
1) 왕위의 계승이 부족 간, 형제 간에서 부자 상속으로 정착
2) 부족장이 왕권에 편입되면서 관등의 정비가 이루어짐
3) 왕의 권위에 의한 율령 반포
4) 불교를 통한 사상 통합
5) 왕실의 역사와 정통성을 세우기 위한 역사서 편찬
6) 왕권의 절대적 우위를 확인하는 대외 정별 사업

●● **고구려의 유리왕이 지은 〈황조가(黃鳥歌)〉**

翩翩黃鳥 (편편황조)
雌雄相依 (자웅상의)
念我之獨 (염아지독)
誰其與歸 (수기여귀)

펄펄 나는 저 꾀꼬리
암수 서로 정답구나
외로운 이 내 몸은
뉘와 함께 돌아갈꼬

고구려는 교통 요지에 위치한 낙랑국의 생산물, 인구, 농경지가 필요했다. 낙랑국왕 최리는 고구려와 혼인 동맹을 맺고 나라를 지키고자 했다.

설화에 따르면 낙랑국이 고구려를 믿고 방비를 게을리 하자, 대무신왕의 아들 호동은 낙랑공주에게 적군이 오면 저절로 울린다는 자명고(북)와 자명각(피리)을 부수게 했다. 고구려군은 거침없이 낙랑국을 공격했고, 낙랑국왕 최리는 딸을 죽이고 항복했다. 이로써 평양에 위치한 낙랑국은 145년 만에 역사의 무대에서 사라졌다.

6대 왕인 태조왕은 53년 동옥저를 정복하고, 55년 요서 10성을 쌓아 한나라의 침략에 대비했다. 고조선 영토를 되찾자는 다물 정책●을 펼쳐, 56년 동옥저, 68년 갈사국, 72년 조나국, 74년 주나국을 복속시켰다. 옛 고조선 지역의 소국들을 어느 정도 흡수

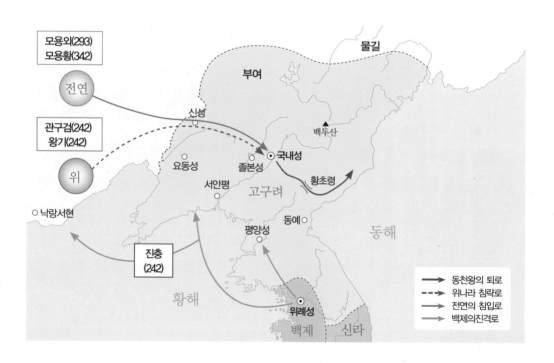

고구려 초기 왕계표

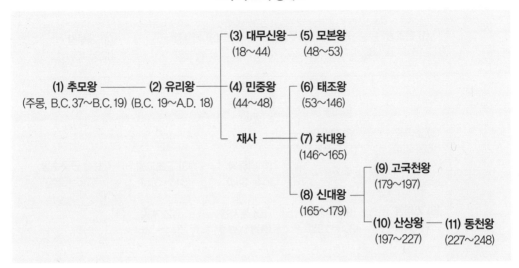

하자, 고구려는 본격적으로 한나라에게 잃은 땅을 찾기 위한 전쟁에 나섰다.

태조왕은 105년에 한나라 요동군을 공격하고, 111년에는 현도군을 공격했다. 한나라는 121년 이에 맞서 유주 자사 풍환, 현도 태수 요광, 요동 태수 채풍이 연합 공격을 감행했지만, 태조왕의 아우인 수성에게 대패했다. 이로써 고구려는 짧은 기간 동안 고조선의 옛 땅을 대부분 되찾고, 만주 대륙의 패권을 차지하는 토대를 마련했다.

백제, 해상왕국의 첫걸음을 내딛다

백제는 한강 유역에 세운 나라로 알려져 있지만, 실제로는 여

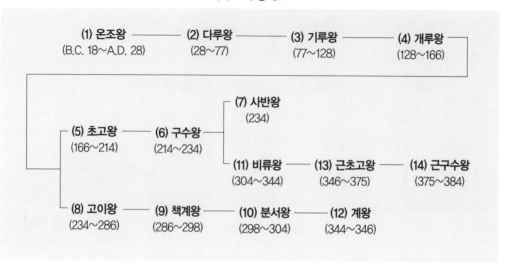

러 곳에 근거지를 두고 있던 소국 연합체였다. 백제라는 이름은 수많은 가문들이 바닷가를 중심으로 세력을 펼친 국가라는 뜻의 '백가제해(百家濟海)'에서 나왔다.

4대 왕인 개루왕(128~166)에게는 두 아들이 있는데 바로 5대 초고왕(166~214)과 8대 고이왕(234~286)이다. 두 사람은 초기 백제의 역사에서 큰 역할을 했다. 초고왕은 백제 국경을 오늘날 북한강과 남한강의 상류까지 넓혔고, 그의 아들 구수왕(214~234)도 그 뜻을 이었다.

고이왕은 초고왕과 구수왕을 이어 백제를 해상왕국으로 발전시키는 계기를 만들었다. 242년 조조가 세운 위나라의 유주 자사 관구검이 낙랑 태수 유무, 대방 태수 궁준, 현도 태수 왕기 등을 이끌고 고구려를 공격하자, 고이왕은 좌장군 진충을 보내 낙랑 서쪽 땅을 차지했다. 이때 빼앗은 낙랑의 서쪽을 대동강 유역으로 보기도 하지만, 바다 건너 만리장성 부근이라는 주장도 있다.

이 주장이 옳다면 고이왕은 백제가 해상왕국으로 발돋움한 최초의 임금이라 할 수 있다.

고이왕은 정복전쟁을 통해 백제의 위상을 주변국에 확실하게 보여주었다. 한강 유역을 완전히 장악하고 지금의 천안시 직산까지 영역을 확장하여 경기도 일대를 백제 영토로 만들었다. 백제는 이 시기에 이룩한 해상 교역망을 통해 소금, 건어물 등을 교역하여 국가의 재력을 쌓았다. 그리고 고이왕은 이를 바탕으로 269년 중앙집권제의 기초가 되는 율령●을 선포하고, 왕권을 상징하는 6좌평 16품계의 정치 제도를 마련했다.●

백제의 율령 선포는 고구려보다 무려 103년이나 앞섰다. 당시 백제는 해상 교역로를 확보하여 빠른 정보망과 교역망을 구축하고 동아시아의 역사 무대에 화려하게 등장했다. 백제는 고이왕 시대에 고대국가의 기틀을 완전하게 세웠던 것이다.

● 율령이란?
율령은 형법과 행정법을 말한다. 고구려는 소수림왕 3년인 373년에, 신라는 법흥왕 7년인 520년에 반포되었고, 백제는 고이왕인 260년경에 반포된 것으로 여겨진다.

● 백제의 관등제
관등명을 보면 관리는 3개 등급 분류, 관복과 허리띠의 색깔 구분, 전체 관등은 16관등, 나솔 이상은 은화 관식 사용.
(수) 2006

고구려와 위나라의 대결

2세기경 중국 한나라가 내부 분열로 쇠퇴하자, 고구려는 국내 정치를 안정시키는 데 몰두했다. 9대 고국천왕(179~197)은 강화된 왕권을 바탕으로 5부족 체제를 지역 행정 단위인 5부로 바꾸고, 부족의 수령을 중앙 귀족에 편입시켰다. 5부는 내부(계루부), 북부(절노부), 동부(순노부), 서부(소노부), 남부(관노부)를 말한다. 나아가 왕위계승권도 형제 상속에서 부자 상속으로 바꾸었다. 이는 고구려에서 왕권과 중앙집권제가 강화된 것을 뜻한다.

고국천왕은 민생을 안정시키고 농업 생산을 독려하기 위해 을파소를 재상으로 임명했다. 을파소는 최고 관직인 국상이 되어 진대법●을 시행(194)하고 국내 안정과 국부 증가를 이루었다.

고구려는 동천왕(227~248) 시기에 위기를 맞았다. 동천왕 즉위 이전인 184년부터 220년까지는 중국이 오랜 분열로 고구려에 영향을 미칠 수 없었고, 또한 공손씨 정권이 요동 지역을 50여 년간(189~238) 지배하면서 완충 역할을 했기 때문에 직접적으로 충돌하지는 않았다.

동천왕은 양자강 남쪽의 오나라와 교류하며 요동의 공손씨 정권을 견제하다가, 북중국 위나라(220~265)가 강성해지자 238년 위나라와 연합 작전을 펼쳐 공손씨 정권을 무너뜨리고 요동으로 진출하는 기반을 마련했다. 하지만 위나라의 압력이 거세지자, 고구려는 242년 낙랑군의 전진 기지인 서안평을 선제 공격하여 차지했다.

반격에 나선 위나라는 242년에 유주 자사 관구검이 1만 군대를 이끌고 고구려를 침공했다. 동천왕은 2만 군대로 양맥에서 두 차례 승전한 뒤 적진 깊숙이 공격했다가 오히려 전멸을 당했다.

관구검은 곧바로 환도성을 함락시켰고, 현도 태수 왕기의 계속된 공격에 동천왕은 남옥저로 피신했다. 하지만 동부 사람 밀우와 유유의 저항과 계책으로 적군의 추격대장을 죽이고 위나라 군대를 물리쳤다.

동천왕은 죽령에서 위기에 빠졌을 때, 밀우가 결사대를 조직하여 적을 막은 덕분에 피신할 수 있었다. 이후 밀우는 유유와 함께 위군의 진영에 가서 항복하는 척하면서 지휘관을 살해하고 함께 죽었다. 그들의 죽음은 고구려가 위군에 일대 반격을 가해

● 진대법이란?
흉년이 든 해에 백성들에게 쌀을 빌려주고, 가을에 싼 이자를 붙여 돌려받는 빈민 구제법이다. 고려 시대의 의창, 조선 시대의 환곡도 진대법에 그 뿌리를 두고 있다.

위군을 패주시키는 계기가 되었다.

동천왕은 파괴된 환도성과 국내성에 머무를 수가 없게 되어, 247년 평양성●으로 수도를 옮겼다. 동천왕은 후방의 안전을 위해 248년 신라와 화친을 맺었다.

고구려를 격파한 위나라는 북중국의 패권을 차지했으며 고구려의 서진 정책은 한때 중단되었다.

● **평양성의 위치**
이때 동천왕이 천도한 평양을 대동강변으로 보기도 하지만, 일부 학자들은 북평양인 중국 요녕성 봉성의 봉황산성이라고도 주장한다.

백제, 해상 진출에 타격을 받다

고구려와 위나라가 전쟁을 벌이고 있던 242년, 고이왕은 낙랑 서쪽을 차지하고 해상왕국의 발판을 마련했다. 고이왕의 아들 책계왕(286~298)도 적극적인 해상 진출을 꾀했으나 중국 서진이 백제를 공격해 오자 직접 군대를 이끌고 맞서 싸우다 전사했다.

책계왕의 장남 분서왕(298~304)도 조부와 부친의 해상 진출 전략을 계승했다. 그런데 304년 낙랑 태수가 백제의 해상 진출을 저지하기 위해 자객을 보내 분서왕을 살해했다.

책계왕과 분서왕의 죽음으로 고이왕 이래 추진되었던 백제의 해상 진출이 크게 타격을 받은 상태에서 비류왕(304~344)과 계왕(344~346)은 해상 진출보다는 내부 정비에 힘썼다. 하지만 비류왕의 아들 근초고왕(346~375)이 왕위에 오르면서 백제의 해상 진출은 새로운 국면을 맞았다.

소금 장수 미천왕과 고구려의 부흥

고구려는 242년, 위나라 관구검에게 패한 뒤 국력이 급속하게 약화되었다. 봉상왕(292~300)은 북중국의 서진과 우호 관계를 맺고 요서 지역의 모용선비족을 견제했지만 폭정을 거듭해 민심을 잃었다. 결국 국상 창조리가 정변을 일으켜 봉상왕의 동생 고추가 돌고의 아들인 미천왕을 고구려의 15대 왕으로 추대했다.

미천왕(300~331)은 어렸을 때 큰아버지 봉상왕의 핍박을 피해 궁궐을 빠져나가 머슴살이와 소금 장수를 하며 지냈다. 그는 소금 장수를 하면서 지리를 익히고 사회 정세를 보는 안목을 넓혔다. 이런 경험을 바탕으로 미천왕은 313년과 314년, 옛 고조선 땅에 주둔하던 낙랑군과 대방군을 연이어 몰아내고, 요동 지역과 서북부 해안을 완전히 차지했다.

당시 북중국의 패자였던 서진은 8왕의 난●과 영가의 난●●으로 국력이 급격히 쇠퇴했다. 이 틈을 타서 5호의 하나였던 흉노족은 전조를 세우고, 저족의 이특은 촉한의 수도인 성도에서 성한을 세웠다. 흉노, 저, 강, 갈, 선비족이 북중국을 연이어 차지하는 5호 16국 시대(304~439)가 열린 것이다.

모용선비족이 요서 지역에서 급격히 성장하자, 미천왕은 319년 동진의 동이교위 최비, 선비 단부, 선비 우문부와 연합하여 모용선비족을 공격했다.

모용선비족은 이때부터 우문부, 단부, 동진 그리고 서쪽의 후조 등과 북중국을 둘러싼 끊임없는 전쟁에 돌입했다. 고구려는 모용황이 337년에 자립하여 전연의 왕이 될 때까지 착실하게 국력을 키워나갈 수 있었다.

● 8왕의 난(290~306)
서진(265~316)의 2대 황제인 혜제 시기에 숙부들인 사마량, 사마위, 사마륜 등 8명의 제후왕이 내전을 벌이고 주변의 5호들에게 병력을 요청했다. 이것이 서진 멸망의 원인이었으며 5호들이 북중국을 지배하는 5호 16국 시대의 단초가 되었다.

●● 영가의 난(307~312)
서진 말기인 영가 연간(307~312)에 5호의 하나인 흉노족이 8왕의 난으로 인한 혼란을 틈타, 304년부터 반란을 일으켜 서진의 국도인 낙양을 파괴하고 북중국을 혼란에 빠뜨린 사건을 말한다. 이때부터 5호들이 304년부터 439년까지 16국 이상을 세우는 5호 16국 시대가 시작되었다.

신라와 가야, 손을 잡다

신라는 해상으로 나갈 수 없는 분지 지형의 한계에서 벗어나기 위해 낙동강 진출을 시도했다. 김해의 전략적 가치를 알고 있던 탈해 이사금(57~80)은 77년에 가야를 공격했으나 이기지 못했고, 오히려 지마 이사금(112~134) 시기인 115년에 가야 연맹군의 공격을 받았다. 신라는 1만 명의 군사로도 가야 연맹군에게 패하자 결국 화평조약을 맺고 낙동강 진출을 포기했다.

신라의 발전이 더딘 이유는 강력한 왕권의 출현이 늦었기 때문이다. 김씨 왕통의 세습권을 세운 내물 마립간(356~402)이 왕

분지 지형인 신라 월성 | 신라 궁성으로 반월성이라고도 부른다. 서쪽에 대릉원이 위치하고 성 내외에 많은 건물이 있었음을 보여주는 주춧돌이 확인된다. 동쪽에 황룡사와 임해전(안압지)이 위치했다.

신라 초기의 박, 석, 김씨 왕위 계승표

박씨계 왕통	석씨계 왕통	김씨계 왕통
① 박혁거세(B.C. 57~A.D. 4) ② 남해 차차웅(4~24) ③ 유리 이사금(24~57)	④ 탈해 이사금(57~80)	
⑤ 파사 이사금(80~112) ⑥ 지마 이사금(112~134) ⑦ 일성 이사금(134~154) ⑧ 아달라 이사금(154~184)	⑨ 벌휴 이사금(184~196) ⑩ 내해 이사금(196~230) ⑪ 조분 이사금(230~247) ⑫ 첨해 이사금(247~261)	⑬ 미추 이사금(262~284)
박씨계 왕통 끊김	⑭ 유례 이사금(284~298) ⑮ 기림 이사금(298~310) ⑯ 흘해 이사금(310~356)	⑰ 내물 마립간(356~402) 17대 이후 김씨계 왕통 계승

위에 오른 4세기 중반까지 신라는 박씨계, 석씨계, 김씨계 왕들이 번갈아 교체되었다. 어느 세력도 군사적으로 우월한 지위를 갖지 못했기 때문에 적극적으로 주변 지역을 정복할 수 없었다.

또한 백제와 가야는 해상을 통해 중국이나 고구려의 발전된 문화를 직수입했지만, 경주 분지에 고립된 신라는 문화 발전 속도가 느릴 수밖에 없었다.

가야●는 초기부터 김해를 중심으로 연맹체를 구성하고 철 생산과 해상 교역을 통해 신라를 앞서갔다. 그러나 가야의 발목을 잡은 것은 느슨한 연맹체 구조였다.

신라의 세 성씨가 국가 안에서 각각 일정한 정치적 지분을 갖는 씨족 연맹이라면, 가야는 정치·군사적 독립성을 갖는 소국가들의 연맹체였다. 금관가야는 해상 교통로를 장악한 지리적 위치 때문에 가야 연맹장이 되었을 뿐, 압도적인 군사력으로 가야 소국들을 장악한 것은 아니었다. 따라서 가야 연맹 소국들은 주변 정세에 민감하게 반응했다.

209년에 함안의 아라가야는 가야 연맹의 주도권을 장악하기

● **가야의 사회 경제**
철 생산, 낙랑과 왜에 수출, 연맹왕국을 형성, 해상 교류
(검) 1-4, (검) 2-4, (검) 7-4, (검) 4-초, (검) 5-4, (검) 3-4

위해 오늘날 사천, 고성, 마산 지역에 있던 칠포국, 골포국, 사물국, 고자국 등 포상 8국을 부추겨 금관가야를 공격했다. 당시 가야 연맹은 동쪽 금관가야와 서쪽 아라가야가 주도권을 다투는 동서 분열의 시대였다.

금관가야의 거등왕(199~259)은 신라와 백제계 왜의 군사 지원을 받아 아라가야와 포상 8국을 물리쳤다. 신라는 백제를 막기 위해 가야와 지속적인 평화 관계가 절실했다. 따라서 태자 우로와 이벌찬 이음을 파견했다. 이것으로 금관가야는 전기 가야 연맹의 주도권을 확실하게 장악했다.

4세기 후반에 이르러 백제 근초고왕은 왜로 가는 해상 길목의 요충지인 금관가야에 대한 지배력을 강화했다. 금관가야는 백제와 백제에 예속된 왜의 전폭적인 지원을 받으며 연맹체에서 가장 빠르게 발전했다.

금관가야는 백제, 신라, 낙랑, 대방, 왜, 중국 동진 등과 해상 교역을 통해 국가의 부를 쌓았다. 가야의 주력 수출품은 품질이 우수한 쇳덩이(철괴)와 가야식 굳은 도기였다.

김해 대성동●● 고분과, 양동리 고분에서 나온 4세기경의 유물들은 금관가야의 세력이 당시 만만치 않은 규모로 성장했음을 보여준다.

> **●● 가야의 대표 유적**
> 구지봉, 봉황대 유적, 수로왕릉,
> 허황후 릉, 대성동 고분군
> (검) 7-초, (검) 6-4, (검) 4-4

5호 16국은 어떤 시대였는가?

5호는 고구려 서북방의 흉노족, 저족, 강족, 갈족, 선비족을 말한다. 5호가 304년부터 439년까지 만주 지역과 북중국에 세운 왕조는 대략 16개였다. 그래서 이때를 5호 16국 시대(304~439)라고 부른다. 16국은 보통 1성(成 : 성한), 2조(趙 : 전조, 후조), 3진(秦 : 전진, 서진, 후진), 4연(燕 : 전연, 후연, 남연, 북연), 5량(涼 : 전량, 후량, 서량, 북량, 남량), 1하(夏)라고 부른다.

이 시기는 고구려 미천왕이 중국 세력을 요동에서 몰아내고 고조선의 영토를 되찾았으며, 선비족과 요서를 놓고 치열하게 다투던 때였다.

5호가 등장한 역사적 계기는 통일제국 한나라의 내분이었다. 184년부터 100여 년이 넘는 기간 동안 중국은 황건농민군의 반란, 삼국의 분열, 8왕의 난, 영가의 난으로 급격하게 무너졌고, 세력을 키운 주변 민족이 북중국을 지배했다. 304년 흉노족이 북중국에 처음 나라를 세우면서 시작된 5호 16국 시대는 크게 3단계의 변화를 겪었다.

1단계는 317~352년으로 흉노족과 갈족이 전조, 후조, 염위를 세운 시기이다. 2단계는 352~383년으로 모용선비족의 전연과 저족의 전진이 경쟁을 벌이다가, 371년 전진이 북중국을 통일한 시기이다. 3단계는 383~439년으로 전진이 비수 전쟁에서 패배하고 탁발선비족이 세운 북위가 다시 북중국을 통일하는 시기이다.

383년 비수전쟁에서 409년 북연(北燕)이 건국되는 26년 사이에 무려 12개 왕조가 출현하는 혼란의 시대가 도래했으나, 439년 북위가 북중국을 통일하면서 중국사는 황하 유역을 장악한 북위와 양자강 유역의 남조(송, 제, 양, 진)가 대립하는 남북조 시대(439~589)로 접어든다.

논술 생각나무 키우기

미천왕에게 어린 시절의 소금 장수 경험이 훗날 고구려를
강대한 국가로 만들 수 있는 바탕이 된 이유는 무엇일까?

Point 1 인류의 삶에서 소금이 갖는 의미를 생각해보자. 당시 소금은 술
이나 쇠와 같이 국가에서 관리하는 전매품이었다. 그것이 백성
들에게 전달되는 과정을 알아보자.

Point 2 당시의 국제 정세와 군주에게 가장 필요한 덕목이 무엇이었는
지 알아보자. 또 어린 시절의 소금 장수 경험이 미천왕의 성격
형성에 어떤 도움을 주었을지 생각해보자.

Point 3 미천왕이 고구려의 역사에서 이룩한 성과가 무엇인지 알아보
고, 어린 시절에 소금 장수를 통해 얻은 경험이 국정 운영에 어
떤 역할을 했는지 생각해보자.

공부를 더 하고 싶다면

✎《주몽의 아들 유리왕》(임동주 지음, 마야)
고구려의 건국 영웅인 주몽에게 가려 제대로 알려지지 않은 2대 왕 유리의 신화와 역사를,
누구나 쉽게 읽을 수 있도록 이야기 형식으로 꾸몄다.

✎《가야, 그 끝나지 않은 신화》(조원영 지음, 혜안)
금관가야와 대가야에 집중되어 있던 가야사의 범위를 넓혀 다라국, 안라국 등 가야 연맹의
여러 소국들의 문화를 조명하고, 나아가 가야의 모체인 변한인의 삶과 역사도 살펴본다.

고구려와 백제의 해상 경쟁

한 줄로 읽는 우리 역사

삼국의 발전 과정에서 율령 반포와 불교 공인은 중앙집권적 고대국가의 틀을 갖추기 위한 중요한 개혁 정책이었다. 이에 삼국은 역사서 편찬, 태학과 같은 교육기관의 설립, 병부와 지방 행정의 완비 등을 통해 중앙집권적 고대국가의 기반을 마련했다.

4세기 초반부터 동아시아에는 새로운 정치 질서가 구축되었다. 중국을 통일한 서진이 여러 왕족들의 반란으로 몰락했고, 304년부터 흉노족·저족·갈족·강족·선비족 등 이른바 5호들이 북중국을 점령해 5호 16국 시대(304~439)를 열었다. 중국 한족은 양자강 이남을 중심으로 동진을 세우고 강남을 개발하여 새로운 정치·경제·문화의 중심지로 발돋움하며 6조 문화를 꽃피웠다.

4세기 중반, 고구려와 백제는 중국의 분열을 이용해 부국강병과 적극적인 해상 교역의 통로를 열고자 한강과 예성강 유역을 놓고 전면전 양상으로 치달았다. 당시 두 나라의 전쟁은 중국 남부의 강남 개발에 따른 서해안 연안 항로의 경제적 이익과 황해도와 경기 북부 지역의 농토와 인구, 물산 확보를 위한 것이었다.

궁남지 | 사비성을 연꽃 위의 불국토로 만들고자 도성 남쪽에 조성한 연못이다. 백제 무왕의 어머니가 궁남지에 살았다는 설화가 있는데, 익산의 마룡지라는 다른 설화도 전해진다.

요서의 패권, 고국원왕과 모용황

고구려 고국원왕(331~371)은 331년 국내성을 수리하고, 342년에는 환도성으로 천도했다. 이는 서북부에서 새로운 강자로 떠오르는 전연을 막기 위한 전략이었다.

당시 모용선비의 대인이었던 모용외는 319년에 고구려·동진·우문부·단부의 연합군을 막아내고, 325년에 우문부를 공격해 크게 세력을 약화시켜 모용선비의 기틀을 세웠다. 그의 아들 모용황은 337년에 자립하여 연왕이라 칭하고, 이듬해 단부를 멸망시켰다. 이때부터 고구려 고국원왕과 전연의 모용황은 요동의 주도권을 놓고 한 치의 양보도 없는 경쟁에 돌입했다.

고국원왕은 335년 요동 무순 지역에 신성을 쌓아 모용선비의 침입에 대비했다. 모용황은 339년 군대를 이끌고 신성을 침입했으나 고구려와 화친을 맺고 돌아갔다. 342년 10월, 전연은 수도를 용성으로 옮겼다.

● **삼국의 수취 제도**
조(호를 기준한 호세), 세(사람 수를 기준한 인두세), 역(노동력 징발)
(수) 2006

고구려 환도산성
국내성의 배후에 있는 도읍 성곽이다. 사서에 자주 등장하는 위나암성으로 추정하는데, 성내에 궁궐이 있고 통구하가 해자를 둘러 천연의 요새를 이룬다. 세계 문화 유산에 등재되었다.

이때 모용한이 북중국을 도모하려면, 우선 고구려를 치고 이어서 우문부를 점령한 뒤 중원으로 가야 한다는 계책을 내놓았다. 그해 11월, 모용황은 4만 군사를 이끌고 국내성의 남도로 침입했다. 결국 고구려는 대패했고 환도성을 빼앗겼다.

모용황은 왕태후 주씨와 왕비, 백성 5만 명을 포로로 잡고, 궁궐의 재물과 미천왕의 능묘를 파헤쳐 시신을 약탈하고 돌아갔다. 고구려는 이듬해 왕의 동생을 인질로 보내고 미천왕의 시신과 왕비를 돌려받았다.

그리고 355년 다시 전연에 사신을 파견하여 왕의 어머니를 귀국시켰다. 고구려의 위신은 땅에 떨어지고 왕권은 한없이 추락했다.

근초고왕, 백제 해상왕국을 세우다

근초고왕**은 비류왕의 둘째아들로 백제를 해상왕국으로 굳건하게 세운 군주이다. 근초고왕은 즉위하던 해(346)에 서부여와 전쟁을 치렀다. 당시 백제와 서부여 사이에는 고구려가 있었기 때문에, 백제가 바다를 건너가 싸운 것으로 보인다.

**서부여는 백제에게 패하여 전연 근처로 옮겼다. 하지만 전연의 모용황이 347년에 1만 7천의 군사를 이끌고 기습하여 왕과 백성 5만 명을 포로로 잡았다. 서부여는 큰 타격을 입고 겨우 명맥을 유지하다가, 494년 문자명왕 시기 고구려에 흡수당했다. 근초고왕과 전연은 고구려에 대응하기 위해 동맹을 맺었고, 백제는 요서 지역의 전연을 통해 해상 교역로를 연 것으로 보인다.

　근초고왕은 북중국과 교역하며 국가의 재력을 쌓았고, 369년
에는 익산과 나주 지역의 마한을 복속시켰다. 백제는 이를 통해
호남의 넓은 농경지, 많은 인구, 서해의 풍부한 해산물과 소금,
전남 곡산(곡성)의 철광석을 확보하여 빠르게 강국으로 성장했
다. 또한 동진, 신라와 외교 관계를 돈독하게 하여 고구려 포위
작전과 후방의 안전을 도모했다.

　한편 왜에 대한 지배권을 강화하고자 칠지도를 만들어 왜의
여러 제후들과 유력한 지역의 귀족들에게 하사했으며, 오경박사

● 백제 근초고왕의 업적
한강 장악(고국원왕 전사), 《서
기》 편찬(고흥), 마한 정복, 왜
와 교류(칠지도), 요서 진출, 중
국 동진과 외교, 왕위의 부자
상속
(검) 1-3, (검) 2-3, (검) 7-3,
(검) 7-4, (검) 6-4, (검) 5-고

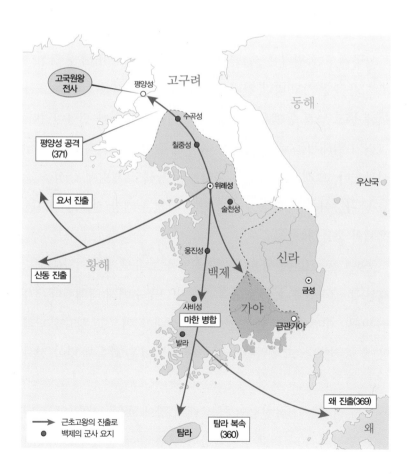

◀ 4세기 백제의 영토 확장
경기 평야를 기반으로 건국의
기틀을 잡은 백제는 근초고왕
시기에 남부의 마한을 정복하
고, 중국의 요서·산동, 일본의
규슈·아스카에 진출하여 해상
왕국의 첫발을 내디뎠다.

인 왕인과 아직기를 왜에 보내 학문을 전수했다. 그리고 왕권을 강화하고 왕실의 신성함을 내세우기 위해 박사 고흥에게 역사서 《서기》를 쓰게 했다.

이제 근초고왕에게 남은 문제는 고구려 고국원왕이 추진하는 남진을 막고 서해안의 해상 교역로를 완벽하게 장악하는 일뿐이었다.

고구려와 백제의 해상 경쟁

고구려 고국원왕은 344년 전연의 재침략에 대비해 동황성으로 도읍을 옮기고 바다 건너 동진에 사신을 파견했다. 바다를 사이에 두고 남북 동맹을 맺어 전연을 협공하기 위한 전략이었다. 그러기 위해서는 예성강, 한강 유역과 경기도 해안의 확보가 급선무였다. 그래서 고국원왕은 오늘날 황해도 재령에 산성을 쌓고 남평양이라 했다. 고구려의 남진 정책은 해상 진출을 꾀하는 백제와 충돌했다.

369년 9월, 고국원왕은 군사 2만 명을 보내 백제의 치양(황해도 배천)을 공격했으나, 근초고왕의 태자 근구수에게 대패했다. 371년 10월, 이번에는 근초고왕이 3만 군대를 이끌고 평양성(남평양)을 공격했다. 고국원왕은 전투 중에 날아온 화살에 맞아 전사했다.

당시 백제는 고국원왕의 목을 베어 창에 꽂아 위세를 드러냈다고 전한다. 고구려로서는 국왕이 전투 중에 전사하고 이웃한

나라에 모욕까지 당하는 최악의 위기를 맞은 것이다.

근초고왕은 개선하자마자 곧바로 도읍을 한산(현재 남한산성)으로 옮겨 고구려의 남침에 대응했다. 이어서 372년 1월과 2월에 연달아 동진으로 사신을 보내 우의를 다졌다. 백제는 이때부터 서해안의 제해권을 장악하고 동진·신라·왜로 이어지는 해상 교역로를 개설하여, 해상왕국의 기틀을 세울 수 있었다.

가야와 신라, 낙동강을 놓고 충돌하다

신라는 3세기에도 여전히 서남쪽 가야 연맹, 동남쪽 왜, 서북쪽 백제에 둘러싸여 고립되어 있었다. 반면 백제는 충북 보은을 거점으로 삼아 낙동강 중상류인 선산, 김천, 대구, 경산 등을 끊임없이 공략했다.

3세기 후반 미추 이사금(262~284)이 김씨계로는 처음으로 신라의 왕위에 올랐다. 신라는 이때부터 서북쪽의 상주와 문경, 동해안의 영덕과 울진으로 진출하여 백제와 고구려의 공격로를 차단하고 안정적인 방어망을 구축했다.

기마인물형 토기
김해 덕산리 출토. 방패와 갑옷으로 무장한 인물 묘사.
주로 가야와 신라 지역에서 많이 제작되었다.

신라 미추왕릉
김알지의 7대손이며 김씨계로는
처음 왕위에 오른 미추왕의 능묘
로, 죽릉이라고 부른다. 대릉원
에서 주인이 알려진 유일한 무덤
이다.

가야의 판갑옷과 투구
경북 고령 출토

백제는 4세기 말 고구려와 한강을 놓고 치열하게 다투고 있었
으므로 후방의 안전을 위해 왜를 가야 연맹에 합류시켜 신라를
공격하게 했다. 신라는 국가적 위기에 몰렸지만, 다행히 고구려
광개토태왕이 400년에 군사를 이끌고 가야 연맹군을 격파하여
신라를 구원했다.

금관가야를 맹주로 하는 전기 가야 연맹체는 4세기경 가
장 번성했다. 금관가야는 가야 연맹의 교역을 주도하며 빠
르게 성장했다. 그리고 우수한 철제 무기와 갑옷과 철제
투구로 무장한 기마군단을 운용하여 신라를 압도하는
군사력을 보유했다.

지리산과 백두대간으로 둘러싸인 천연적으로
험한 지리적 이점 덕분에, 백제의 22담로 체제에
편입되면서도 백제의 직접적인 지배나 충돌은 피
하여 안정적으로 국력을 키울 수 있었다.

대가야는 지리산과 가야산의 험한 지리적 방어 체계
와 고령의 풍부한 농경지, 야로면의 철 생산을 기반

아라가야 도항리 고분군과 아라가야 불꽃무늬 토기 | 아라가야 도항리 고분군은 천손 사상을 가진 가야인의 신화가 반영된 산상의 무덤군이다. 전기 가야 연맹인 금관가야의 철 생산 독점 체제에 대항하여 함안의 아라가야는 가마의 온도를 높여 쇳소리가 나는 불꽃무늬 토기를 제작해 주변국에 수출했다.

으로 서서히 가야 연맹의 주요 세력으로 성장했다. 아라가야는 포상 8국의 반란을 주도했다가 대패하여 세력이 약해졌으나, 쇠와 같이 단단하고 불꽃무늬가 있는 고유한 문양의 우수한 토기 제품을 생산하고 주변국에 수출해 예전 세력을 회복했다.

신라가 낙동강 동쪽에 있는 가야계 세력에 대해 지배권을 장악하고자 점차 군사력을 집중하자, 가야 연맹은 4세기 말에 백제의 지원을 받은 왜를 끌어들여 신라를 공격하기 시작했다. 이제 가야와 신라는 낙동강 하구의 해상 교역권을 둘러싸고 치열한 경쟁 시대로 접어들었다.

새로운 사상 불교의 등장

● **소수림왕 개혁**
불교 공인, 태학 설립(유교경전), 율령 반포
(검) 7-4

● **소수림왕의 3대 개혁**
1) 불교의 공인(372)
2) 태학의 설립(372)
3) 율령의 반포(373)

●● **율령이란?**
율령은 형법과 행정법을 말한다. 고구려는 소수림왕 3년인 373년(4세기), 신라는 법흥왕 7년인 520년(6세기)에 반포되었으며, 백제는 고이왕 때인 260년경(3세기)에 반포된 것으로 추정한다.

고구려의 소수림왕(371~384)●은 아버지 고국원왕이 백제와의 전투에서 전사하자, 쇠약해진 왕권과 추락한 국가의 권위를 세워 중앙집권 체제를 강화하고 부왕과 백성의 한을 풀어주기 위해 일련의 개혁 정책●을 추진했다.

이때 고구려를 압박하던 모용선비족의 전연이 370년 저족의 전진에게 멸망당하면서, 고구려에게 유리한 국제 정세가 조성되었다. 소수림왕은 서북쪽에서 여전히 세력을 유지하고 있는 모용선비족의 부흥을 막고자 신흥 강국 전진과 동맹을 맺었다.

소수림왕은 372년, 고구려가 처한 위기를 돌파하려는 정치적 목적과 국민 통합을 위한 새로운 이념으로서 불교를 도입했다. 또한 중앙 차원의 인재 양성과 국왕 친위 세력을 키우고자 국립대학인 태학(太學)을 설립하고, 지역에 대한 통제와 지배를 효율적으로 추진하고자 율령●●을 반포했다.

백제 침류왕(384~385)도 고구려의 반격에 대응하기 위해 384년 동진에 사신을 보내 우호관계를 다졌으며, 왕권 강화와 민심

삼국의 정치적 발전

나라	왕	시기	업적
고구려	미천왕	4세기 초	낙랑 완전 축출(313), 남쪽 진출의 발판
	소수림왕	4세기 후반	율령 반포, 불교 공인, 태학 설립, 부족 세력 통제
백제	근초고왕	4세기 중엽	마한 정복, 한강 차지, 해외 공략(요서, 산동, 규슈 진출)
	침류왕	4세기 말	불교 공인, 중앙집권 체제를 사상적으로 뒷받침
신라	눌지 마립간	5세기 초	나제 동맹 체결(433), 6촌을 6부 행정구역으로 개편
	지증왕	6세기 초	신라 국호와 왕 호칭 사용, 수도와 지방 행정구역 정비, 우산국 복속
	법흥왕	6세기 초	병부 설치, 율령 반포, 공복 제정, 연호(건원) 제정, 금관가야 정복

통합을 위해 불교를 도입했다. 이때 동진의 승려 마라난타●●●가 백제에 불교를 전했다.

고구려와 백제는 불교를 종교적 측면보다 정치적 이념으로 받아들였다. 두 나라는 불교를 통해서 1) 왕권 강화, 2) 전통 사상에 바탕한 지역 세력과 귀족 세력의 약화, 3) 사상 통일, 4) 새로운 문물 도입이라는 목적을 달성했다.

불교는 삼국 시대의 사회를 크게 변화시켰다. 새로운 지식 체계와 종교관이 도입되었고, 불교 지식인이 사회적인 주도권을 장악했다. 그리고 업과 윤회라는 삶과 죽음에 관한 생각과 육식을 하지 않는 음식 문화 등이 널리 퍼지고, 화장을 하는 장례법이 시행되었다.

또한 불탑과 불상이 도입되고, 한국적인 불탑과 불상이 탄생했다. 불경을 널리 퍼뜨리기 위한 인쇄 기술이 발달했고, 사찰을 중심으로 공동체가 이루어지기도 했다.

신라 법흥왕도 527년에 불교를 받아들여, 삼국은 고조선의 후예라는 혈연적인 일체감에 불교●●라는 공통의 종교 이념도 갖게 되었다. 이런 일체감은 훗날 신라가 삼국을 통일하고 고려가 민족 통합을 이루는 데 커다란 밑바탕이 되었다.

●●● **마라난타**
백제에 처음으로 불교를 전한 승려. 페르시아의 파르티아 출신으로 전진에서 불교를 전파하다 동진으로 망명, 후에 전남 영광의 법성포 건너와 백제에 불교를 전파했다.

●● **삼국의 불교 공인**
왕권 강화, 귀족 세력 견제, 사회 기풍 진작, 백제(동진, 마라난타), 고구려(전진, 순도) (검) 1-3

삼국의 귀족회의체 약화는 어떤 의미일까?

삼국의 귀족회의체는 지역에 뿌리를 둔 귀족들이 왕권을 견제하는 기구였다. 고구려는 제가회의, 백제는 정사암 제도, 신라는 화백회의가 있었는데, 귀족들이 회의를 주도하고 대부분의 사안을 다수결로 결정하며 왕일지라도 이에 승복한다는 점에서 부족 지배 체제의 잔존 형태라고 할 수 있다.

고구려의 제가회의는 왕위 계승, 대외 전쟁, 국사범에 대한 판결 등을 논의했고, 백제의 정사암 제도는 재상의 선출과 여러 국가의 정책 사항을 논의했으며, 신라의 화백회의는 진골 귀족의 전원 합의체로 만장일치제를 통해 국정 전반을 운영했다.

그런데 4세기 이후부터 정복전쟁, 율령 반포, 불교 공인과 같은 왕권 강화 정책이 시행되면서 귀족회의체는 왕권을 보조하거나 권력의 일부를 분담하는 형식적인 기구로 약화되었다.

이후 왕은 귀족회의체에 참가하지 않고 국정을 총괄하는 재상이 회의를 주관했다. 고구려는 국상, 백제는 내신좌평, 신라는 상대등이 귀족회의체의 의장이 되었다. 이로써 재상과 귀족의 수장은 동급이 되고, 왕은 그 위에 군림하게 되었다.

이처럼 귀족회의체가 정책 결정에서 유명무실해진 것은 삼국이 중앙집권적 왕권국가로 한 단계 더 나아간 것을 의미한다.

논술 생각나무 키우기

4세기에 고구려와 백제가 불교를 도입하고 율령을 반포한 이유는 무엇일까?

Point 1 율령의 내용과 특성을 조사하고, 그것이 중앙 권력과 지방 권력에 미치는 영향을 살펴본다. 그리고 그 당시 불교 사상 가운데 어떤 부분이 필요했는지도 알아본다.

Point 2 4세기 이전에 고구려와 백제의 왕권은 어느 정도였을까? 지방의 귀족들은 정치 · 경제 · 사회적 지위와 권력이 어떠했을까?

Point 3 당시에 군주가 율령과 불교를 통해 얻고자 했던 사항이 무엇인지 구체적으로 따져보자. 율령과 불교의 어떤 점이 군주의 이익에 부합되었을까?

공부를 더 하고 싶다면

✎《**백제와 근초고왕**》(김기섭 지음, 학연문화사)
백제의 중흥을 이끈 군주 근초고왕은 마한을 정복하고 한강 유역을 차지했으며 해상왕국의 기초를 세웠다. 4세기의 삼국 시대를 주도한 근초고왕을 깊이 있게 읽을 수 있는 연구서.

✎《**잃어버린 왕국 대가야**》(매일신문 특별취재팀 지음, 창해)
후기 가야 연맹을 이끌었지만 결국 신라에게 멸망당한 대가야의 역사는 삼국 시대 역사에서 제외되곤 한다. 이 책에서는 대가야의 수수께끼 같은 역사와 문화를 되살리고 있다.

✎《**일본 천황은 한국인이다**》(홍윤기 지음, 효형출판)
왜의 역사는 삼국 역사의 일부이다. '일본 천황은 한국인'이라는 도발적인 문제 제기를 통해 삼국의 역사가 어떻게 일본에 뿌리내렸는지 살피고 있다.

제3장
삼국의 경쟁과 통일

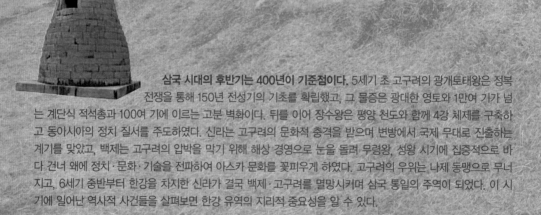

삼국 시대의 후반기는 **400년이 기준점이다.** 5세기 초 고구려의 광개토태왕은 정복 전쟁을 통해 150년 전성기의 기초를 확립했고, 그 물증은 광대한 영토와 1만여 기가 넘는 계단식 적석총과 100여 기에 이르는 고분 벽화이다. 뒤를 이어 장수왕은 평양 천도와 함께 4강 체제를 구축하고 동아시아의 정치 질서를 주도하였다. 신라는 고구려의 문화적 충격을 받으며 변방에서 국제 무대로 진출하는 계기를 맞았고, 백제는 고구려의 압박을 막기 위해 해상 경영으로 눈을 돌려 무령왕, 성왕 시기에 집중적으로 바다 건너 왜에 정치·문화·기술을 전파하여 아스카 문화를 꽃피우게 하였다. 고구려의 우위는 나제 동맹으로 무너지고, 6세기 중반부터 한강을 차지한 신라가 결국 백제·고구려를 멸망시키며 삼국 통일의 주역이 되었다. 이 시기에 일어난 역사적 사건들을 살펴보면 한강 유역의 지리적 중요성을 알 수 있다.

역사를 보는 눈

광개토태왕의 역사에서 무엇을 배울 것인가

광개토태왕비는 말한다.

5세기에 고구려가 이룩한 우리 역사 최고의 전성기를!

150년에 걸친 고구려의 제국 질서는 주변국의 멸망이 아닌 공존이었고,

고조선-부여-고구려로 이어지는 다종족 연합 방식의 통일이었다.

역사는 경험의 전승이고 내일을 준비하는 문서이다.

오늘날 남북 분단의 극복, 통일된 조국이 당위라면

그 해답은 5세기 고구려의 역사에서 찾아야 할 것이다.

| 7세기경의 세계 |

당시에는 세계적으로 봉건 왕조 질서가 자리를 잡아가고 있었다. 서유럽의 프랑크 왕국, 지중해의 비잔틴 제국, 오리엔트의 아랍 제국이 새로운 강자로 등장했다. 인도는 정치적으로는 소국의 분열이 시작되었고, 종교적으로는 불교가 쇠퇴하면서 전통적인 브라만 교를 개혁한 힌두 교가 들어섰다.

동아시아에선 중국이 400여 년에 걸친 5호 16국과 남북조 시대의 분열을 극복하고, 수·당 통일제국을 준비하고 있었다. 유라시아 초원에서는 돌궐제국이, 티베트 고원에서는 티베트 왕조가 혜성처럼 일어나 실크로드 교역권을 놓고 중국과 치열한 경쟁에 돌입했다. 동북아 지역에서는 고구려의 우월적 지위가 여전히 유지되었지만, 한강 유역을 차지한 신라의 성장이 두드러졌고, 백제는 후방 왜와 교류하며 해상 경영에 집중했다.

바야흐로 세계사는 지중해를 중심으로 기독교 세계의 프랑크 왕국·비잔틴 제국과 이슬람 세계 아랍 제국의 대결, 실크로드를 둘러싼 돌궐·티베트·당나라의 다툼, 동북아 패권을 둘러싸고 당·신라 세력과 고구려·백제·왜가 각축을 벌이는 3개의 전선을 형성하며 긴박하게 흐르고 있었다.

광개토태왕비

우리나라 ▼	주요 연표	▼ 세계
고구려 광개토태왕 즉위	391년	
대가야 중심 후기 가야 연맹 시작	400년	
	415년	서고트 왕국 건국
	420년	유유의 송나라 건국
고구려 장수왕 평양 천도	427년	
백제 문주왕 웅진 천도	475년	
	476년	서로마 제국 멸망
대가야, 중국 남제에 사신 파견	479년	
	486년	프랑크 왕국 건국
백제와 양나라의 해상 동맹	502년	
	527년	동로마 유스티니아누스 황제, 《로마법대전》 편찬과 소피아 성당 건립
이차돈 순교와 신라의 불교 공인	528년	
백제 성왕 사비 천도	538년	
	552년	유목 제국 돌궐의 등장
	568년	롬바르드 족이 북이탈리아를 점령하고 롬바르디아 왕국을 세움
	589년	수나라의 중국 통일
	606년	북인도의 하르샤 왕국 건국
고구려와 수나라 전쟁, 살수 대첩	612년	
	618년	이연, 당나라 건국
	622년	마호메트가 메디나로 이주(헤지라), 이슬람 원년
	639년	손챈감포가 티베트 왕조 세움
고구려 연개소문의 정변	642년	
고당 전쟁과 안시성 전투	645년	
	645년	일본 다이카 개신 추진
	655년	당나라 측천무후 대리 청정
백제 멸망과 백제 부흥 운동	660년	
	661년	이슬람 우마이야 왕조 시작
평양성 전투 패배, 고구려 멸망	668년	

무령왕릉 출토
백제 금제 관식

고구려군의
마갑과 찰갑

유스티니아누스 황제를
새긴 동전과 《로마법대전》

고구려 중심의 천하 질서

한 줄로 읽는 우리 역사

고구려는 광개토태왕의 정복 전쟁, 장수왕의 평양 천도를 통해 고구려 중심의 천하 질서를 구축했다.
백제는 바다 건너 남중국·왜와 교류하며 국제적인 문화를 꽃피웠다. 신라는 고구려에서 선진 문화를
받아들이는 계기를 맞았고, 후기의 가야 연맹은 대가야가 주도했다.

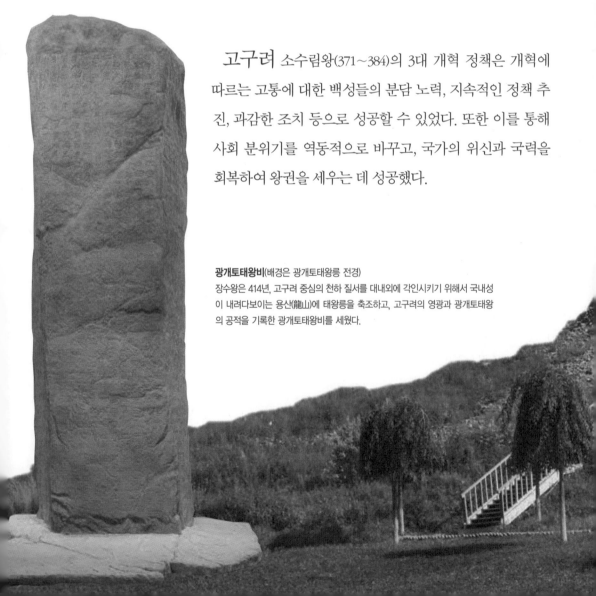

고구려 소수림왕(371~384)의 3대 개혁 정책은 개혁에 따르는 고통에 대한 백성들의 분담 노력, 지속적인 정책 추진, 과감한 조치 등으로 성공할 수 있었다. 또한 이를 통해 사회 분위기를 역동적으로 바꾸고, 국가의 위신과 국력을 회복하여 왕권을 세우는 데 성공했다.

광개토태왕비(배경은 광개토태왕릉 전경)
장수왕은 414년, 고구려 중심의 천하 질서를 대내외에 각인시키기 위해서 국내성
이 내려다보이는 용산(龍山)에 태왕릉을 축조하고, 고구려의 영광과 광개토태왕
의 공적을 기록한 광개토태왕비를 세웠다.

고구려는 주변 국가와 관계 개선을 추진함과 동시에 경쟁 체제에 돌입했다. 그리고 천하를 경영하려는 원대한 포부를 키워 나갔다. 그 결과 부처님의 나라를 지상에 건설한다는 전륜성왕●을 표방하는 광개토태왕이 출현하여 고구려 중심의 천하관을 세울 수 있었다. 그로부터 약 150년에 걸친 전성기(400~551)를 맞이하게 되었다.

● **전륜성왕 신앙**
불교에서 전륜성왕은 악마의 군대를 퇴치하고 불국토를 이루는 제왕이다. 부처님이 열반한 뒤 이 세상에 말세가 도래했을 때, 미래불이 오기 전까지 세상을 어지럽히는 마군을 퇴치하는 왕중의 왕이라고 한다. 고구려에서는 광개토태왕, 백제에서는 성왕, 신라에서는 진흥왕, 발해에서는 문왕이 전륜성왕을 표방했다.

광개토태왕의 정복 전쟁

4세기 후반에는 북중국을 양분하던 전연과 전진이 망하고, 중국은 다시 후진, 후연, 동진으로 분열되었다. 이런 국제 정세의 교체기에 소수림왕의 아우 고국양왕(384~391)은 요동과 요서에 대한 고구려의 군사적 영향력을 확대해, 광개토태왕의 정복 전쟁이 성공할 수 있는 기초를 마련했다.●

● **광개토태왕 시기의 정세**
신라 실성왕에서 눌지로 왕위 교체, 아신왕 동생 등 백제의 대량 인질, 전기 가야 연맹의 축소, 대가야의 후기 가야 연맹 부상, 백제와 신라는 동맹 관계 형성
(검) 7-고, (검) 5-4, (검) 3-6

광개토태왕릉
중국 집안시 태왕향에 소재한 광개토태왕의 능묘. 능 앞에 사당이 있었고, 층수는 7단이었는데 현재는 무너져 있다. 묘실은 4층에 남아 있다.

● **고구려가 독자적인 황제국가를 지향한 역사적 근거**
1) 왕의 칭호 : 태왕(太王), 성왕(聖王), 성상(聖上)
2) 왕족 칭호 : 태후(왕의 부인), 태자(왕의 아들)
3) 독자적인 연호 : 영락(광개토태왕), 연수(장수왕) 등
4) 주변국에 대한 칭호 : 백잔(백제), 동이(신라) 등

　　고국양왕의 아들 광개토태왕(391~413)은 소수림왕이 이룩한 개혁 정책과 국내 정치의 안정을 기반으로 적극적인 대외 정복에 나선 군주였다.

　　광개토태왕은 선비족과 백제에 당한 선조들의 치욕을 씻어 무너진 고구려의 자존심을 세우고 고조선 영토를 모두 회복하여, 고구려 중심의 천하 질서를 수립하고자 했다.● 즉위한 391년 7월에 백제를 공격하여 10성을 차지했고, 9월에는 거란을 쳐서 포로로 끌려간 백성 1만 명을 되찾았다. 10월에는 다시 백제를 공격하여 20일 만에 관미성을 점령해 강화도와 한강 하류를 차지하고 서해의 제해권까지 장악했다.

　　395년에 서쪽으로 요동과 몽골의 경계선인 대흥안령 산맥(대싱안링 산맥)을 넘어 거란을 정복했고, 396년에는 남쪽으로 방향을 돌려 백제의 수도인 위례성을 함락시키고 항복을 받아냈다.

　　398년에 백두산 북쪽의 숙신을 정복하고, 400년에 백제·왜·

삼국과 가야의 경쟁

고구려	광개토태왕(391~413) : 만주 지역 정복, 신라 침입한 왜구 격퇴 장수왕(413~491) : 중국 남북조 견제, 평양 천도(427), 한강 이남 진출
백제	동성왕(479~501) : 웅진 천도(475), 나제 동맹 강화 무령왕(501~523) : 지방 22담로에 왕족 파견, 지방 통제 강화, 중국 남조(남량)와 교류 성왕(523~554) : 사비 천도, 남부여로 국호 변경, 일본에 불교 전파, 한강 유역 일시 회복, 관산성에서 전사(554)
신라	진흥왕(523~554) : 화랑도 개편, 한강 유역 확보, 함경도 진출, 거칠부의 《국사》 편찬, 대가야 정복(562)
가야	고구려 광개토태왕의 공격으로 전기 가야 연맹 해체, 후기 가야 연맹 등장 6세기 초 신라와 결혼 동맹, 6세기 중기에 백제와 군사 동맹(대가야) 대가야 멸망으로 후기 가야 연맹 해체

가야 연합군이 신라의 수도 금성을 공격하자 5만 군대를 보내 신라를 구원했다. 이때 광개토태왕이 도망가는 왜군을 일본 열도까지 추격하여 규슈(구주)와 아스카 지역을 정복했다는 이야기도 전해진다.

404년, 항복한 백제와 왜가 약속을 어기고 재침략하자 이를 격퇴하고, 407년에는 모용선비족이 다시 세운 후연을 공격하여 멸망시켰다. 410년에는 조공을 바치지 않는 동부여를 복속시켰다.

이로써 광개토태왕은 남쪽으로 백제·가야·신라·왜를 복속시키고, 북쪽으로 부여·동부여·숙신을 정복하고, 서쪽으로 거란과 후연을 격파하여 만주 대륙의 진정한 패자가 되었다.••

광개토태왕의 정복 전쟁은 단순하게 영토를 넓히기 위한 것이 아니었다. 그는 고조선 영토와 역사를 계승하는 다물주의를 바탕으로, 부여족이 주도하는 고구려 중심의 천하관을 지닌 군주였다. 사방을 정복하여 고조선의 정통성을 계승하고자 했고, 고조선 땅에서 건국된 백제·신라·가야·왜·거란·부여·선비족 등을 모두 고구려의 예속민으로 간주했다.

광개토태왕 동상
경기도 구리시 소재. 정복왕의 면모보다는 문치를 강조한 동상이다.

●● **광개토태왕의 추진 정책**
1) 정복 전쟁 : 한강 유역 장악(백제 공격), 신라 구원, 만주 차지(동부여, 말갈, 거란, 후연 격파)
2) 평양 정비 : 평양에 9사 설립, 장수왕의 평양 천도 기반 구축
3) 연호 사용 : 우리나라 최초의 연호, 영락(永樂)

또한 고구려를 천손이 다스리는 불국토의 나라로 만들고자 평양에 9사를 짓고 요동성에 인도 아쇼카왕(아육왕)을 상징하는 육왕탑을 지었다. 그래서 사후에는 세상의 악마를 무찌르고 불국토를 이룬다는 전륜성왕을 의미하는 호태성왕 ●●이라 불렀다.

신라 내물왕, 국제 무대에 등장하다

신라는 삼국 가운데 가장 변방에 위치하여 정치와 문화의 발전 속도가 느렸다. 위기 속에서 활로가 나온다는 말처럼, 신라 발전의 기틀은 국가적인 난국에서 출발했다. 신라 중흥의 발판 마련은 내물 마립간(356~402) ●●이 주도했다.

내물왕은 381년 고구려의 주선으로 북중국을 통일한 전진과 교류하면서 선진 문물을 흡수했다. 392년에는 고구려에 왕족인 이찬 대서지의 아들 실성을 인질로 보내 동맹을 강화했다. 내물왕 시기에 신라는 낙동강 동쪽 진한 소국들을 완전히 병합하고, 족내혼을 통해 김씨 세습에 의한 왕위 계승을 확립했다. 이때 왕호도 대군장이란 뜻인 마립간 ●●●으로 바꾸었다.

내물왕 후반에 신라는 국가적 위기를 맞았다. 399년, 고구려의 공격으로 위축되었던 백제가 주도하고 왜와 가야의 협력으로 결성된 반(反) 고구려 연합군이 신라 경주를 공격했다. 연합군은 일년여에 걸쳐 낙동강 동쪽 신라성을 하나 둘 함락하며 경주를 향한 포위망을 점점 좁혀갔다.

내물왕이 광개토태왕에게 군사 지원을 요청하자 고구려의 5만

● 광개토태왕의 시호
광개토태왕은 이름은 담덕이며, 공식적인 시호는 광개토태왕비에 '국강상 광개토경 평안 호태왕', 모두루 묘지명에 '국강상 광개토경 평안 호태성왕', 경주 호우총에서 출토된 호우에는 '국강상 광개토지 호태왕'이라 했다.

● 광개토태왕 역사 기록
광개토태왕비문, 모두루 묘지명, 호우총 호우명
(검) 1-4, (검) 1-6, (검) 2-2, (검) 2-3, (검) 2-4, (검) 2-6

●● 신라 내물왕
고구려의 군사 지원, 마립간 칭호 사용, 김씨 세습 왕통 수립, 북방의 전진과 교류, 천마총과 황남대총 축조
(검) 1-4, (검) 2-4, (검) 7-고

●●● 신라 왕호의 변천
거서간(혁거세, 군장), 차차웅(남해왕, 제사장), 이사금(유리왕, 연장자), 마립간(내물왕, 대군장), 왕(지증왕, 국제적 호칭)
(검) 1-4, (검) 2-3

군대가 신라를 구원했다. 신라는 국가 위기를 넘겼지만 그 결과 고구려의 압력과 간접 지배를 받게 되었다. 하지만 이는 당시 동아시아에서 가장 선진국이었던 고구려의 문화·정치·경제적 영향을 받아 사회가 급속도로 발전하는 계기가 되었다.●

신라군은 토내당주라는 이름으로 신라 경주에 주둔한 고구려 군사들로부터 군대의 전략, 훈련, 보급, 무기 등에 관한 군사 지식을 받아들였다.●●

또한 많은 신라인들이 고구려의 국내성과 평양, 요동성에 가서 무역을 했고, 불교라는 새로운 사상도 유입되었다. 신라는 북중국의 여러 나라, 남쪽의 남조와 외교 관계를 맺으면서 5세기 초, 동아시아 역사의 무대에 등장했다.

● 내물왕의 정치적 업적
1) 김씨계 왕위 세습 확립, 왕권 강화
2) 고구려를 통해 전진과 수교
3) 고구려의 지원으로 백제·왜 연합군의 공격 방어
4) 고구려 문화 적극적 수용

●● 고구려의 마갑과 찰갑
경주 황오동 쪽샘 지구 장수 무덤에서 출토된 마갑과 찰갑은 고구려의 영향력을 보여주는 대표적인 유물이다.

천마총 | 경주 대릉원 소재. 내물왕부터 지증왕 시기인 5세기의 김씨계 왕족의 무덤. 천마도와 4단 입식의 금관이 출토되었으며, 신라의 대표적인 북방계 무덤 계통인 적석목곽분이다.

후기 가야 연맹의 맹주, 대가야

● 금관가야가 가야 연맹의 우두머리가 된 이유
1) 낙동강 하구를 차지한 지리적인 이점을 갖고 있다. 이곳을 거치지 않으면 다른 가야 세력은 해상으로 나갈 수가 없다.
2) 가야 연맹 세력 가운데 가장 수준 높은 철기 문명과 우월한 군사력을 지녔다.
3) 혈통이나 가문으로 볼 때 금관가야의 주도 세력이 장손(長孫)이거나 정통성을 가진 집단이었다.

가야는 해상 교역을 기반으로 국가를 운영하는 무역국가였다. 낙동강 하류에서 상류에 이르는 지역에는 가야 소국들이 자리 잡고 있었다. 금관가야●는 낙동강 하류인 김해의 지리적인 이점을 살려 철과 토기 무역을 독점하고 3세기경 가야 연맹의 주도권을 장악했다. 이때를 전기 가야 연맹 시대라고 한다.

5세기 초에 신라는 고구려의 지원을 받아 낙동강 하구를 지배하며 김해의 금관가야에게 타격을 주었다. 부산 복천동 고분군에서 출토되는 토기 형태와 제작 기법이 가야에서 신라 양식으로 바뀌는 것은 이때의 사정을 설명해준다.

당시 금관가야의 지배 세력은 일부가 일본으로 이주하고, 일부는 합천 다라국과 고령 대가야로 피신했다. 결국 금관가야는 가야 연맹의 주도권을 상실하고 신라의 영향력 아래에 놓였다.

● 대가야의 정치
후기 가야 연맹 주도, 백제의 지원, 남조와 교류, 신라와 결혼 동맹
(수) 2007. (검) 2-4

반면 대가야●는 내륙에 위치하여 타격을 덜 받았다. 대가야는 금관가야의 일부 세력을 흡수하고, 넓은 농경지와 철 생산을 바탕으로 함안 아라가야, 합천 다라국을 눌러 후기 연맹의 주도권을 장악했다.

대가야는 낙동강 하구를 신라가 차지했기 때문에 해외로 나가기 위해서는 영산강과 섬진강에 영향력을 확대한 백제의 도움이 필요했다. 대가야는 백제와 대결하거나 연합하면서 주변의 여러 가야 소국으로 영향력을 확대해나갔다. 그러나 창녕의 비화가야 등 일부 가야 소국들은 신라 쪽으로 기울었다.

또한 대가야는 불교를 받아들여 발전의 기틀을 다시 세웠다. 479년에는 하지왕이 양자강 남쪽에 있는 남제에 사신을 보내 보

국장군 본국왕이란 호칭을 받으며 국제 무대에 대가야의 이름을
남겼다. 이때가 대가야의 최고 전성기였다.

장수왕의 4강 체제와 3경 제도

　5세기의 고구려 사람들은 정치적 자긍심과 경제적 풍요로움
이 흘러넘쳤다. 스스로를 천하에서 가장 성스럽고 부유하며 존
귀하다고 믿었고, 하늘의 자손이란 뜻인 천손(天孫)이라 칭했으
며, 국왕은 왕 중의 왕이란 뜻에서 태왕(太王)이라 칭했다.

　광개토태왕이 이룩한 고구려 중심의 천하 질서는 그의 아들
장수왕(413~491)에 의해 세워진 견제와 균형의 4강 체제,° 곧 고
구려 중심의 150년 전성기(400~551)를 이룩했다.

　장수왕은 만주와 한반도, 일본 열도의 국가들을 고구려의 속

● **장수왕의 4강 체제**
장수왕이 추구한 4강 체제는 고
구려, 북위, 남조, 유연이 서로
견제하고 협력하는 균형과 공존
의 정치 질서를 말한다.

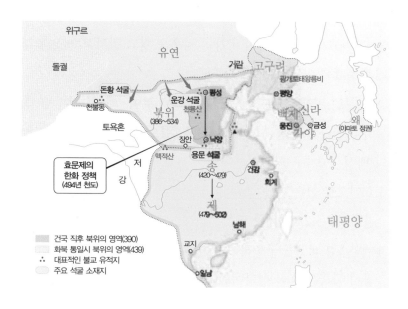

◀ **장수왕 시기의
동아시아 정세**
장수왕은 광개토태왕의 영토
확장과 부국강병을 기반으로
평양 천도를 단행하고, 견제와
균형이라는 외교 정책에 따라
주변의 북위, 유연, 남조와 4강
체제를 구축하였다.

장군총
중국 길림성 집안 소재. 고구려 장수왕의 무덤으로, 7층으로 쌓아올린 돌무지무덤이다.

● **국내성의 대표 유물 유적**
국동대혈(제사 터), 광개토태왕비, 장군총, 국내성, 환도산성
(검) 2-6, (검) 4-4, (검) 4-4, (검) 5-4, (검) 5-고, (검) 3-6, (검) 3-4

●● **광개토태왕비의 특징**
추모−유리−대무신왕 계보 확립, 고구려 최초의 난생 신화 기록, 수묘인 제도, 고구려의 천하관 제시(백제, 신라를 속민으로 간주)
(검) 2-1, (검) 5-3

●●● **장수왕의 평양 천도**
신진 세력 영입, 왕권 강화, 남진(남하) 정책, 서해 해상권 진출
(수) 1998, (검) 2-6

●● **장수왕의 평양 천도 이유**
1) 4강 체제의 운영을 위한 지리적 위치 확보
2) 신흥 세력 양성을 통한 왕권 강화
3) 새로운 불교국가 및 도시 건설
4) 북방 민족의 침략에 대비한 방어 전략
5) 백제, 신라, 가야, 왜 등 남방 경영 강화

국으로 삼고, 초원 지대의 유연, 북중국의 북위, 남중국의 동진, 유송 등과 등거리 외교를 통해 국제 외교 무대를 주도했다.

장수왕은 414년, 고구려 중심의 천하 질서를 대내외에 각인시키기 위해서 국내성●이 내려다보이는 용산(龍山)에 태왕릉을 축조하고, 고구려의 영광과 광개토태왕의 공적을 기록한 광개토태왕비●●를 세웠다.

광개토태왕비문의 내용은 크게 세 부분으로 나뉜다.

제1부는 추모(주몽)의 고구려 건국, 유리왕과 대무신왕의 계승, 그리고 광개토태왕이 국가의 치욕을 씻고 정치적 안정과 경제적 풍요를 이룬 내용이다.

제2부는 평생 동안 백제·거란·후연·부여·왜·숙신 등을 정복하고 신라를 구원한 그의 영광을 그렸으며, 제3부는 정복 지역의 백성 330가구를 선발하여 광개토태왕릉과 능비를 관리하는 수묘인으로 삼은 것을 기록했다.

장수왕은 427년 국내성에서 평양으로 수도를 옮겼다.●●● 4강 체제와 3경 제도를 구축하기 위한 포석이었다.

당시 중국은 혼란 상황이었다. 남부에서는 420년 동진이 멸망

안학궁 동벽과 안학궁 치미 | 안학궁은 장수왕이 평양으로 천도한 뒤 건립한 궁성으로, 배후에는 대성산성이 위치한다.

하고 유유가 유송을 건립했고, 북방에서는 탁발선비가 세운 북위가 북중국을 석권하고 통일 전쟁을 일으켰다. 이런 정세에서 장수왕은 평양 천도●●라는 승부수를 띄운 것이다.

평양 천도는 단순하게 남진 정책●●●●이나 북방의 침략을 막기 위한 것이 아니었다. 평양을 4강 체제와 국제 외교의 중심지로 부각시키고 국내성과 한성을 부도(副都), 즉 제2의 수도로 삼아서 중앙정부와 지역의 균형 발전을 추구하는 3경 제도의 일환이었다. 평양은 중국 남부로 이동하는 해상 교통로의 중심이자 신라, 백제, 왜를 통제하는 거점도시였다.

장수왕은 경제적으로 번영하는 주변국과의 교역을 활성화하고 광개토태왕이 수립한 불국토의 이상을 실현하고자 했다. 그래서 1천 명의 부처가 고구려의 태왕으로 현신하여 세상을 다스린다는 천불 사상을 수립하고, 불상 1천 개를 만들어 고구려 전역의 사찰에 모셔두었다. 연가 7년명 금동여래입상은 이때 만들어진 29번째 불상이다.

●●●● **장수왕의 남진 정책**
평양 천도, 백제를 압박, 북위와 동맹, 신라를 간접 지배
(수) 2007, (검) 1-4, (검) 2-3

연가 7년명 금동여래입상

고구려와 나제 동맹의 대결

　장수왕의 평양 천도는 간접 지배에 놓여 있던 백제와 신라에게 압박으로 받아들여졌다. 고구려의 직접 지배에 놓일 수도 있다는 불안감은 두 나라를 동맹 관계로 이끌었다. 백제 비유왕과 신라 눌지 마립간은 433년 고구려의 예속에서 벗어나고자 혼인 동맹을 바탕으로 하는 나제 동맹을 맺었다.

　장수왕은 435년 북위와 연합하여 북연을 고립시켰다. 5호 16국 가운데 마지막으로 세워진 북연은 고구려계 고운이 요서 지역에 건국한 나라였다. 그 뒤 풍발이 정변을 일으켜 왕위를 빼앗아 친고구려파와 친북위파 사이에 세력 갈등이 일어났다.

　436년 친북위파가 북위군을 수도인 화룡성으로 불러들이자, 장수왕은 갈로맹광을 보내 먼저 화룡성을 점령하고 북연의 마지막 왕 풍홍을 고구려에 망명시켰다. 고구려는 북연을 멸한 뒤 그들의 물자, 인력은 물론 국가 경영의 경험이 많은 인재들을 받아들이고 드디어 명실상부한 동북아의 패자가 되었다.

　439년에 북위가 북중국을 통일하면서 5호 16국 시대를 마감하고 남북조 시대(439~589)가 열렸다. 이때 백제 21대 왕인 개로왕(455~475)은 아우 곤지를 왜에 보내 후방 지원 세력으로 확보했고, 472년 북위의 효문제에게 국서를 보내 고구려를 협공하기 위한 군사 동맹을 제안했다.

　그러나 수렴청정을 하던 효문제의 조모 풍태후는 권력과 왕실의 안녕을 유지하고, 전쟁을 통해 권력을 잡으려는 군부 세력을 견제하기 위해 고구려와 전쟁을 벌이지 않기로 국론을 정하고 국서 내용을 고구려에 통보했다.

아차산성
백제 아단성으로, 한강을 방어하기 위해 백제가 쌓은 산성이다. 475년에 장수왕의 백제 침공으로 개로왕이 전사했고, 고구려는 이곳을 남진 기지로 삼았다.

　장수왕은 승려 도림을 백제에 보내 개로왕의 환심을 사게 해서, 대규모 토목공사를 유도해 국력을 낭비하게 했다. 이렇게 3년여에 걸쳐 치밀한 침공 작전을 준비한 장수왕은 475년 3만 군사를 이끌고 백제의 왕성인 위례성을 함락하고 개로왕을 사로잡아 아단성(아차산성)에 끌고 가 처형했다.

　개로왕의 태자였던 문주*는 신라에서 1만 동맹군을 지원받았지만, 부왕이 처형되었다는 소식을 듣고 웅진(공주)으로 천도를 했다. 나제 동맹은 처절하게 좌절당했고 이를 회복하는 데는 70여 년의 긴 세월이 걸렸다.

　백제 개로왕을 죽이고 나제 동맹을 무력화한 장수왕은 서북쪽으로 세력을 확장했다. 479년 북중국의 패자인 북위를 견제하고 전투마와 교역로를 확보하기 위해 유연과 함께 대흥안령 산맥 유역의 나라 지두우를 분할 점령했다.

　장수왕은 이처럼 적절한 외교 정책, 강력한 응징, 주변국에 대한 지원과 동맹 등을 통해 6세기 말까지 고구려가 동아시아의 정치 질서를 주도하는 기틀을 마련했다.

● **문주왕의 웅진 천도**
문주왕이 금강 유역인 웅진으로 천도한 이유는 1) 서울(한성)의 함락, 2) 신라와 지속적인 동맹 관계 유지, 3) 고구려의 남진 방어 정책, 4) 주변 해상 세력과의 연계가 용이한 점 등을 꼽을 수 있다.

일본이 주장하는 임나일본부란 무엇인가?

근대 제국주의 일본은 조선을 침략하기 위한 명분으로 '임나일본부설'을 주장했다. 《일본서기》에 따르면 신공여왕 시기인 3세기경에 일본의 야마토 정권이 우세한 무력으로 가야 지역을 300여 년 동안 지배했으며, 임나일본부는 바로 당시 일본이 가야에 두었던 통치기구라는 것이다.

일제가 이런 주장을 한 이유는, 고대에 조선을 지배하고 문명을 이끈 일본이 근대에 낙후된 조선을 다시 개화시키고 지배하는 것은 역사의 필연이라는 논리를 만들어 식민 지배의 정당성을 주장하기 위해서였다.

일제는 임나일본부를 증명하기 위해 가야 지역에 대한 고고학적 물증을 찾고자 했지만, 오히려 가야의 문화가 일본보다 적어도 1세기 이상 앞서고 있다는 사실을 알자 새로운 방향을 모색했다. 이때 등장한 유물이 칠지도와 광개토태왕비였다. 일본은 검날에 쓰인 명문을 근거로 보검 칠지도가 백제 근초고왕이 상국인 왜에 바친 것이라고 주장했다. 또한 광개토태왕비문 가운데 신묘년(391)에 왜가 고구려와 전쟁을 치렀다는 기록과 비문의 여러 곳에 왜가 등장하는 사실을 들어 당시 일본의 군사적인 역량이 백제를 지원할 만큼 강력했다고 주장했다.

그러나 한국 사학계는 칠지도의 검날에 있는 명문은 오히려 백제가 왜의 상국이라는 사실을 증명하며, 광개토태왕비 신묘년조도 일제가 비문을 변조했으며, 글자 일부가 마모되어 해석이 제대로 되지 않을뿐더러, 비문의 주어도 왜가 아니라 고구려로 읽어야 한다고 보고 있다. 나아가 당시의 정치·군사적 역량과 문화 수준을 고려할 때, 오히려 우리나라 삼국이 일본을 간접적으로 지배한 것이 옳다고 주장한다.

논술 생각나무 키우기

고구려 장수왕은 427년에 국내성에서 대동강 유역의 평양으로 도읍을 옮겼다. 장수왕이 평양으로 천도한 진짜 이유는 무엇이었을까?

Point 1　유리왕의 국내성 천도, 문주왕의 웅진 천도, 성왕의 사비 천도, 묘청의 서경 천도 운동과 같은 역사 속의 천도나 천도 운동을 찾아보고, 그 이유를 각각 헤아려보자.

Point 2　장수왕 시기의 고구려 정치 상황, 권력 지형, 국제 관계와 정세, 그리고 평양이 갖는 지정학적 특성이 무엇인지 꼼꼼하게 찾아보자.

Point 3　천도의 정치 · 경제적 효과, 또는 사회 통합 같은 의도를 구체적으로 파악하고, 평양 천도를 통해 장수왕이 얻을 수 있는 이익이 무엇이었는지 연결해보자.

공부를 더 하고 싶다면

✎**《생각의 지도를 넓혀라》**(윤명철 지음, 마젤란)
광개토태왕이 고구려의 영토를 크게 넓힌 군주라는 사실에만 얽매인 선입견에서 벗어나, 광개토태왕이 해양사관과 대륙사관의 시각으로 고구려의 제국 질서를 구현하고자 했던 여러 가지 국가 경영 전략과 비전을 엿볼 수 있다.

✎**《고구려 역사유적 답사》**(서길수 지음, 사계절)
수년간 만주의 고구려 유적지를 직접 발과 눈으로 훑어온 현장감이 돋보이는 답사기. 고구려 초기 도읍지인 환인과 4백여 년간 도읍지였던 집안(지안)을 중점적으로 살피고 있다.

✎**《광개토왕비문의 세계》**(권오엽 지음, 제이앤씨)
광개토태왕비문의 변조 여부 논쟁이나 일부 내용에 대한 논쟁에서 벗어나, 비문에 담긴 국제 관계, 고구려의 천하관, 정통성의 논리 등 다양하고 폭넓은 연구 주제를 바탕으로 비문에 대한 이해를 넓히고자 노력했다.

한강을 둘러싼 삼국의 각축

한 줄로 읽는 우리 역사

6세기 중반부터 한강의 중요성이 부각되면서 한강을 둘러싼 삼국 간의 경쟁이 치열했다. 백제 성왕은 사비(부여)로 천도하고 551년에 한강을 되찾았다. 하지만 신라의 진흥왕은 나제 동맹을 파기하고 백제로부터 한강을 빼앗아 부국강병의 기틀을 세웠다.

한반도의 중부권을 관통하는 한강은 신석기 시대부터 많은 사람들이 터를 잡았던 역사의 땅이다. 한강●은 중부 수륙 교통의 중심지이며 많은 인구와 넓은 농경지, 풍부한 생산물을 자랑한다. 또 중국과의 교역과 외교를 위한 길목을 차지하는 요충지이기도 하다. 한강은 4세기 말 백제 근초고왕이 확보했으며, 5세기에는 고구려 장수왕이 백제를 꺾고 이곳을 차지했다.

웅진 공산성
문주왕이 475년에 서울 위례성에서 옮긴 백제의 두 번째 도읍성.
평지의 것은 웅진성, 산에 쌓은 것은 공산성이라고 부른다.

그런데 6세기 초반에 이르러 고구려는 귀족들의 권력 투쟁, 백제와 신라의 부흥, 북중국과 초원 지역의 정세 변화 등으로 한강에 대한 장악력이 차츰 약화되었다.

그러자 백제와 신라는 혼인 동맹을 기초로 한 나제 동맹을 군사 동맹으로 격상하고, 한강 유역에 대한 지배권을 탈환하기로 했다. 이제 삼국은 한강을 놓고 치열하게 다투는 경쟁 시대로 돌입한다.

무령왕, 해상왕국 백제를 부활시키다

백제 개로왕의 태자인 문주는 475년 고구려의 침입 때 개로왕이 죽고 난 뒤 도읍을 웅진(공주)으로 옮겼다. 백제가 한성 시대를 마감하고 웅진 시대(475~538)로 접어든 것이다.

공산성에서 내려다보이는 금강과 공주 시내

하지만 웅진 지역의 귀족 세력은 쇠약해진 왕권을 농락하며 문주왕(475~477)과 그의 아들 삼근왕(477~479)을 제거하고, 국내에 세력 기반이 전혀 없는 동성왕을 옹립했다.

동성왕(479~501)은 이름이 부여모대이며, 사씨·연씨·백씨·목씨·찬씨 등의 토착 귀족과 신흥 무장 세력의 지지를 바탕으로, 왜와 4세기에 복속된 마한의 여러 담로주를 끌어들여 전통 귀족을 견제하고 왕권을 강화해나갔다.

동성왕은 488년과 490년에 중국 남조인 남제(南齊)의 요청을 받고 군사를 보내 북위의 기병 수십 만 명을 격파했다. 백제는 북위와의 전쟁에서 압승함으로써 지난날 한강 유역을 빼앗기고 개로왕이 죽임을 당한 치욕을 깨끗하게 설욕했다. 이는 북위에 대한 백제의 보복전이자, 해상 동맹국인 남제에 대한 지원이었으며, 해외 공략의 재시동이었다.

그러나 웅진의 토착 귀족들은 마한과 왜의 신흥 세력과 손잡고 귀족 세력을 약화시키고 왕권을 강화하려는 동성왕을 사냥터에서 시해했다. 그러자 동성왕의 형 부여사마가 정변을 일으켜 웅진의 귀족 백가 등을 제거하고 25대 임금으로 즉위했는데, 그

부여 능산리 고분군과 백제 금동 대향로 | 백제 금동 대향로는 능산리 고분군 사이 절터에서 발견되었다.

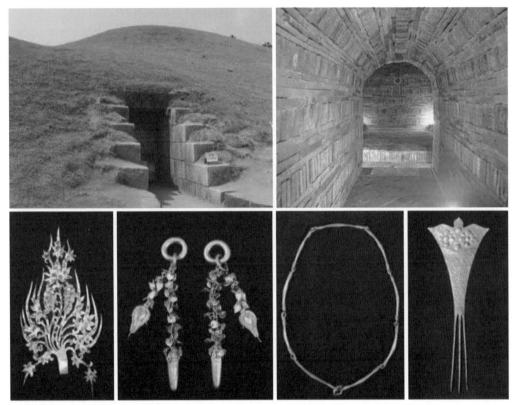

무령왕릉 입구와 내부의 유물들 | 무령왕릉은 공주 송산리 고분군의 7호분이며 금제 관식, 귀고리, 목걸이, 뒤꽂이 등이 출토되었다.

가 바로 무령왕(501~523)이다.

무령왕은 고구려를 여러 차례 격파하고 지난날의 위세를 다시 찾았다. 그리고 주변 국가인 반파·탁·다라·전라·사라·지미·마련·상기문·하침라를 속국으로 만들었고, 중국의 남량·왜·가야를 아우르는 해상 동맹의 주도권을 장악했다.

공주 송산리 무령왕릉●에서 출토된 유물들과, 부여 능산리 고분군에서 출토된 백제 금동 대향로●● 등은 해상 세력으로 국가 기반을 부흥시킨 백제의 문화와 국력을 보여준다.

● **무령왕릉**
벽돌무덤(전축분, 남조 량과 교류), 관목(금송, 일본과 교류), 매지권(공주 토착 세력)
(수) 2007, (검) 7-초, (검) 4-3, (검) 3-5

●● **백제 금동 대향로**
부여 능산리 절터 출토, 신선 세계 표현, 불교의 연화생, 도교의 이상 세계, 창왕이 성왕의 명복 기원
(검) 2-6, (검) 6-고, (검) 5-4, (검) 3-2

지증과 법흥, 중앙집권적 개혁에 성공

433년 신라 눌지 마립간은 백제 비유왕과 나제 동맹을 맺고 고구려의 압력에 맞섰지만 아직 역부족이었다.

신라 중흥의 군주는 22대 지증왕(500~514)●●이다. 437년에 태어나서 63세가 된 500년에 왕위에 올랐으니, 대단한 역전의 용사라고 할 수 있다. 조카를 몰아내고 왕위를 차지했기 때문에, 훗날 조선 시대의 수양대군(세조)에 빗대어 신라의 수양대군이라고 부르기도 한다.

지증왕은 502년 순장법을 폐지했고, 503년에 국호를 신라로 정했다. 또 왕호를 대군장이란 뜻인 마립간에서 왕(王)으로 바꾸었다. 이것은 신라가 국제 사회의 일원으로 편입되었다는 뜻이다. 보통 신라는 계림, 사로, 서라벌 등으로 불리다가 고구려에 의해 신라로 굳어진 측면이 있고, 왕이란 호칭은 국제 사회에서 통용되는 군주의 일반 명칭이었기 때문이다.

지증왕은 504년 친족이 죽었을 때 상복을 입는 상복제를 제정했으며, 505년에는 주, 군, 현을 정하여 지방에 대한 통제력을 키워나갔다.

또 512년에는 이사부를 시켜 우산국(지금의 울릉도)을 점령하게 하고 동해안 일대에 대한 지배력을 강화해서, 울릉도를 침략의 중간 거점으로 삼던 왜를 견제했다. 이는 사실상 낙동강 서쪽에서 세력을 유지하고 있던 금관가야를 정복하기 위한 준비 작업이었다.

지증왕은 일련의 개혁을 실시하여 신라가 국가 체제를 갖추도록 했으며●● 법흥왕●●은 이러한 지증왕의 업적을 토대로 중앙

신라 진흥왕 왕계표

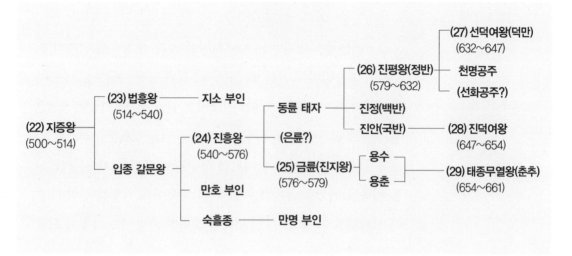

집권적 국가 체제를 갖추었다.

신라는 법흥왕(514~540) 시기에 발전의 기틀을 세웠다. 법흥왕은 지증왕 이래 강화된 왕권을 바탕으로 520년 율령을 반포했고, 527년에는 이차돈●의 순교에 힘입어 6부 귀족의 반대를 꺾고 불교를 공인함으로써 왕권을 강화했다.

531년에는 신라 최고 관직인 상대등을 새롭게 만들어 화백회의에 참석시켰는데, 이는 국왕이 6부의 수장보다 한 단계 높아진 것을 말해준다.

법흥왕은 532년에 이르러 낙동강 유역을 건너 금관가야를 정복했다. 이후 창녕의 비화가야를 비롯한 낙동강 유역 가야 소국들이 차례차례 신라에 귀속되었다.

이제 신라는 한반도 동남쪽의 새로운 강자로 떠올랐다. 이러한 자신감은 536년 최초로 건원(建元)이란 신라의 독자적인 연호를 사용하는 계기가 되었다.

● **이차돈 설화**
이차돈은 신라의 6부 귀족들이 신성시하는 천경림에 사원을 지으려 했지만 귀족들은 이에 반발했다. 이차돈은 귀족들을 설득하기 위해 순교를 자청했다. 그리고 만약 부처가 있다면 자신이 순교할 때 기적이 일어날 것이라고 말했다. 그리고 그의 말대로 잘린 목에서 흰 피가 흐르고 하늘이 컴컴해지더니 꽃비가 내리는 기적이 일어났다. 법흥왕은 이차돈의 순교에 힘입어 천경림에 흥륜사를 짓고, 6부 귀족과 차별되는 왕권을 세울 수 있었다.

고구려, 내분으로 한강의 주도권을 잃다

고구려는 문자명왕(491~519) 시기인 494년에 부여를 완전히 흡수하고 흑수말갈과 거란, 해, 지두우, 실위 등을 속국으로 만들어 서북 변경의 방파제로 삼았다. 그리고 안장왕(519~531)은 513년경 백제 무령왕에게 잠시 빼앗긴 한강 유역을 523년경 되찾았다.

하지만 안장왕 시기에 이르러 장수왕이 재위할 때 성장한 신흥 귀족과 권력을 유지해온 토착 귀족 사이에 치열한 권력 다툼이 시작되었다. 결국 531년 귀족들의 다툼 와중에 안장왕이 시해되었다.

곧이어 등장한 안원왕(531~545) 재위 기간에도 갈등은 계속되었다. 대부인이 아들을 낳지 못하자, 왕위 승계를 놓고 중부인 세력인 추군과 소부인 세력인 세군이 평양성에서 시가전을 벌였다. 고구려는 극심한 왕권 다툼과 귀족들의 내부 투쟁으로 주변 지역에 대한 지배력을 상실해가고 있었다.

백제 성왕●과 신라 진흥왕은 한강과 고구려 중원 지역을 차지하기 위해 혼인 동맹을 군사 동맹으로 전환하고 때를 기다렸다.

● 백제 성왕
사비로 천도, 국호를 남부여로 변경, 신라와 나제 동맹, 한강을 수복(551), 관산성에서 전사 (554)
(겸) 7-3, (겸) 5-고

나제 동맹

구분	제1차 동맹	제2차 동맹	제3차 동맹
시기	433년	493년	551년
성격	협력 동맹	혼인 동맹	군사 동맹
군주	백제 : 비유왕 신라 : 눌지왕	백제 : 동성왕 신라 : 소지왕	백제 : 성왕 신라 : 진흥왕
내용	– 고구려에 공동 대응 – 신라의 삼년산성 축조	– 동성왕과 신라 이벌찬 비지의 딸 혼인 – 495년에 나제 동맹군이 고구려와 전투	– 고구려 공격 – 백제의 한강 수복

진흥왕, 한강*을 차지하고 강국으로 우뚝 서다

백제 성왕(523~554)은 무령왕의 아들로 불국토를 이룬다는 전륜성왕에서 왕명을 따왔다. 이것은 무너진 왕권을 세우고 백제의 자긍심을 되찾고자 하는 신념과 의지의 표현이었다. 529년 10월, 성왕은 한강을 되찾고자 보병과 기병 3만을 보내 고구려를 공격했지만 패배했다.

538년, 성왕은 도읍을 웅진(공주)에서 사비(부여)로 옮겼다. 사비 천도는 국정 쇄신과 함께 공주 기반의 토착 세력을 견제하고, 고구려가 후방 깊숙이 공격해오는 것을 막기 위한 선택이었다. 또한 마한 지역의 신흥귀족을 포섭하고 가야와 왜에 대한 지배권을 강화하려는 의도도 있었다.

행정구역은 중앙을 22부로 하고, 지방은 5부제와 5방제*를 실시했다. 또한 국호를 백제에서 남부여로 바꾸었는데, 이는 고구려에 대한 예속을 부정하고 백제가 부여에서 갈라져 나온 동등한 국가라는 선포였다. 그리고 고구려와 경쟁을 위해 양자강 유역의 양나라와 친선 관계를 굳건히 하고, 일본에 승려를 파견해 불교를 전해서 아스카 문화**를 꽃피우게 했다.

한편 신라 진흥왕**(540~576)은 즉위 이듬해인 541년에 이사부를 병부령으로 삼아 군권을 장악했다. 545년에는 왕실의 존엄과 왕권의 신성성을 세우기 위해 거칠부에게 역사서 《국사》를 쓰도록 했다.

마침내 551년에 이르러 성왕이 나제 동맹을 제안하자 진흥왕은 이를 수락했다. 그리고 같은 해에 나제 동맹군은 한강 유역의 고구려를 공격했다. 나제 동맹군은 고구려의 전방사령부(아차산

● **한강의 중요성**
한강은 중부 지역의 교통 중심지이자 풍부한 농업 생산력과 인구를 자랑하며, 중국과 교류할 수 있는 지리적 이점이 있었다. 따라서 한강을 장악하는 세력이 역사의 주도권을 잡을 수 있었다.

● **백제 5방제**
중국 《주서(周書)》에 기록, 위치(중앙 고사성, 동방 득안성, 남방 구지하성, 서방 도선성, 북방 웅진성), 방령은 달솔 1인, 군장은 덕솔 3인, 군사는 1,200~700명 사이 주둔
(검) 7-3

●● **일본에 전해진 삼국 문화**
1) 백제 : 아직기(한자), 왕인(천자문, 논어), 노리사치계(불상), 아좌 태자가 일본에 문화를 전파
2) 고구려 : 담징(종이, 먹, 법륭사 금당 벽화), 혜자(쇼토쿠 태자의 스승), 혜관(불교)이 문화를 전파했고 다카마쓰 고분, 키토라 고분 등에 영향을 끼침
3) 신라 : 배 만드는 기술과 제방 쌓는 기술을 전파

●● **진흥왕의 개혁**
나제 동맹, 한강 장악, 동해안 영토 확장, 대가야 정복, 역사서 《국사》 편찬, 화랑 제도 정비, 황룡사 건립
(수) 2001, (검) 1-5, (검) 2-3, (검) 5-고

삼국이 편찬한 역사서

구분	고구려		백제	신라
시기	고구려 초기	600년(영양왕 11년)	375년(근초고왕 30년)	545년(진흥왕 6년)
역사서	《유기(留記)》	이문진의 《신집》 《유기》의 편찬서	고흥의 《서기(書記)》	거칠부의 《국사(國史)》

성 지역)를 기습 공격하여 고구려군을 궤멸시켰다.

이로써 백제는 475년에 고구려 장수왕에게 빼앗긴 하남 위례성 땅을 75년 만에 되찾았다. 하지만 진흥왕은 백제에게 한강 유역의 땅을 넘겨줄 생각이 없었다.

이때 고구려는 북방에서 돌궐이 침입하여 남부의 군사를 서북방으로 이동시켜 방어하는 데 주력했다. 그래서 고구려는 진흥왕에게 밀사를 보내 한강 지배권을 신라에게 양보하는 밀약을 맺고 백제와 신라가 서로 충돌하도록 유도하는 외교력을 발휘했다.

한강 유역은 중부권 교통의 요지로서, 바다 건너 중국과 교류하는 길목이었다. 또한 인구가 많고 농산물이 풍부했기 때문에, 신라가 강국으로 성장하기 위한 교두보로 반드시 확보해야 하는

삼년산성
충북 보은 소재. 3년 만에 쌓은 신라의 돌성. 5세기경 신라가 서북 지역으로 세력을 확장하는 전초 기지 역할을 했다.

삼국이 한강을 차지한 순서

국가	백제	고구려	신라
군주	근초고왕(371년)	장수왕(475년)	진흥왕(553년)
시기	4세기	5세기	6세기
관계	백제 : 고구려+신라	고구려 : 백제+신라	신라 : 고구려+백제

지역이었다.

553년, 진흥왕은 나제 동맹을 파기하고 백제를 기습하여 한강 유역을 차지한 뒤 곧바로 지방 행정구역인 신주(新州)를 설치하고, 김유신의 조부인 김무력을 책임자인 군주(軍主)로 삼았다.

배신감에 분노를 이기지 못한 성왕은 554년에 대가야 동맹군과 함께 3만 군사를 이끌고 신라 대야성을 향해 출발했다. 하지만 도중에 관산성에서 김무력의 비장이며 삼년산성의 고간이라는 군직에 있던 도도의 매복에 걸려 살해당했다.

성왕의 죽음으로 백제와 대가야 연합군 2만 9,600명이 죽었다고 한다. 치명적인 패배였다. 백제가 국세를 다시 회복하는 데는 50년의 세월이 걸렸다. 관산성 전투는 신라의 등장과 백제의 쇠퇴, 가야 연맹의 멸망을 상징하는 역사적인 사건이다.

후기연맹 대가야, 신라에게 멸망당하다

후기 가야 연맹에서 함안의 아라가야(안라국)는 지속적으로 대가야●의 권위에 도전했다. 400년경 광개토태왕이 금관가야를

> ● 대가야 문화
> 천손 신화(이진아시왕), 후기 가야 연맹 주도, 농업과 제철 발달, 산 위에 무덤(지산동 고분군)
> (검) 5-고, (검) 3-3

공격했을 때, 아라가야는 고구려를 측면 지원한 것으로 보인다. 그리고 이때 고구려의 도움으로 군사적 발전을 이루고 국제 무대에도 진출했다. 그러나 가야 연맹의 주도권은 대가야가 쥐고 있었다.

《일본서기》에 따르면 아라가야의 대왕인 아로한기(아로왕)는 529년 대가야의 압박에서 벗어나고 국제 사회에서 발언권을 얻기 위해, 고당이라는 높은 건물을 짓고 백제·신라·왜의 사신들을 초청해서 몇 달 동안 여러 차례 회의를 열었다. 이때 백제가 아라가야의 약점을 간파하고, 531년 군대를 보내 걸탁성(함안 주변)에 군영을 설치했다. 534년에는 칠원에 구례산 5성을 쌓아 아라가야에 대한 지배권을 강화시켰다.

대가야의 이뇌왕은 백제가 아라가야를 앞세워 압력을 가하자, 신라와 혼인 동맹을 맺고 위기를 넘기려 했다. 신라 법흥왕은 금관가야를 공략하려는 의도를 숨기고 대가야의 제안을 받아들여 522년 왕족인 이찬 비조부(비지배)의 누이동생을 이뇌왕에게 시집보냈다. 그리고 523년 태자인 월광(도설지)이 태어났다.

하지만 법흥왕이 532년 금관가야를 멸망시키고 곧이어 창원의 탁순국마저 흡수하자, 대가야는 신라의 의도가 가야 정복에 있음을 알아채고 혼인 동맹을 파기했다. 그리고 여러 가야 소국과 함께 백제 연합에 동참했다. 신라에 우호적이던 태자 월광과 우륵은 신라로 망명했다.

백제 성왕은 541년과 544년에 대가

단양 신라 적성비
진흥왕이 고구려 영토를 정복하고 복속민과 영토 편입을 기념하여 545년~550년경에 세운 비석이다. 440자 가운데 288자가 판독되었는데, 비문에는 김무력·도설지 등 역사적 인물과 함께 영토 확장과 공훈의 표창, 적성인의 노역 체제, 형벌과 재산 분배 등이 새겨져 있다.

야·아라가야·다라국·왜 등을 사비로 초청하여, 신라에 공동으로 대응하는 전략을 논의하는 사비회의를 열었다. 550년경에는 가야 연맹이 백제의 속국으로 전락한 것으로 보인다. 대가야와 아라가야는 554년 백제 성왕과 함께 연합군을 구성해 관산성에서 신라와 대격전을 치렀으나 대패했고, 끝내 국력을 회복하지 못했다.

진흥왕은 여세를 몰아 창녕에서 신라 장군들과 가야 소국의 왕들을 모아 대가야를 공략하는 전략회의를 열고 함께 힘을 합하자는 약속을 다짐하는 창녕 진흥왕 척경비●를 세웠다.

● **창녕 진흥왕 척경비**
561년에 창녕 비화가야를 정복하고 기념으로 진흥왕이 건립했다. 가야 소국들의 장군들과 지방 장관들이 진흥왕의 소집령에 따라 이곳에 모여서 대가야 정복의 일을 논의했다.

창녕의 비화가야는 555년경 신라에 병합되었다. 비문에 따르면, 비화가야는 신라의 하주(下州)로 편입되었고 왕은 비자벌 군주가 되었다. 560년경에는 함안의 아라가야도 신라에 복속되었다. 진흥왕은 아라가야에 파사산성을 축조하여 왜의 침입에 대비하고, 고령 서남쪽에 위치한 합천 다라국을 병합했다. 이제 가야 연맹은 오직 대가야만 남았다.

562년 1월, 진흥왕은 월광을 앞세워 대가야를 공격해 멸망시켰다. 진흥왕은 월광을 대가야의 임시 왕으로 임명해 국가 멸망의 충격을 완화하고자 했다. 그러나 대가야의 저항 세력들은 월광의 회유를 거절하고 신라에 반기를 들었다. 9월에 신라의 화랑 사다함은 5천 명의 병력을 이끌고 대가야 반란 세력을 진압했다.

이로써 서기 42년부터 연맹을 형성하고 동아시아 해상 교역의 중심에서 활동하던 가야의 이름이 520년 만에 역사에서 사라졌다. 대가야를 멸망시킨 진흥왕은 새로 개척한 가야, 백제, 한강, 동해안 영토를 순행하며 마운령, 황초령, 북한산에 진흥왕 순수비를 세웠다.

냉수리비, 봉평비, 천전리 각석을 통해 재구성한 신라사

금석문은 돌이나 금속의 표면에 글자를 새긴 유물을 말하는데, 당시의 직접적인 역사 기록이므로 매우 중요한 일차 사료이다.

신라가 남긴 금석문은 시대순으로 포항 학성리비, 영일 냉수리비, 울진 봉평비, 울주 천전리 각석, 단양 적성비, 진흥왕 순수비, 영천 청제비 등이 있다. 이 가운데에서 서로 연관이 깊은 금석문은 영일 냉수리비, 울진 봉평비, 울주 천전리 각석이다.

503년에 세워진 영일 냉수리비에는 신라의 국호가 사로(斯盧)이며, 지증왕을 지도로 갈문왕이라고 쓰고 6부의 장(왕)들과 함께 교시를 내리는 7왕의 한 사람으로 표현했다. 이는 지증왕이 503년 국호를 신라로 확정하고 왕호를 마립간에서 왕으로 변경하기 직전의 역사를 보여준다.

524년에 세워진 울진 봉평비에는 법흥왕을 모즉지매금왕이라고 쓰고, 국호가 신라이며, 지증왕의 교시에 따라 노비에 관련한 노인법(奴人法)을 집행한다고 기록했다. 이는 법흥왕이 6부의 장(왕)과 구분되기 시작했고, 지증왕의 국호 변경과 법흥왕의 율령 반포(520)가 역사적 사실인 것을 보여준다.

울주 천전리 각석은 법흥왕을 법흥태왕, 성법흥대왕이라고 기록했다. 각석이 이루어진 539년은 법흥왕이 불교를 공인(527)하고 12년이 흐른 뒤이다. 이것은 이차돈의 순교를 통해 불교를 공인하고, 왕권을 강화하여 6부의 장(왕)을 아래에 두었다는 사실을 실증하는 유물이다.

논술 생각나무 키우기

우리나라 역사에서 한강 유역을 차지한 세력이 한반도의 주도권을 잡았던 이유는 무엇일까?

Point 1 4세기경부터 한강의 중요성이 부각되기 시작한 이유는 무엇일까? 국내외의 정치적 변화, 세력 이동, 산업의 변화 등을 중심으로 살펴보자.

Point 2 한강이 갖는 지리적 특성을 생각해보자. 육로와 해상 교통로를 비롯한 산업 측면의 자원이나 인구 등의 요소도 꼼꼼하게 헤아려서 정리하자.

Point 3 한강을 장악한 세력의 정치·경제적 변화와 영향력을 조사하고, 이것이 우리 역사에서 어떤 의미를 지니는지 비교해보자.

공부를 더 하고 싶다면

《백제 금동 대향로》(서정록 지음, 학고재)
6세기 최고의 걸작 공예품으로 평가되는 백제 금동 대향로에 대해 전통 사상, 도교, 불교의 시각은 물론이고 고분 벽화나 관련 기록 등을 통해 살펴본다. 또 이웃의 중국, 중앙아시아의 여러 유물과의 비교를 통해 금동 대향로에 담긴 수수께끼를 풀어내고자 했다.

《가락국의 후예들》(김병기 지음, 역사의아침)
가야(가락)는 비록 신라에 흡수되었지만, 그 후예들이 공유하던 역사와 문화와 혈통은 신라, 고려로 이어지고 오늘날에도 여전히 가야의 후손으로 살아 숨 쉬고 있다는 사실을 보여주는 책. 나라의 흥망 뒤편에 남은 사람들의 발자취를 살핀다.

고구려와 수·당의 전쟁

7세기 초부터는 고구려와 수나라, 당나라 사이에 동아시아 주도권 경쟁이 벌어졌다. 백제·왜·돌궐은 고구려와 남북 동맹을 맺고, 신라·위구르·거란 등은 수·당과 동서 동맹을 맺었다. 이른바 100년에 걸친 동아시아 국제 전쟁의 서막이 열린 것이다.

고구려의 이간책과 신라 진흥왕의 배신으로 나제 동맹이 깨지고, 백제의 반격도 관산성 전투에서 크게 실패하고 말았다. 한편 한강을 차지하고 가야 연맹을 멸망시킨 신라는 6세기 말부터 고구려와 백제의 공격에 시달렸다. 고구려와 백제는 원수 관계에서 신라를 응징하는 동맹 관계로 전환했다.

지난날 대륙 동맹의 주축은 고구려, 신라, 북위와 초원 지대의 유목 기마민족, 그리고 주변 여러 민족들이었다. 그리고 이에 대항하는 해상 동맹은 백제, 왜, 가야, 중국 남조 세력이었다.

단양 온달산성
고구려 평원왕(559~590) 시기에 온달 장군은 오늘날 충주를 중심으로 하는 중원을 되찾고자 군사를 일으켰지만, 단양 온달산성에서 전사하는 바람에 물거품이 되었다.

그러나 7세기의 정세는 동맹 관계의 재편을 불러왔다. 남북을 축으로 하는 대륙 동맹에는 고구려를 중심으로 백제, 왜가 가세하고 돌궐이 참여했다. 바다를 사이에 두고 형성된 동서 동맹에는 수나라(당나라)와 신라, 거란, 고막해, 철륵이 참여했다. 특히 고구려의 측면 지원 세력이었던 거란과 고막해, 철륵이 떨어져 나간 것은 훗날 수나라와 당나라가 침략했을 때 고구려에게 치명적인 결과로 이어졌다.

임유관 전투, 백년 전쟁의 서막

고구려 평원왕(559~590) 시기에 온달 장군은 오늘날 충주를 중심으로 하는 중원을 되찾고자 군사를 일으켰지만, 단양 온달 산성에서 전사하는 바람에 물거품이 되었다. 그리고 백제가 6세기 후반 위덕왕(창왕) 시기에 예전의 국세를 회복하고 이어서 무왕●이 즉위한 뒤 신라와 치열하게 국지전을 벌이자, 고구려는 남쪽 국경보다는 북중국 지역에 관심을 기울였다.

수나라는 581년 북중국을 통일하고, 589년 양자강 이남의 남진(南陳)을 멸하면서 400여 년에 이르는 분열을 끝냈다. 고구려는 수나라의 군사 동향과 전쟁 의지를 시험하고 고구려를 쉽게 넘볼 수 없다는 신호를 보냈다.

한편 돌궐에게는 고구려의 강력한 군사력을 보여서 동맹으로 끌어들이고자, 말갈의 군대 1만을 동원해 수나라 요서 지역의 임유관을 공격했다. 이른바 동아시아 백년 전쟁(598~698)이 시작

● 익산 미륵사지
미륵 신앙 사원, 무왕의 남진 정책, 석탑의 출현(동탑, 서탑), 신라 석탑에 영향(감은사지)
(수) 2010, (검) 1-4, (검) 2-2, (검) 3-3

미륵사지 석탑
전북 익산에 있는 우리나라 최고 최대의 석탑. 무왕 때 지은 것으로 보인다.

되었다. 수문제는 30만 이상의 군대를 보내 반격했으나 고구려에게 대패했다.

고구려와 수나라가 살수에서 맞붙다

● 고수 전쟁
영양왕, 수양제, 을지문덕, 살수대첩, 〈여수장우중문시〉
(검) 1-5, (검) 2-4, (검) 2-5, (검) 4-초, (검) 4-고, (검) 3-5, (검) 3-2

● 수나라가 고수 전쟁을 일으킨 이유
1) 고구려와 돌궐의 동맹에 위기감, 2) 전쟁 통한 정통성의 강화, 3) 내전, 기근 등으로 불안한 국내 민심의 무마

● 고구려의 역사서 〈신집〉
영양왕 11년(600)에 태학박사 이문진이 옛 역사책 《유기》를 요약하여 《신집(新集)》 5권을 편찬했다. 《삼국사기》에 따르면 국초에 처음으로 문자로 기록할 때 어떤 사람이 사실을 100권으로 만들어 이름을 《유기(留記)》라 했는데 이때 와서 다듬고 고쳤다. 이것이 《신집》이다.

607년, 고구려 사신이 돌궐 계민가한(599~608)의 막사에 나타났다. 고구려 사신은 고구려와 돌궐의 동맹을 재확인하고, 수나라가 고구려를 침략하면 돌궐이 중립을 지켜줄 것을 요구했다.

마침 같은 시기에 아버지 수문제를 살해하고 황제가 된 수양제가 사위인 계민가한의 막사에 순행을 나갔다. 수양제는 고구려와 돌궐이 수나라를 속이고 서로 동맹 관계를 지속하고 있음을 확인하고, 드디어 고구려 정벌을 준비했다.

수양제는 중국 남부 지역의 식량과 전쟁 물자를 운반하기 위해 608년부터 황하(황허 강)와 회하(화이허 강)를 잇는 대운하 사업에 착수했고, 610년에 통제거를 완공했다.

612년, 수양제는 '벌고려조(伐高麗詔)'라는 전쟁선포문을 발표하고 113만 3천 800명의 병력을 좌군 12대, 우군 12대로 나누어 고구려 침공에 나서면서 고수 전쟁●●이 시작되었다.

자칭 200만 군이라고 호언하던 수나라 군대는 요하에서 을지문덕●●이 이끄는 정예군의 반격에 막히고, 평양을 공격한 내호아의 수군은 고건무에게 패배하여 전멸했다. 우중문과 우문술이 이끄는 수나라 별동대 30만 군은 을지문덕의 계략에 넘어가 고구려 내지로 깊숙이 진격했다가 살수에서 괴멸했는데, 이를 살

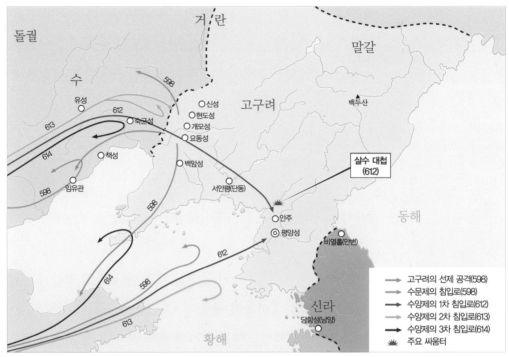

▲ 고구려와 수나라의 전쟁 | 고수 전쟁은 동아시아 문명의 종주권을 놓고 고구려와 수나라, 주변 여러 민족이 참여한 세계 최대의 국제 전쟁이었다. 수나라는 전쟁의 패배로 결국 멸망하였다.

수 대첩이라 한다. 이때 살아 돌아간 자는 겨우 2천 700명에 불과하다고 전해진다. 수양제의 무모한 침략은 세계 전쟁사에서 가장 많은 병력이 동원되고 죽어나간 기록을 남겼다.

　수양제는 이듬해인 613년, 다시 고구려 정벌군을 일으켰으나 각지에서 일어난 농민 봉기와 전쟁 물자를 담당하는 양현감의 반란으로 침략을 포기했다. 또 614년에 다시 3차 전쟁을 일으켰으나 여전히 농민 봉기와 각지의 반란으로 끝내 고구려 정벌에 실패하고 말았다. 수나라는 세 차례에 걸친 고구려 정벌 실패와 내란으로 멸망했다.

　하지만 전쟁에서 승리한 고구려도 수나라 못지않게 타격을 입었다. 수십만 명에 이르는 청장년이 전장에서 목숨을 잃었고, 농

●● **을지문덕의**
〈여수장우중문시〉

神策究天文 （신책구천문）
妙算窮地理 （묘산궁지리）
戰勝功旣高 （전승공기고）
知足願云止 （지족원운지）

신묘한 책략은 천문에 통하고
기묘한 계산은 지리에 훤하네
전쟁에 이겨 공이 이미 높으니
만족을 알거든 그만둠이 어떤가

토는 황무지처럼 변했으며, 창고의 재물은 바닥이 드러났다. 대부분의 고구려인들이 전쟁으로 인한 공포와 불안에 시달렸고, 전쟁을 이끈 무신 세력과 중국과의 평화를 추구하는 문신 세력의 다툼이 치열해지면서 조정은 국론 분열로 이어졌다.

대막리지 연개소문, 당나라에 강공으로 맞서다

백제는 7세기에 고구려와 동맹을 맺고 바다 건너 왜를 후방의 지원 세력으로 끌어들여 부흥의 단초를 마련했다. 무왕(600~641)은 금마저(익산) 토착 세력의 지지로 왕위에 올랐다. 무왕은 미륵 신앙●을 기반으로 자신이 불국토를 이루고 미래의 부처를 낳을 전륜성왕이라고 과시했다.

《삼국유사》는 무왕(서동)이 어린 시절 경주에 가서 신라 진평왕의 셋째딸 선화공주●를 부인으로 맞이했으며, 나중에 그녀의 발원으로 금마저에 미륵사를 창건했다고 전한다.

그 시기 신라에서는 진평왕●●(579~632)이 왕위에 올라 백제와 치열하게 다투었다. 진평왕은 스스로 진골 중에서 가장 성스러운 성골이라 칭했고, 석가모니의 아버지인 정반왕을 자처하며 자신의 후대에 삼한을 통일하고 불국토를 이룩하는 부처님이 태어나기를 기원했다.

602년, 백제 무왕은 4만 군대를 이끌고 신라의 아막산성을 공격했으나 패했다. 하지만 624년 속함성, 앵잠성, 기잠성, 봉잠성, 기현성, 용책성을 공격하여 차지했다. 이후 무왕은 636년까지 30

● 미륵보살 반가사유상
미래불 구원 사상, 사색과 정진의 모습, 미륵상생 신앙의 표현
(수) 2010

●● 진평왕의 외교
수나라와 동맹 추진, 고구려와 백제의 침입 방어, 원광법사의 세속 5계(호국 불교)
(수) 2006

● 선화공주는 누구였나?
미륵사 서탑 발원문에는 무왕의 왕후가 백제 귀족인 사택적덕의 딸이라고 기록되어 있다. 따라서 선화공주가 무왕의 후비였거나 일찍 세상을 떠났을 가능성도 제기된다. 또한 불경에서 선화가 미륵불의 어머니를 뜻하는 이름이므로 사택 왕후를 선화라고 불렀을 가능성도 배제할 수 없다.

고구려 고분 벽화 〈청룡도〉
강서대묘 현실 동쪽 벽, 고구려의 전통적인 사신도의 하나이다. 푸른 빛의 색채와 살아 숨쉬는 영기를 표현한 붉은 빛은 강렬한 기운을 느끼게 하는 걸작이다.

여 년 동안 수차례에 걸쳐 신라 국경을 공격했다. 이것은 백제가 성왕의 패전 이래 쇠약해졌던 국력을 회복했다는 의미인 동시에 신라에게 또 다른 시련의 시작을 알리는 징조였다.

한편 고구려에서는 영양왕이 죽은 뒤, 전쟁의 후유증을 치유하고 내정 정비를 위해 당나라와 화친하자고 주장하던 고건무가 영류왕(618~642)으로 즉위했다. 영류왕은 당나라가 화친의 조건으로 내건, 고수 전쟁의 승전 기념탑인 경관을 허무는 데 동의하고 무신들의 입지를 약화시켰다.

이때 고수 전쟁을 승리로 이끈 신흥 귀족의 대표자 연개소문●● 이 당나라에 대한 강경책을 주도하는 군부 세력의 상징으로 떠올랐다. 642년, 청년 장교를 중심으로 하는 신흥 군부 세력은 연개소문과 함께 군사 정변을 일으켜 영류왕을 살해했다.

연개소문은 보장왕(642~668)을 내세우고 자신은 행정권과 군사권을 지닌 최고 관직인 대막리지 자리에 올랐다. 정변에 반기

●● **고구려의 도교 문화**
연개소문이 당에서 수입, 기복 행사가 만연, 사신도 벽화 유행, 초제와 별에 제사 지내는 풍습, 산천 숭배와 신선 사상, 강서대묘
(검) 2-3, (검) 4-3, (검) 3-3

고구려 고분 벽화 〈해신 달신도〉 | 길림성 집안현에 있는 5회묘 제5호분 고분 벽화. 고구려의 신화적 세계와 상상력이 한껏 경지에 오른 대표적인 고분 벽화이다.

를 들었던 성주나 장군들도 당나라의 침입이 우려되는 현실 앞에서 분열보다는 협력을 선택했다. 연개소문은 당나라와 맞서고자 서쪽의 설연타를 동맹 세력으로 끌어들이고 남쪽으로 백제와 군사 동맹을 맺었다.

백제 의자왕(641~660)은 고구려의 암묵적인 동의하에 642년 7월에 직접 군사를 이끌고 신라를 공격하여 40여 성을 함락시켰다. 그리고 8월에는 윤충에게 1만 군사를 주고 신라 대야성을 공격하게 했다.

대야성 성주 김품석과 그의 아내이자 김춘추의 딸 고타소낭은 항복했지만, 윤충은 그들의 목을 베어 부여성 성문에 걸고 몸은 신라로 보냈다. 이는 지난날 진흥왕이 성왕을 죽인 치욕에 대해 보복한 것이었다.

선덕여왕과 김춘추의 대당 외교

한국사 최초의 여왕 선덕여왕(632~647)**은 김유신과 김춘추의 지지를 바탕으로 아버지 진평왕 이래 고구려와 백제의 공세에 위축되었던 신라를 다시 일으켜 세우고 공세로 전환하는 계기를 만든 여걸이었다.

김춘추(태종무열왕, 재위 654~661)는 진지왕의 손자이자 화랑 집단의 풍월주 김용춘의 아들이며, 가야계 김유신의 여동생 문희와 혼인**하여 군사적인 후원 세력을 확보했다. 그리고 같은 진흥왕 혈통인 선덕여왕의 후원으로 신라의 외교권을 장악했다.

642년 겨울, 김춘추는 사위 김품석과 딸 고타소낭이 대야성에서 살해되자 복수를 맹세하고, 선덕여왕과 김유신의 지원을 받아 고구려에 사신으로 떠났다.

이때 고구려는 551년에 신라에게 빼앗긴 죽령 이북의 땅을 돌려주면 원병을 보내겠다고 했다. 결국 협상에 실패한 김춘추는 외교 방향을 왜와 당나라로 돌렸다.

647년, 선덕여왕이 앓아누워 생사를 넘나들자, 귀족 회의의 수장이며 내물왕계인 비담과 염종이 반란을 일으켰다. 김춘추와 김유신은 내물왕계 진골 귀족들의 반란을 진압하고 진덕여왕(647~654)을 옹립하여 확고한 권력 기반을 다졌다.

첨성대
첨성대는 선덕여왕이 전통 세력을 보듬고 민의 지지를 얻고자 건립한 천문대이자 상징 구조물이다. 천명을 받은 왕을 대내외에 보여주는 문화재이다.

● **선덕여왕의 개혁**
첨성대 설치, 황룡사 9층 목탑 건립, 분황사 건립, 당나라와 교류(김춘추)
(검) 6-3, (검) 4-초

● **선덕여왕과 불교 부흥**
선덕여왕은 분황사를 창건하고, 삼국 통일을 기원하며 황룡사에 9층 목탑을 건립했다. 또 자장율사를 당에 보내 수준 높은 불법을 수입했다.

●● **김유신과 김춘추 혼인 동맹의 의미**
1) 가야계와 진흥왕 계열의 혈연 연합, 2) 군사적 무력을 지닌 세력과 국제적 외교력을 지닌 세력의 정치 연대, 3) 소외 세력인 가야계와 내물왕계에 포위된 진흥왕계의 연합

분황사 모전석탑 | 선덕여왕이 진흥왕의 혈통으로 여왕에 올랐다는 자긍심과 정통성을 보여주기 위해 건립한 사찰이다. 돌을 벽돌처럼 깎아 세운 모전석탑이 남아 있다.

그해 김춘추는 왜로 건너가 동맹을 제안했으나 실패했다. 하지만 이듬해 648년 고구려 원정에 실패하고 장안으로 돌아와 병석에 누운 당태종을 만나 협상에 성공했다.

신라와 당나라는 세 가지 밀약을 체결했다. 1) 백제와 고구려를 멸망시키면 대동강 이남의 땅은 신라가 차지하고, 2) 신라는 당나라 연호와 복식을 사용하며, 3) 나당 연합군의 무기와 식량 등 전쟁 물자를 신라가 지원한다는 내용이었다.

이 밀약에 따라 신라는 649년 중국의 복식을 받아들이고, 650년에는 중국 연호를 사용했다.

고당 전쟁, 안시성에서 울려 퍼진 승리의 함성

고구려에서 연개소문이 집권하고 백제에서 의자왕이 왕위에 오른 642년은 당나라가 주변 지역을 모두 평정하는 시기였다. 당 고조의 둘째아들인 이세민은 626년 현무문에서 군사 반란을 일으켜 당태종이 되었다.

당태종은 취약한 정통성을 세우고자 630년 동돌궐을 멸망시키고, 634년 장안의 서북쪽에 위치한 토욕혼을 점령했다. 639년에는 실크로드 길목에 위치한 고창을 복속시켰다. 아울러 고구려 서쪽의 거란, 해, 실위 등의 종족을 용병으로 끌어들여 고구려를 삼면으로 포위했다.

당태종은 연개소문의 정변을 고구려 침략의 명분으로 삼았다. 전쟁 준비를 마친 당태종은 644년 고구려 대막리지 연개소문이 임금을 패역스럽게 시해하고 신하들을 혹독하게 박해하고 있어, 이번에 계(薊 : 베이징)와 유(幽 : 차오양)의 땅을 순행하고 요(遼)와 갈석(碣石)에서 죄를 묻겠다고 했다. 이렇게 고구려와 당나라의 제1차 고당 전쟁●●이 시작되었다.

645년 1월, 적게는 30만에서 많게는 100만으로 전해지는 당나라 정예군이 고구려를 침공했다. 당나라 군대는 빠르게 요동성, 백암성, 개모성을 함락시켰다. 이때 당나라는 평양으로 곧바로 진격하는 전술을 쓰지 않고, 요동의 고구려성을 하나씩 함락시킨다는 진지전을 채택했다. 이는 지난날 수나라가 살수에서 대패한 전철을 밟지 않기 위해서였다.

당태종이 이끄는 당나라 정예군은 국내성과 평양으로 가려면 반드시 거쳐야 하는 안시성으로 모여들었다. 하지만 안시성의

● 고당 전쟁
영류왕, 연개소문, 천리장성 축조, 승전탑인 경관 해체, 당태종, 양만춘, 안시성 전투
(검) 2-5, (검) 5-4

● 당나라가 고당 전쟁을 일으킨 이유
1) 북방 세력의 대표인 고구려와 남방 세력인 당나라의 대결
2) 고구려에 패해 멸망한 수나라를 계승한 당나라의 위신을 복원
3) 고구려의 소장 군인과 신흥 세력의 대당 강경 노선
4) 내란 뒤 당나라 내부의 혼란을 전쟁으로 해소

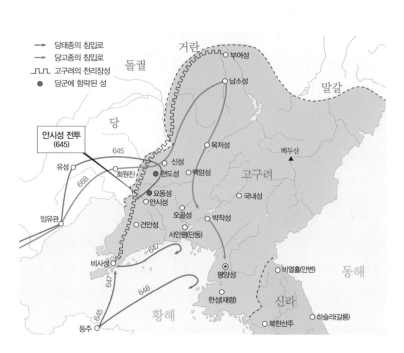

▶ 고구려와 당나라의 전쟁
고당 전쟁은 고수 전쟁의 연장이며 연개소문, 양만춘, 당태종이 각축을 벌인 영웅들의 전쟁이었다. 고구려는 안시성에서 승리하여 동아시아의 강자로 우뚝 설수 있었다.

성주 양만춘은 연개소문이 정변을 일으켰을 때 그에게 충성을 맹세하지 않고서도 성주의 직책을 보장받을 수 있을 만큼 뛰어난 전략가이자 행정가였다.

당태종은 모든 군사력을 집결하여 90여 일 동안 안시성을 공격했으나 끝내 함락시키지 못했다. 안시성이 아래로 보이도록 높이 쌓은 흙산마저 고구려군에게 빼앗기자, 당태종은 황제로서 체면 때문에 후퇴할 수도 없는 진퇴양난에 빠져들었다. 그때 마침 고구려와 동맹을 맺은 설연타가 고구려의 요청에 따라 당나라 수도인 장안을 공격하기 위해 군사를 일으켰다.

회군할 명분을 얻은 당태종은 전군을 이끌고 후퇴했다. 고구려의 추격군이 뒤따라오고, 각지에서 유격전을 펼치던 고구려군도 측면을 공격했다. 당태종은 수백 리에 이르는 요택의 늪지대를 지나가다 진흙탕에 수레가 빠져 움직이지 않자 직접 풀을 바

닥에 깔고 수레를 밀었다고 전해진다. 겨우 탈출에 성공해 지금
의 북경(베이징)에 도착하자 그제야 쓰고 있던 투구와 옷을 벗고,
요동에서 죽은 장군들과 병사들을 위로하는 사당인 민충사를 세
웠다.

　당태종이 병석에 누워 고구려 원정의 실패로 자존심이 무너져
있을 때, 신라에서 김춘추가 건너왔다.● 이로써 신라와 당나라
사이에 군사 동맹이 체결되고, 고구려와 백제는 군사 동맹을 강
화했다. 동아시아는 주변 민족이 모두 참여하는 대규모 국제전
쟁에 휘말리기 시작한다.

● 〈정관음 유림관작〉
고려 말의 문신 이색이 지은 〈정
관음 유림관작〉이란 시는 양만
춘이 쏜 화살이 당태종의 눈을
맞혔으며, 당태종은 임종을 맞으
면서 만일 위징이 살아 있었다면
고구려 원정을 말렸을 것이라며
후회했다는 내용을 전한다.

동아시아 백년 전쟁의 주요 사건

연대	사건 내용
598년	임유관 전투, 고구려와 수나라의 첫 전쟁
612년	고수 전쟁, 살수 대첩에서 고구려가 수나라에 대승
642년	대야성 전투, 연개소문 정변, 김춘추의 고구려 방문
645년	고당 전쟁, 안시성 전투에서 고구려가 당나라에 대승
655년	동돌궐이 당태종의 공격으로 멸망
660년	나당 연합군이 백제 사비성 공격, 백제의 멸망
663년	백제 부흥군과 왜의 원병이 백촌강에서 나당 연합군에 대패
668년	나당 연합군의 고구려 평양성 공격, 고구려의 멸망
670년	티베트와 당나라가 청해성 대비천에서 전투, 티베트의 대승
676년	매소성에서 신라가 당나라에 대승, 삼국 통일 이룸
682년	돌궐족이 부흥하여 후돌궐 건국, 발해 건국에 유리한 환경 조성
696년	거란족 이진충, 손만영의 봉기, 후돌궐과 당의 연합 공격으로 봉기 실패
698년	대조영이 천문령에서 이해고 군대를 격파, 동모산에서 발해 건국

김유신과 김춘추의 혼인 동맹은 왜 이루어졌을까?

진흥왕(540~576)의 손자 진평왕(579~632) 시기에 신라는 고구려와 백제의 압박과 공격에 시달렸다. 이런 시련기에 선덕여왕(632~647)이 즉위하고, 이에 따라 내물왕계의 이사부, 거칠부, 비담, 알천공 등이 신라의 실력자로 등장했다. 이 가운데 비담과 알천공이 자식이 없는 선덕여왕의 사후 왕위를 노렸다.

당시 진흥왕의 후손 중 유일한 남자였던 김춘추는 내물왕계 세력에 맞서 가야계 김유신과 전략적인 제휴를 한다. 이는 선덕여왕이 진흥왕 혈통의 왕위 계승을 위해 선택한 전략일 가능성이 높다.

그 전략은 한강 유역에서 군사적 실력을 갖춘 김유신 가문과 소수 왕족인 진흥왕계 김춘추 가문의 혼인 동맹이었다. 김유신의 여동생 문희는 김춘추와 혼인했고, 훗날 삼국 통일을 이루는 문무대왕을 낳아 성공적인 결실을 맺었다.

이처럼 김유신과 김춘추의 혼인 동맹은 내물왕계(비담 등) 세력에 반대하는 선덕여왕의 후원이자 가야계의 군사적 기반과 진흥왕계의 혈통적 정통성의 결합이었다. 또한 당나라 같은 주변국의 군사력을 끌어들여 고구려와 백제를 견제하고, 나아가 삼국 통일을 이루기 위한 군사 동맹의 성격을 지닌 역사적인 사건이었던 셈이다.

신라의 선덕여왕은 한국사 최초의 여왕이다.
남성 중심 사회에서 선덕은 어떻게 여왕이 되었을까?

Point 1　당시 부권과 가부장 제도가 엄존한 남성 중심의 봉건 사회에서 여성의 사회적 지위와 역할, 여성에게 분배되는 재산이나 권력, 그리고 여성이 갖는 한계 등을 알아보자.

Point 2　그 전에 주변 국가에 여왕이 있었는지 찾아보고, 여자가 왕이 될 수 있었던 상황과 조건, 종교적 이유, 사상적 배경은 무엇이 있었는지 살펴보자.

Point 3　외국의 사례와 비교하면서 성골 신분이었던 선덕여왕이 여자로서 왕위에 오를 수 있었던 시대 상황, 조건, 업적, 권위, 상징 등이 무엇인지 살펴보자.

공부를 더 하고 싶다면

✎《고구려, 전쟁의 나라》(서영교 지음, 글항아리)
고구려는 수렵·기마 전통을 바탕으로 700여 년간 협력과 경쟁이라는 균형을 유지하며 동아시아 역사의 주도권을 장악했고 자신들의 역사를 만들었다. 강하면서 효율적인 강소국 고구려의 국가 경영 전략을 읽을 수 있다.

✎《그 위대한 전쟁》(이덕일 지음, 김영사)
6세기부터 100여 년 동안 동북아에 불어닥친 국제 전쟁의 소용돌이 속에서 역사의 주역으로 등장했던 수많은 영웅들의 이야기가 역사소설과 다큐의 경계를 넘나들며 긴장감 있게 펼쳐진다.

✎《선덕여왕》(이적 지음, 어문학사)
여자로서 여왕의 자리에 오르고, 진흥왕의 개혁 정책을 지속적으로 추진하고자 노력한 선덕여왕의 국가 경영자로서 면모를 사료에 근거하여 역사가의 눈으로 그렸다.

4 백제와 고구려의 멸망

한 줄로 읽는 우리 역사

백제와 고구려는 사비성 전투와 평양성 전투에서 나당 연합군에게 패하고 멸망했다. 삼국의 유민들 가운데 많은 사람들은 당나라, 돌궐, 왜 등으로 흩어졌지만 그곳의 역사와 문화에 충격을 주고 문화 발전에 기여했다.

안시성 전투의 승리는 고구려인들의 자긍심을 높였지만, 598년부터 50여 년에 걸친 전쟁으로 농토, 가옥, 성곽, 인명에 큰 피해를 입었다.

또한 패배한 적국에게 전쟁 배상금을 물리거나 변변한 전리품도 챙기지 못했으며, 전후 복구 사업을 벌일 시간적 틈도 얻지 못했다. 그 결과 전염병 창궐, 유랑민 증가, 전쟁에 대한 공포 등으로 고구려는 거의 국가 재난 상태에 이르렀다.

정림사지 5층 석탑
익산 미륵사지와 함께 백제의 가장 오래된 석탑으로 목탑의 형식이 아직 남아 있다. 백제 멸망 후 소정방이 그것을 기념하여 탑신에 백제 멸망의 내용을 새겨 평제탑이라 불렀는데, 출토된 기와에서 정림사라는 명문이 나와 정림사지 5층 석탑이라 부른다.

이에 비해 백제는 당나라와 직접적인 전쟁을 치르지 않았고, 오히려 고구려에 군수물자와 보급품을 제공하는 대가로 막대한 경제적 이익을 챙겼다. 그리고 신라의 영토를 점령해도 괜찮다는 고구려의 암묵적인 동의까지 받아냈다.

백제의 공세로 위기에 몰린 신라는 당나라에 직접적인 군사 지원을 요구했다. 이로써 나당 연합군과 백제가 벌이는 사비성 전투의 막이 오르게 되었다.

● **백제, 고구려 유민의 묘지명**
백제와 고구려의 멸망을 전후하여 중국에 망명했거나 끌려간 삼국의 유민들이 남긴 묘지명으로는 부여융, 흑치상지, 흑치준, 난원경, 예식진, 천남생, 천남산, 부여태후, 고질, 고자, 고현 등이 있다.

사비성 전투와 백제의 멸망

신라와 당나라 연합군은 백제와 고구려를 차례차례 꺾겠다는 각개격파 전략을 수립하고, 고구려의 후방 지원 세력이며 상대적으로 고구려보다 약한 백제를 먼저 공격하기로 했다.

부소산성
성왕이 부여로 천도하고 평지성은 사비성, 산성은 부소산성이라고 했다. 부소산성은 660년에 백제의 최후를 맞이한 역사 현장으로 성 내외에 낙화암, 고란사, 조룡대가 있다.

당나라는 659년 설연타와 돌궐의 잔여 세력을 평정하고 서북쪽 국경의 안정을 이루자, 곧바로 백제 공격에 나섰다. 당나라 소정방이 이끄는 13만 명의 군대는 660년 6월 18일 산동 반도의 내주를 출발하여 6월 21일 충청도 덕물도(지금의 인천 덕적도)에 이르렀다. 소정방과 김춘추, 김유신은 덕물도에서 만나 백제 공격 작전을 최종 점검했다.

한편 이보다 앞선 656년 3월, 백제 의자왕은 당나라의 침략을 예상하고 좌평 성충에게 방비책을 물었다. 성충이 옥중에서 상

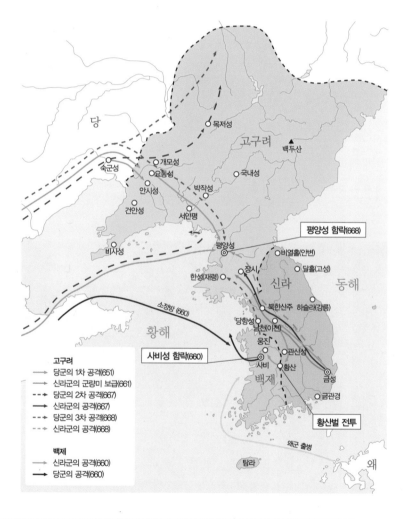

▶ **백제와 고구려의 멸망**
백제와 고구려의 멸망은 대륙과 바다의 무대를 잃어버린 한국사의 시련이었지만, 역사의 발전을 추동한 한국사는 남북국 시대라는 새로운 질서를 만들었다.

평양성 함락(668)

사비성 함락(660)

황산벌 전투

고구려
→ 당군의 1차 공격(651)
→ 신라군의 군량미 보급(661)
---▶ 당군의 2차 공격(667)
━▶ 신라군의 공격(667)
---▶ 당군의 3차 공격(668)
·····▶ 신라군의 공격(668)

백제
→ 신라군의 공격(660)
━▶ 당군의 공격(660)

당

고구려

백두산

목저성

숙군성
개모성
요동성
안시성
박작성
국내성
건안성
서안평
비사성
평양성
비열홀(안변)
달홀(고성)
한성(재령)
장시
신라
동해
북한산주 하슬라(강릉)
당항성
남천(이천)
웅진
관산성
사비
황산
금성
백제
금관경
황해
탐라
왜군 출병
왜

서하기를 "용병에는 지리가 중요하니 육로는 침현(충청남도 대덕
군 마도령)을 넘지 못하게 막고, 수군은 기벌포(충청남도 장항)에
닿지 못하게 하면 적을 막을 수 있습니다."라고 했다.

우려가 현실로 벌어지자 다급해진 의자왕이 신하들에게 대책
을 물었다. 좌평 의직은 "당나라 군대는 바다를 건너왔으니 그쪽
을 먼저 쳐야 합니다."라고 했고, 달솔 상수는 "신라군이 더 약하
니 그쪽을 먼저 공격해야 합니다."라고 건의했다.

의자왕이 주저하다가 고마미지현(전라남도 장흥)에 유배를 보
냈던 흥수에게 묻자 흥수는 "당나라군이 백강을 넘지 못하게 막
고, 신라군은 탄현을 지나지 못하게 한 다음, 임금님께서 험한 곳
에 의지하여 시간을 벌면 승산이 있습니다."라고 고했다.

여러 신하들이 흥수를 시기하여 그 의견을 비방하자, 의자왕
은 여전히 결정을 내리지 못했다. 그러는 사이에 소정방이 해로
를 이용해 백강을 거슬러 올라 사비성으로 진격하는 중이며, 김
유신이 지휘하는 5만의 신라군은 탄현을 넘었다는 소식이 전해

졌다. 의자왕은 계백에게 5천 결사대를 주고 황산벌에서 신라군을 막게 했다.

계백과 5천 결사대는 백제 각지에서 응원군이 오는 시간을 벌기 위해 배수진을 치고 필사적으로 저항했다. 백제 결사대는 초기에 승세를 잡았지만, 화랑 관창의 죽음으로 분노한 신라군에게 패했다.

당나라군과 신라군은 백강을 지나고 황산벌을 넘어 사비성으로 진격했고, 첫 전투에서 백제군의 사상자가 1만여 명에 달했다. 이에 의자왕은 웅진으로 피신하여 장기전을 준비했다.

그런데 7월 18일 웅진성 성주 예식진이 배신하여 의자왕을 사로잡아 사비성으로 끌고 와서 항복했다. 7월 23일 사비성이 함락되어 5부 37군 200성 76만 호와 31명의 왕으로 678년 동안 이어졌던 백제의 종묘사직은 끝이 났다. ●

● 정림사지 5층 석탑의 특징
백제 초기의 석탑, 목탑 흔적이 잔존(반전, 지붕, 기둥), 비신에 백제 멸망을 기록한 명문(평제탑), 탑층의 비례미 적용, 감은사지 3층 석탑의 영향
(검) 2-5, (검) 3-2, (검) 5-초

주류성과 백촌강, 백제 부흥 운동의 최후를 말하다

백제 멸망 뒤, 의자왕과 부여효, 부여태, 부여융 등 여러 왕자, 신하 88명, 그리고 1만 2천 807명의 백성들이 당나라 장안에 포로로 잡혀갔다. 당나라는 정복한 백제 땅에 웅진도호부를 두고 왕문도에게 통솔하게 했다. 또한 백제를 웅진, 마한, 동명, 금련, 덕안 다섯 지역으로 나누고, 5도독부를 두어 다스렸다.

당시 부여 사비성에는 1만 명의 당나라군과 김인태가 지휘하는 7천 명의 신라군이 주둔했다. 이때 주류성(충청남도 건지산성)

에서 무왕의 조카이자 의자왕의 사촌동생인 서부은솔 부여복신 (귀실복신)이 봉기해 나당 연합군을 사비성에 고립시켰다.

부여복신은 곧 좌평 귀지를 왜로 보내 의자왕의 아들인 부여 풍을 백제로 불러들였다. 그리고 661년 2월, 부여복신은 또 다른 부흥군을 이끌던 승려 도침과 군대를 합쳐 당군과 치열한 전투 를 벌였다.

임존성(충청남도 대흥 봉수산성)에서는 흑치상지, 사타상여, 지 수신이 백제 부흥 운동을 일으켰다. 당시 31세였던 흑치상지는 661년 8월 사비성을 탈출하여 임존성에서 3만 군대를 모아 부흥 운동에 나섰다. 흑치상지의 부흥 운동은 초기부터 200여 성이나 합류할 정도로 백제 전역으로 퍼져 나갔다.

백제 부흥 운동●은 주류성과 임존성을 중심으로 부여풍, 부여 복신, 도침, 흑치상지, 사타상여 등이 이끌었다. 그러다 부여복신 이 부흥 운동의 주도권을 잡고자 도침을 죽였다. 그리고 마침내 662년 5월 부여풍이 일본에서 건너와 왕으로 추대되었다.

662년 12월에는 방어를 위해 오늘날 벽골제가 있는 피성으로 수도를 옮겼지만, 신라의 공세가 거세지자 2개월 만에 주류성으 로 다시 돌아왔다.

이때 부여풍이 왕권을 위협하는 부여복신을 죽이는 사건이 일어났고, 왜의 천지왕이 백제 부흥 운동을 지원하기 위해 파견 한 3만 군사가 663년 8월 28일 백촌강에서 나당 연합군에 궤멸 했다. 결국 부여풍은 고구려로 망명했고, 곧이어 주류성이 함락 되었다.

임존성에서 항거하던 흑치상지는 의자왕의 태자 부여융에게 설득당해 당나라에 투항했다. 이로써 3년여에 걸친 백제 부흥 운

● 백제 부흥 운동
임존성(흑치상지, 사타상여, 지 수신), 주류성(부여복신, 도침, 부여풍)
(검) 7-4

동은 나당 연합군의 적극적인 공세와 내부 분열로 끝내 물거품이 되었고, 백제는 역사의 무대 뒤로 사라졌다.

평양성 전투와 고구려의 멸망

백제가 나당 연합군과 치열하게 전투를 치를 때, 고구려는 백제를 지원할 수 없었다. 당나라는 백제를 공격하는 동안 고구려 군사력을 요동 지역에 묶어두기 위해, 적은 병력의 육군과 수군을 동원하여 고구려의 서북방과 평양을 끊임없이 공략했다.

고구려는 662년 당나라 방효태가 이끄는 20만 군대와 평양의 사수(蛇水)에서 대적했다. 이때 연개소문은 방효태와 그의 아들 13명, 그리고 20만 명의 당나라 군대를 전멸시켰다. 하지만 전투에서 승리했다고 앞날이 밝은 것은 아니었다. 보다 중요한 사실은 이제 당나라 군대가 평양까지 손쉽게 쳐들어올 수 있는 단계까지 이르렀다는 점이다.

663년 백제 부흥 운동의 불길이 꺼졌으며, 666년에는 연개소문이 세상을 떠났다. 그리고 연개소문의 큰아들 연남생이 대막리지 직책을 이어받은 뒤 지방에 민정을 살피러 나갔을 때, 아우 연남건과 연남산이 주변의 꾐에 빠져 연남생의 지위를 탐해 반란을 일으켰다. 그 일로 연남생은 당나라로 망명했고, 연남건이 대막리지에 올랐다. 한편 연개소문의 아우 연정토는 12성 763호 3천 543명의 백성을 이끌고 신라에 투항했다. 고구려의 멸망은 이렇게 시작되었다.

평양성 내성의 북문인 칠성문
북한의 국보 18호. 평양성의 보통문과 함께 의주로 가는 성문 역할을 했다. 칠성문 위쪽에 을밀대가 위치한다.

667년부터 대대적인 고구려 원정에 나선 당나라는 투항한 돌궐, 거란, 해 등의 북방 기마군단을 앞세워 고구려 요동성을 공략했다. 당나라는 668년 2월 부여성을 함락하고, 6월에는 50만 병력으로 평양성을 포위했다. 고구려 주변의 동맹국은 사라졌고 후방의 백제도 망했으며, 남쪽의 신라군은 당나라군에 합세했다.

평양성에서 한 달을 버티는 동안 내부의 의견이 갈렸다. 주화론자인 보장왕과 연남산이 투항을 결정하자, 연남건이 이를 반대하며 결사 항전을 주장했다. 결국 연남건에게 군사 지휘권을 받은 신성이 몰래 성문을 열고 당나라에 항복했다. 668년 9월 21일, 내분에 의한 자멸이었다.

당시 고구려는 행정구역이 5부 176성이었고 인구는 69만 호였다. 당나라는 고구려 땅에 안동도호부를 설치하고 9도독부, 42

주, 100현으로 개편했으며, 설인귀에게 2만 군사를 주어 지키게 했다. 하지만 요동 북쪽에는 적어도 11개가 넘는 성들이 당나라에 항복하지 않고 독자적인 저항 세력으로 존재하고 있었다. 이들은 훗날 발해 건국의 모체가 되었다.

호로하에서 진 고구려 부흥의 꿈

당나라는 고구려 백성들이 아직 항복하지 않은 압록강 이북의 북부여성, 신성, 안시성, 옥성 등과 합세해서 반란을 일으킬까 두려워하여, 669년 4월에 2만 8천여 호의 고구려인들을 당나라로 강제 이주시켰다. 이에 반대하여 수림성 출신의 군인이던 대형 검모잠이 궁모성을 점거하고 고구려 부흥 운동●을 일으켰다.

같은 해 여름, 평양에 설치된 안동도호부는 고구려 부흥군의 공격을 피해 요동의 신성으로 자리를 옮겼다. 그리고 이때쯤 검모잠은 서해 사야도에 피신해 있던 보장왕의 서자 고안승을 고구려왕으로 추대하고 한성을 근거지로 세력을 넓혀나갔다.

고구려 부흥군은 당나라의 한반도 지배 정책에 맞선 신라와도 연합을 추진했다. 670년 3월, 고구려 유민 고연무의 1만 군과 신라 장군 설오유의 1만 군은 압록강을 넘어 요동 옥골성(오골성)에서 당나라에 매수된 이근행의 말갈군을 격파하고 당나라 군대를 후퇴시켰다.

신라가 고구려 부흥군을 지원한 것은 당시 신라가 백제에 주둔하고 있던 당나라 군대와 전투를 벌이고 있었기 때문이었다.

● **고구려 부흥 운동**
금마저(보덕국, 고안승), 한성
(검모잠), 국내성(고연무)
(검) 7-4

178

670년 4월, 고간이 이끄는 당나라군은 이근행의 말갈군과 합세하여 고구려 부흥군을 공격했다. 그리고 671년 7월에 안시성, 9월에 봉황성을 차례대로 점령했다. 672년 7월, 4만 명의 당나라와 말갈 연합군은 평양에 주둔하면서 한성의 검모잠 부대를 공격했다.

673년 봄, 당나라 군대의 압력이 거세지자 신라에 투항하려던 고안승은 고구려 지역에서 항쟁하자고 주장하는 검모잠을 살해하고 금마저로 망명했다. 그해 5월에는 임진강변의 호로하 전투에서 패배한 고구려 부흥군의 잔여 세력 대부분이 신라군에 편입되었다. 이로써 고구려 부흥 운동은 사실상 끝이 났다.

일본에 뿌리 내린 백제와 고구려 유민

일본 고대사는 한국사의 연장이다.●● 고조선 시기에 많은 한국인들이 일본 규슈로 이주하여 토착 왜인을 정복하고, 청동기 문화와 벼농사를 전하여 제1차 문예 부흥을 일으켰다.

3세기에서 4세기 말경 백제 세력이 충청도와 전라도 지역에 있던 마한을 압박하자, 마한 세력은 배를 타고 규슈와 하내(가와치)에 진출해 토착 왜인과 함께 여러 소국을 형성했다. 그 뒤 전방후원분과 같은 대형 고분이 축조되는 등 제2차 문예 부흥이 일어났다.

당시 일본에 중앙집권적 고대국가는 출현하지 않았지만, 중국에 사신까지 보낼 정도로 유력한 야마대국(야마타이 국)이 있었

> **●● 삼국 문화의 일본 전파**
> 법륭사(호류지) 목탑, 광륭사(고류지) 목조 반가사유상, 비조사(아스카테라) 대불, 법륭사 금당벽화(담징), 백제관음상, 구세관음상
> (검) 1-5, (검) 2-5, (검) 6-고, (검) 4-초

다. 근초고왕이 마한의 영암 출신인 왕인을 야마대국에 보낸 것도 이곳으로 이주한 마한 세력을 흡수하려는 정치적 포석이었다. 왕인은 《논어》와 《천자문》을 갖고 일본으로 건너가 인덕왕의 스승이 되어 학문을 전파하고 한반도의 이주민을 관리했다.

5세기 초, 광개토태왕에게 타격을 받은 금관가야와 아라가야를 비롯한 가야의 세력이 대거 일본으로 이주하여, 오늘날 규슈의 후쿠오카, 가라쓰, 그리고 혼슈의 오사카 지역에 정착하여 대대적으로 제3차 문예 부흥을 촉발시켰다. 대형 고분이 축조되었고, 기마민족의 마구류가 등장했다. 문명을 상징하는 토기와 부엌이 출현했고, 철제 농기구가 나타나 농사법에 획기적인 변화를 일으켰으며, 곳곳에 가야신을 섬기는 신사가 들어섰다.

475년 장수왕의 공격을 받은 백제는 위례성(서울)을 잃고 웅진(공주)으로 수도를 옮겼다. 백제는 추락한 위신과 무너진 국력을 회복하기 위해 후방의 왜와 긴밀한 관계를 유지했다.

이때 개로왕의 아우인 곤지가 백제의 불교와 중국 남조의 문화를 일본으로 전파하여, 아스카 지역을 중심으로 제4차 문예 부흥이 일어났다.

592년에 스이코(추고) 여왕, 쇼토쿠(성덕) 태자, 소가노 우마코(소아마자)는 불교를 공인하고 아스카 문화를 꽃피웠는데, 그 배후에 백제가 있었다. 아스카 지역의 횡혈식 석실묘(굴식 돌방무덤), 일본 최초의 불교 사찰인 아스카테라(비조사), 세계에서 가장 오래된 목탑이 있는 호류지(법륭사) 경내에 있는 백제관음상과 구세관음상은 백제의 영향력을 보여주는 대표적인 사례이다.

7세기 말, 백제 부흥 운동과 고구려 부흥 운동이 실패하고 수십만에 이르는 지식인 계층 유민들이 일본으로 건너갔다. 오사

일본 아스카 문화를 대표하는 법륭사(호류지) | 백제계 장인들의 기술과 예술이 결집된 건축물이다. 세계 최고의 목조 건물인 5층탑과 담징의 그림이 그려진 금당, 불교 예술의 꽃인 백제관음상, 구세관음상이 경내에 있다.

카 분지의 아스카, 나라, 교토는 이때부터 백제, 가야, 고구려 유민들의 새로운 정착지가 되었다. 나라에서는 이들 지식인 유민들의 합류로 제5차 문예 부흥이 일어났다.

나라 잃은 유민들이 고향에 대한 그리움을 불심으로 승화시키고 정신적 구심체로 삼은 곳은 바로 도다이지(동대사)였다. 일본 성무왕은 한반도 삼국의 유민을 하나로 융합하기 위해 대대적인 불사에 나섰다. 이에 따라 백제의 승정 양변, 국중마려, 백제 왕자 경복, 왕인의 후손인 승려 행기의 적극적인 지원과 고구려인 고려복신, 신라인 저명부세가 협력하여 화엄 사상을 표방하는 도다이지와 도다이지 대불이 완성되었다.

이후 삼국 유민들은 점차 토착 왜인과 융합해 일본인으로 변모했으며 고조선, 마한, 가야, 백제의 영향을 받아오던 왜의 역사는 독자적인 일본사로 전환되었다.

동아시아 백년 전쟁의 발단과 결과는?

6세기 후반에 이르러 300여 년간 분열되었던 중국을 수나라가 통일했다(589). 중국에 강대한 통일제국이 들어선 것은 곧 주변국의 독자적인 정치권력이 위협을 받기 시작했다는 의미였다.

이때 북방의 초원에는 돌궐제국이 새로운 강자로 등장하여(552), 수나라와 당나라를 압박했다. 한편 한반도에서는 신라가 급성장하여 한강 유역을 장악하고(553), 드디어 고구려 · 백제와 팽팽한 경쟁 구도를 갖추었다.

이에 따라 고구려는 북방을 담당하고 백제는 남쪽의 신라를 견제하는 남북 동맹을 맺고, 우선 신흥국가 수나라의 의도를 알아보고자 598년 임유관을 공격했다.

이때부터 동아시아는 698년 발해가 등장하기까지 100년 동안 고수 전쟁(598, 612~614), 고당 전쟁(645~668), 사비성 전투(660), 사수 전투(662), 백촌강 전투(663), 대비천 전투(670), 나당 전쟁(670~676), 후돌궐 독립전쟁(682), 거란족 봉기(696), 천문령 전투(698)로 이어졌다. 역사에서는 이를 '동아시아 백년 전쟁'이라고 부른다.

동아시아 백년 전쟁의 결과로 삼국 시대가 끝나고 발해와 신라가 공존하는 남북국 시대가 시작되었으며, 삼국에 종속되었던 왜가 독립하여 독자적인 일본 역사의 길로 들어섰다.

당나라는 동서 교역과 불교의 진흥, 유교식 율령 체제를 통해 동아시아의 강대국으로 군림했고, 티베트 고원에 들어선 티베트 왕조는 실크로드를 놓고 당나라와 치열하게 다투었다. 이 구도는 당나라가 분열하고 발해가 쇠퇴하며 거란족이 성장한 9세기 말까지 이어졌다.

논술 생각나무 키우기

《삼국사기》의 기록이나 유학자들은 연개소문에 대해 왕을 죽인 역적으로 평가하는 반면, 신채호는 고구려의 영웅으로 보았다. 연개소문은 과연 역적인가 영웅인가?

Point 1 먼저 인물에 대한 평가가 시대에 따라 달라지는 원인을 살펴보자. 이를 바탕으로 연개소문에 대해 어떤 다양한 평가가 있는지 찾아보자.

Point 2 부정적인 평가와 긍정적인 평가의 근거와 고려된 요소들을 살펴보고, 두 입장을 객관적으로 비교해보자.

Point 3 고구려가 처한 당시의 현실에 비추어 연개소문이 추구했던 가치를 생각해보고, 그 가치에 대한 평가가 달라지도록 만든 시대적 상황에 대해 살펴보자.

공부를 더 하고 싶다면

✎《김춘추 외교의 승부사》(박순교 지음, 푸른역사)
고려 시대의 서희와 함께 한국사 속 외교의 달인으로 알려진 신라의 태종무열왕 김춘추의 외교 정책을 다양한 각도에서 풀어낸다. 국제 정세를 꿰뚫고 실리적인 외교를 추구한 김춘추의 나당 동맹에 대한 비판과 긍정 사이에서 중심을 잡는 데 많은 도움을 준다.

✎《새로 쓰는 연개소문전》(김용만 지음, 바다출판사)
고구려를 망친 원흉 또는 신비로운 구국의 영웅이라는 연개소문에 대한 두 가지 극단적인 신화를 걷어내고, 고증과 재해석을 바탕으로 인간 연개소문을 조명한 수작 평전.

✎《일본 속의 한국문화유적을 찾아서》(홍윤기 지음, 서문당)
일본 문화의 발상지이자 역사적 중심지였던 오사카, 나라, 아스카, 교토 등에 남아 있는 고구려, 백제, 가야, 신라의 유적과 문화 유산을 소개한다. 마치 현장에서 보는 듯한 책.

제4장

남북국,
신라와 발해의 흥망성쇠

676년 신라가 당나라를 한반도에서 축출하고 698년 고구려의 후예들이 발해를 건국하면서, 한국사는 이제 남국 후기 신라와 북국 발해가 공존하는 남북국 시대에 접어든다. 신라와 발해는 협력과 경쟁을 지속하면서 불국토와 해동성국을 이루며 8~10세기에 동아시아의 국제 질서를 주도했다. 남북국 시대는 활기찼던 삼국 시대의 연장이었다. 후기 신라와 발해가 쇠퇴하면서 후삼국 시대가 시작되었다. 선종과 호족이 결합하고, 농민 반란과 초적들의 습격이 끊이질 않는 시대적 혼란 속에서, 새로운 세상과 새로운 시대를 갈망하는 미륵 사상과 해방 사상의 깃발을 들고 백제와 고구려의 옛 터전에 영웅들이 나타났다. 견훤·기훤·궁예·함규·봉규·왕건·능창, 이름만 들어도 가슴이 뛰는 수많은 영웅들은 우리나라 역사상 가장 극적이고 파란만장한 대서사를 펼친다. 그 최후의 승자는 포용력과 정보력을 바탕으로 고려를 개국한 개성의 해상 세력 왕건이었다.

역사를 보는 눈

발해사를 통해 외눈박이 한국사를 벗어나라!

《삼국사기》에는 발해사가 없다. 《제왕운기》에는 간단하게 언급되었다.
고조선의 꿈을 잃은 한반도 중심의 사고와 중국 중심의 사대적 역사관이
합작한 병폐이다. 그것이 한국사에서 발해를 푸대접하는 전통으로 이어졌다.
그러므로 발해사의 복원은 한반도를 포함하는 대륙사의 부활이다.
유득공이 자주적이고 주체적인 우리 역사를 위해
《발해고》를 저술한 꿈의 재현이다.

| 9세기경 전후의 세계 |

　프랑크 왕국은 독일·이탈리아·프랑스로 나뉘어 서유럽 세계를 지배했고, 오리엔트의 아랍 제국은 지중해 지배권을 놓고 동로마 제국과 치열한 경쟁을 벌였다. 중앙아시아와 북인도에서는 이슬람으로 개종한 투르크 족과 토착 세력이 확고한 기반을 다졌다.

　동아시아에서는 중앙집권적 기반을 다진 당나라가 실크로드 교역, 세계 종교의 수용 등 개방적인 포용 정책으로 세계 최강의 문명국으로 성장했다. 주변의 신라·발해·일본은 유교의 율령 체제를 받아들여 중앙집권적 국가를 이루고, 불교와 국제 교역을 통해 동아시아의 번영을 이끌었다.

　동남아시아에선 미얀마·캄보디아·인도네시아·베트남에서 민족국가의 기틀이 형성되고 있었으며, 티베트는 위구르와 함께 실크로드를 장악하고 인도에서 받아들인 밀교를 티베트 불교로 발전시키며 최대의 전성기를 이룩했다. 세계의 여러 지역에서 동시에 개방적인 교류와 교역이 활성화된 번영의 시기였다.

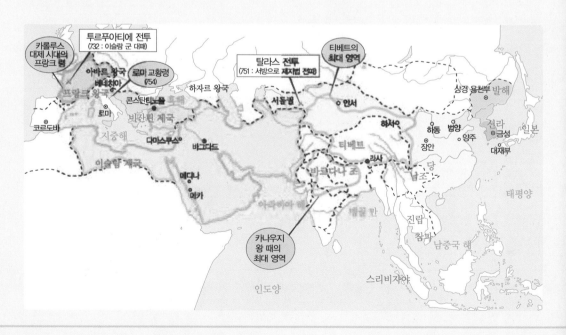

우리나라 ▼	주요 연표	▼ 세계
	670년	티베트 군, 대비천 전투에서 당나라 20만 군 전멸시킴
신라의 삼국 통일	676년	
보장왕의 고구려 부흥 운동 실패	681년	
	682년	돌궐족의 후돌궐 재건
발해 건국	698년	
발해의 당나라 등주 공격	732년	
	732년	프랑크 왕국, 투르·푸아티에 전투에서 아랍 군 대파
	745년	후돌궐의 멸망과 위구르 제국 건국
	750년	이슬람 아바스 왕조 시작
	755년	당나라에서 안사의 난 발생
	771년	카롤루스 대제, 로마를 교황령으로 만듦
장보고, 청해진 설치	828년	
	862년	러시아에 노브고로드 공국, 키예프 공국 건국
	870년	메르센 조약으로 프랑크 왕국이 독일·이탈리아·프랑스로 분할
	875	당나라에서 황소의 난 발생
견훤, 후백제 건국	892년	
궁예, 후고구려 건국	901년	
	907 년	거란, 요나라 건국
	909년	이집트에 파티마 왕조 시작
왕건, 고려 건국	918년	
고려와 후백제, 조물성 전투	925년	
발해, 거란에 멸망	926년	
신라, 고려에 항복	935년	
고려, 후백제 멸망시키고 후삼국 통일	936년	
	960년	조광윤의 북송 건국

발해 돌사자 석상

청해진 본영

왕건이 창건한 개국사 석등

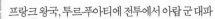
아바스 왕조의 이슬람 사원(대모스크)

카롤루스 대제가 새겨진 동전

거란의 글씨

신라의 통일과 발해 건국

한 줄로 읽는 우리 역사

신라는 비록 당나라군을 끌어들였으나 문무대왕이 백제, 고구려 유민과 함께 매소성과 기벌포에서 당군을 무찌르고 삼국 통일의 위업을 달성했다. 고구려 유민들은 천문령에서 당나라 군대를 무찌르고 발해를 건국하여 남북국 시대를 열었다.

사비성 전투(660)와 백촌강 전투(663)를 끝으로 백제와 백제 부흥 운동의 역사는 막을 내렸다. 이어서 668년 평양성 전투에서 고구려가 패배하고 이후 벌어진 고구려 부흥 운동이 실패하면서 고구려도 역사의 무대에서 사라졌다. 하지만 만주와 한반도에는 여전히 당나라에 맞설 수 있는 한민족 세력이 남아 있었다. 그것은 만주 지역에서 당나라의 침략에 함락되지 않은 고구려의 잔여 세력과 삼한일통(三韓一統)의 열정을 여전히 간직하고 있던 신라였다.

나당 전쟁을 치른 호로고루 성
임진강변에 위치한 호로고루 성은 강 건너편의 칠중성과 함께 삼국의 격전지였으며, 나당 전쟁 시기에 신라가 당나라 침략군을 물리친 역사 현장이다.

백제가 멸망한 지 닷새가 지난 660년 7월 28일, 삼년산성에서 당고종의 칙서를 들고 온 웅진도독 왕문도와 신라 태종무열왕이 만났다. 신라 최고의 축성 기술을 자랑하는 삼년산성은 난공불락의 요충지이며 나당 연합군의 식량과 무기를 비축한 군수기지였다. 태종무열왕이 당고종의 칙서를 받는 장소를 사비성이 아닌 삼년산성으로 택한 것은 신라를 함부로 넘보지 말라는 무언의 경고를 당나라에 보내기 위해서였다. 당과 신라의 신경전이 시작된 것이다. ●

신라, 통일 전쟁 최후의 승자

백촌강 전투가 끝난 뒤인 664년 2월, 당나라의 웅진도독 유인원은 웅진 취리산에서 백제 왕자 부여융과 신라 각간 김인문을 대동하고 제1차 회맹을 가졌다. 당나라가 부여융을 통해 백제 지역을 간접적으로 지배하면서 신라의 백제 진출을 막으려는 포석

호로고루 성 발굴 현장

이었다.

664년 10월 당나라는 결국 부여융을 웅진도독으로 삼았다. 유인원은 665년 8월에 다시 웅진도독 부여융, 계림도독 문무왕을 초청하여 제2차 취리산 회맹을 가졌다. 백제 영토에 대한 당나라와 신라의 신경전은 당나라의 판정승으로 일단 끝났다.

하지만 670년 당나라는 서북에 있는 티베트의 공격으로 고구려와 백제에 주둔한 군사를 이동시켜야 했다. 안동도호였던 설인귀가 이끄는 20만 군대는 같은 해 8월에 티베트 군대에게 대비천에서 대패했다. 이는 신라 문무왕에게 백제와 고구려 영토를 탈환할 절호의 기회였다.

671년 6월, 신라는 백제 가림성과 사비성에서 당나라군을 격파하고, 10월에는 당나라 수군도 막아냈다. 그리고 672년 봄, 신라는 웅진도독부를 폐지하고 소부리주를 설치했다. 이로써 신라는 백제 땅을 차지하게 된 것이다.

672년 7월, 당나라는 고간에게 말갈군을 포함한 4만의 군사를 주어 평양에 주둔시켰다. 이듬해 5월 고구려 부흥군이 임진강변 호로하에서 패배하고 대부분 신라군으로 편입되었다.

674년 1월, 당나라는 문무왕을 폐위시킨다는 조서를 발표하고, 김인문을 신라왕으로 삼아 계림도독 유인궤와 함께 신라를 공격했다. 신라는 당나라와 국가의 운명을 놓고 일전을 준비했다.

675년 9월, 당나라의 이근행은 당군과 말갈의 연합군 20만을 이끌고 임진강을 건넜다. 그리고 9월 29일 매소성으로 집결하여 김유신, 김시득 등이 이끄는 신라군과 접전을 벌였다. 이 전투에서 신라군은 전투마 3만 380필을 노획하는 대승을 거두어 당나라군의 기세를 초전에 꺾었다.

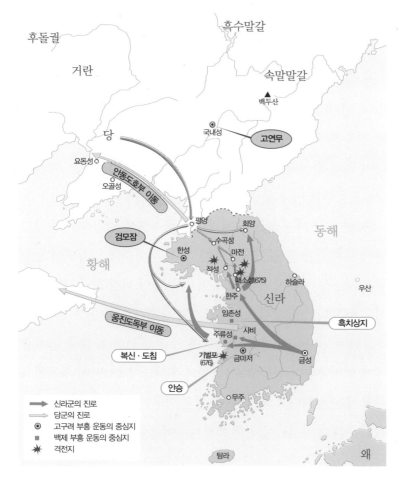

후돌궐

흑수말갈

거란

속말말갈

백두산

당

국내성

고연무

요동성

안동도호부 이동

오골성

평양

회양

검모잠

수곡성

한성

마전

황해

적성

매소성(675)

하슬라

동해

한주

우산

임존성

신라

웅진도독부 이동

주류성

사비

흑치상지

복신·도침

기벌포
(676)

금마저

금성

안승

무주

➡️ 신라군의 진로
➡️ 당군의 진로
◉ 고구려 부흥 운동의 중심지
■ 백제 부흥 운동의 중심지
✸ 격전지

탐라

왜

◀ 신라의 통일 전쟁

신라는 외세인 당나라를 끌어들여 백제와 고구려를 멸하였지만, 이들 유민과 다시 합세하여 당나라 침략군을 몰아내고 비록 불완전하지만 삼국 통일을 이루었다.

같은 해 11월에 설인귀가 수군을 이끌고 기벌포에 상륙했지만, 신라 장군 김문훈의 기습에 걸려 1천 400여 명이 사살되고 병선 40척과 전마 1천 필을 빼앗기며 패퇴했다.

이후 당나라군과 신라군은 676년 11월까지 22회에 걸쳐 전투를 치렀고, 신라가 모두 승리했다. 677년 2월, 당나라는 주둔군을 모두 요동으로 철수하고 안동도호부를 신성으로 옮겼다. 드디어 신라는 당나라를 한반도에서 몰아내고 대동강과 원산만의 이남을 차지했다. 이렇게 신라의 통일 전쟁●은 승리로 끝났다.

● 문무왕의 통일 전쟁
신라의 자주성, 사천왕사, 자장율사, 매소성 전투, 기벌포 전투, 감은사지, 대왕암
(검) 2-5, (검) 6-초, (검) 4-4, (검) 5-초

거란족 이진충, 영주에서 반란을 일으키다

백제와 고구려의 부흥 운동이 실패한 지 어느덧 10여 년이 흘렀다. 당나라는 675~676년 사이에 벌어진 매소성 전투와 기벌포 전투에서 신라에게 패하자, 동요하는 고구려 유민들을 무마하기 위해 고구려 보장왕을 요동주 도독 겸 조선왕으로 봉하여 안동도호부에 머물게 했다.

681년 고구려 유민들은 보장왕을 중심으로 말갈족과 손잡고 다시 부흥 운동을 일으키려 했다. 하지만 사전에 발각되어 보장왕은 사천성 공주에 유배되고, 유민들은 더 이상 고구려를 부흥시킬 수 없다는 실망감으로 자포자기 상태가 되었다.

그런데 당나라 변방에서 뜻하지 않은 사건이 터졌다. 당태종에게 멸망당했던 동돌궐, 서돌궐의 후예들이 682년에 후돌궐을 다시 세운 것이다. 그러자 나라 잃은 고구려, 백제, 거란, 말갈 등 여러 나라의 백성들에게 큰 희망이 솟아올랐다.

696년 5월 송막도독이었던 이굴가의 손자 이진충이 오늘날 만리장성 부근의 영주에서 반란을 일으켜 무상가한을 칭하고, 7월에는 영주를 점령했다. 당나라는 장군 장현우, 마인절을 보내 협석곡 전투를 치렀으나 거란에게 패했다.

같은 해 10월, 후돌궐이 영주 반란에 개입하여 거란의 배후를 공격했다. 후돌궐은 정치 · 군사 · 경제적 요충지인 영주를 차지하기 위해 당나라와 손을 잡은 것이다.

후돌궐의 기습 공격으로 이진충은 포로가 되어 처형당했지만, 살아남은 손만영이 다시 반란을 이끌었다. 697년 1월, 요동의 신성에 있던 안동도호 배현규, 요양의 요동주 도독 고구수 등 당나라군이 거란의 배후를 공격했고, 같은 해 3월에 당나라 장군 왕효걸이 17만 군대를 이끌고 거란을 공격했으며, 4월에는 후돌궐이 거란의 측면인 신성을 공격하여 3일 만에 함락했다.

그리고 697년 6월, 당나라 장군 무의종이 20만 군대를 이끌고 돌궐과 해족 군대와 연합하여 총공세를 가했다. 이때 거란군의 수령 손만영이 죽고, 장군 이해고가 당나라에 투항했다.

거란족의 영주 반란은 1년 만에 주력군이 무너지면서 재기 불가능한 지경에 이르렀다. 남은 병사들이 곳곳에서 저항했지만 3개월도 지나지 않은 9월에 거란족의 영주 반란은 모두 진압되었다.

대조영, 천문령 전투에서 이기고 발해●를 건국하다

당나라는 평양에 설치한 안동도호부가 고구려 부흥 세력과 신라의 공격으로 위협받자, 676년 요동고성(지금의 요양)으로 옮겼다가 이듬해 신성으로 옮겼다. 또한 681년에 일어난 보장왕의 반란은 당나라가 압록강 이남을 포기하는 대신 요동 지역을 강화하도록 만들었다.

이런 상황에서 일어난 거란족 봉기는 고구려 유민들이 나라를 되찾을 수 있는 결정적인 기회였다. 고구려 유민들을 지도하던 계루부의 걸걸중상(대중상)과 말갈족을 이끌던 걸사비우는 거란족의 반란에 동참하지 않고 독자적인 나라를 세우기로 했다.

당나라는 걸사비우에게 허국공, 대중상에게 진국공이란 직위

> ● 발해의 대표 유물
> 사자상(상경 용천부), 이불병좌상, 발해 석등(상경 용천부), 함화 4년명 불비상
> (검) 2-2, (검) 2-6, (검) 5-3, (검) 3-6

발해 동모산 | 대조영이 발해를 세우고 도읍한 산성이다. 평지에 우뚝 솟아 있는 동모산의 정상에 오르면 오루하(현재 대석하)가 해자를 만들고 드넓은 평원이 한눈에 들어오는 전략적 요충지이다.

를 내려 회유했지만 두 지도자는 옛 동부여 지역에서 새 나라를 세우는 전략을 택했다.

얼마 뒤 요동의 당나라군이 거란족을 공격하기 위해 요서로 이동하자, 697년 6월경 두 지도자는 영주의 백성을 이끌고 요동으로 향했다. 하지만 당나라 추격군을 피해 이동하던 중, 걸사비우는 8월에 이해고 군대와 싸우다가 전사했고 노년의 걸걸중상은 병사했다.

뒤쪽에서는 거란족 출신의 당나라 장군 이해고가 이끄는 10만 대군이 추격해오고 있는데, 유민들의 이동은 더디기만 했다. 새 지도부를 구성한 대조영은 지리에 익숙하지 않은 당나라군과 운명을 건 일전을 준비했다. 전투 장소는 오늘날 개원과 철령의 상아산으로 추정되는 천문령이었다.

대조영은 걸걸중상(대중상)의 아들로 644년 무렵에 출생하여

668년 영주로 이주했다. 걸걸중상이 계루부 장군으로 평양성 전투에 참가했다가 포로가 되어 영주로 옮겨질 때 함께 따라간 것이다.

동아시아 백년 전쟁의 마지막을 장식하는 천문령 전투는 697년 12월부터 이듬해 1월까지 치러졌다. 요동에는 겨울 추위가 매섭게 몰아쳤고, 천문령으로 이어지는 산자락은 폭설로 뒤덮여 있었다. 대조영은 기후와 지리적 이점을 이용하고 매복과 유격전을 적절히 구사해 이해고의 10만 군대를 이곳에서 전멸시켰다.

중국 역사서는 천문령에 큰 눈이 내려 당나라군의 열에 아홉이 죽었다고 기록하고 있는데, 이는 치욕스런 참패를 숨기려는 역사 왜곡일 뿐이다.

천문령 전투에서 승리한 대조영(698~719)은 698년 2월경 동모산(지금의 길림성 돈화시)을 도읍으로 삼고, 나라 이름은 진국(震國) 또는 발해국(渤海國)이라 불렀다. 연호는 천통(天統)이라 했고, 대조영은 사후에 시호를 고왕(高王)이라 했다. 연호를 사용한 것은 발해가 황제국이며 자주 독립국*임을 나타낸 것이다.

대조영은 발해***를 건국한 뒤 이웃 후돌궐과 동맹을 맺고 신라에 사신을 보내 5품 대아찬 벼슬을 받았다. 이는 북방의 당나라를 견제하고 남방의 안녕을 보장받기 위해서였다. 이어서 대조영은 영주에 남은 거란과도 관계를 맺고, 705년에 사절을 보내 당나라를 압박했다. 당나라는 713년에 발해국을 인정했다.

이처럼 대조영이 발해를 초기에 안정시킬 수 있었던 것은, 주변의 말갈·돌궐·거란을 동맹으로 끌어들이고 적국인 신라에도 유화책을 사용했기 때문이다. 한마디로, 탁월한 외교력을 발휘해 당나라를 견제하는 데 성공했다.

● 발해의 자주 독립
연호 사용(대흥 등), 황상 용어(정효공주 묘), 황후 용어(효의황후, 순목 황후 묘지석), 왕부 설치(함화 4년명 불비상)
(검) 1-3, (검) 7-고, (검) 4-고

● 발해가 한국사인 이유
1) 고구려 옛 땅에 건국(인구, 토지의 기반을 계승)
2) 고구려 유민이 주축
3) 고구려 계승 의식(일본에 보낸 국서에 고구려 계승 표방)
4) 문화전통의 계승(온돌, 된장, 돌무덤, 기와 등)
5) 고려 왕건에 귀부할 때의 동족 의식

●● 발해의 고구려 계승 의식
고구려 후예 대조영이 발해 건국, 일본에 보낸 국서의 고려 국왕 호칭, 굴식 돌방무덤, 효의황후 묘 금제관식(새 날개 모양), 온돌 사용, 발해 유민의 고려 귀부
(검) 1-4, (검) 1-6, (검) 7-고, (검) 4-3, (검) 3-4, (검) 3-3

발해는 한국사인가?

698년에 발해가 건국되면서 한국사는 남쪽에 신라, 북쪽에 발해가 공존하는 남북국 시대로 접어든다. 하지만 대부분의 역사서에서 7세기 말부터 9세기 초까지의 이 시기를 통일신라 시대로 정의하고, 발해는 일부만 언급되는 정도이다.

고려는 건국 초기에 고구려를 계승한 나라임을 표방했다. 하지만 중기에 김부식을 중심으로 하는 신라계 개경파가 묘청을 우두머리로 하는 고구려계 서경파를 누르고 권력을 장악한 뒤로, 고려는 신라를 계승한 나라로 변경되었다. 이때부터 고구려 옛 땅에서 일어난 발해가 한국사에서 제외된 것이다.

하지만 발해 주민의 구성은 고구려가 멸망할 때 당나라에 투항하지 않은 압록강 이북의 11성과 영주로 끌려간 고구려 유민이 주축이 되고, 지난날 고구려민이었던 송화강 유역에 거주하던 말갈족과 반란에 실패한 거란족 등이 합세했다. 발해인은 고구려의 후손이었기에 온돌을 사용하고 된장을 먹었으며 신라와 같은 언어를 사용했다. 또한 발해의 관청 중대성에서 일본에 보낸 외교 문서 '중대성첩'에는 발해왕이 스스로를 고려 국왕으로 칭했다. 또 758년 일본이 발해에 보낸 사신을 고려사(高麗使)라고 했는데, 이는 일본도 발해를 고구려의 계승 국가로 인식했다는 간접적인 증거다.

연해주의 크라스키노 발해 성터는 치(雉 : 성벽에 기어오르는 적을 쏘기 위해 성벽 군데군데 쌓은 돌출부)가 있는 대표적인 고구려 양식 성곽이다. 그 일대 주거지에서 온돌이 나왔고 토기도 고구려 계통이다. 게다가 발해 문화에서 가장 특징적인 손끝무늬기와도 고구려 국내성의 여러 왕릉에서 보편적으로 사용되었다. 이처럼 발해는 주민 구성과 문화, 역사의 계승 의식 모두를 고구려에서 전승했다.

논술 생각나무 키우기

신라와 발해를 남북국 시대로 묶을 수 있을까?

Point 1 한국사에서 신라와 발해가 공존하던 시기에 대한 다양한 규정을 알아보고, 남북국 시대라고 말할 수 있는 조건들은 무엇인지 정리해보자.

Point 2 남북국 시대라고 규정하는 근거, 즉 발해가 고구려를 계승했다는 주장이 타당한지 역사적 근거를 통해서 생각해보자.

Point 3 남북국으로 자리매김하려면 두 나라의 국가적 위상이 서로 비교가 될 수 있어야 한다. 이에 기초하여 발해를 북국으로 규정할 수 있는 자격이 되는지 생각해보자.

공부를 더 하고 싶다면

✎《**삼국 통일 전쟁사**》(노태돈 지음, 서울대학교출판부)
7세기 대야성 전투에서 문무왕의 나당 전쟁에 이르는, 신라가 추진한 긴박했던 한반도 통일의 역사를 다루었다. 전문성을 갖춘 역사책이지만 복잡했던 한 시대를 이해하는 데 훌륭한 길잡이가 되어줄 것이다. 중학생 이상의 학생들이 읽어볼 것을 권한다.

✎《**문무왕과 대왕암**》(권기경 지음, 한솔수북)
KBS 역사 스페셜 팀 작가들이 고대에서 현대까지 한국사에서 중요한 사건과 인물을 가려 뽑아 만든 어린이 역사책의 하나이다. 역사 이야기에 동화 기법을 섞고, 여러 역사 인물을 등장시켜 당나라와의 통일 전쟁을 이끈 문무대왕을 그려냈다.

2 불국토 신라와 해동성국 발해

한 줄로 읽는 우리 역사

신라는 삼국을 통일하고 망국의 유민을 포용하고자 의상의 화엄종을 국가 이념으로 삼았다. 발해는 주변 종족을 아우르고 고구려의 터전을 불국토(해동성국)로 만들었다. 또한 남북국은 유교의 율령 체제와 지방 행정 체계를 정비하여 중앙집권적 전제 왕정을 세웠다.

발해(698~926)와 하대의 신라(676~935)는 존속 기간이 거의 같으며, 두 나라 모두 고조선의 후예들이 세웠다. 또한 서로를 남국과 북국이라고 호칭한 것을 보아도, 두 나라가 공존하던 7세기 후반에서 10세기 초반까지는 남북국 시대•라고 불러야 한다.

남국 신라는 수십 년에 걸친 고구려와 백제의 공격이라는 국난을 극복하고 삼한을 통일했다. 그래서 동아시아에서 가장 안정적이고 풍요로운 국가를 이루고 불국토를 만들었다는 자부심으로 가득했다.

북국 발해도 고구려를 재건하고 부여족을 통합했으며 요동 땅에 다시 불국토를 세웠다는 자긍심이 흘러넘쳤다.

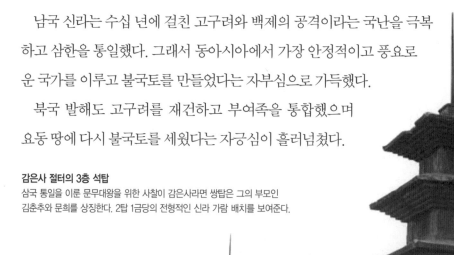

감은사 절터의 3층 석탑
삼국 통일을 이룬 문무대왕을 위한 사찰이 감은사라면 쌍탑은 그의 부모인 김춘추와 문희를 상징한다. 2탑 1금당의 전형적인 신라 가람 배치를 보여준다.

신문왕, 중앙집권적 전제 왕권을 세우다

문무왕(661~681)은 당나라를 몰아내고 불완전하지만 삼국을 통일했으며, 신라 발전의 기틀을 세웠다. 문무왕은 당나라가 주도하는 국제 질서와 율령 체제를 빠르게 받아들였다.

664년에 국가의 의례를 당나라의 음악에 맞추었고, 674년에는 당나라의 역법을 기본으로 신라의 새로운 역법을 제정했다. 675년에는 중앙 관리들과 지방 군현에 청동으로 만든 관인(官印)을 사용하도록 했다.

또한 고구려·백제·가야 유민을 신라 중심으로 통합하기 위해 의상대사(625~702)의 화엄종을 받아들였고, 삼국 통일이 마무리된 676년에는 부석사를 창건했다.

원효(617~686)●는 모든 것은 마음이 만들어낸다는 일체유심조(一切唯心造)의 원리를 깨닫고, 민중 속으로 들어가 오랜 전쟁으로 지친 민심을 달래는 데 커다란 기여를 했다. 그리고 이는 신라 말에 선종이 유행하는 밑거름이 되었다.●●

문무왕에 뒤이은 신문왕(681~692)은 귀족 김흠돌의 모반을 진압하고 귀족 세력을 숙청하여 중앙집권적 전제 왕권을 수립했다. 지방 행정구역을 9주 5소경으로 조직했으며, 귀족들의 경제 기반인 녹읍을 폐지하고 관료전을 지급했다.●●

또한 왕권 강화를 위해 유학 사상을 학습하는 국학을 설립하고, 혈통이나 신분보다 학문과 능력을 중시했다. 원효의 아들인 설총과 가야계 출신으로 외교 문서 작성을 전담한 강수가 대표적이다. 이에 따라 6두품 출신의 유학자들이 중앙 정계에 많이 진출하여 진골 귀족을 견제했다.

●남북국 시대라는 명칭이 타당한 이유
1) 비슷한 존속 연대 : 후기 신라(676~935), 발해(698~926)
2) 두 나라 모두 고조선의 후예 : 고조선과 부여의 후예들이 세운 나라
3) 상대에 대한 호칭 : 남국과 북국
4) 토지와 인구의 규모가 비슷

● 원효의 사상
6두품 기반, 화쟁 사상, 일체유심조, 민중 불교, 교학보다 염송 중시(나무아미타불 관세음보살), 불교 대중화 추구, 해동보살이라 불림
(수) 2005, (검) 1-5, (검) 2-2, (검) 5-3

●● 신라의 불교 사상
원광(세속 5계), 자장(계율 중시, 왕권 강화), 원효(일체유심조, 화쟁 사상), 의상(화엄종, 일즉다, 통일 사상)
(수) 1999, (수) 2004, (검) 2-1, (검) 6-3, (검) 4-고

●● 후기 신라의 경제 정책
1) 녹읍 폐지로 귀족의 경제력 약화
2) 관료전 지급으로 친위 세력의 구축과 왕권 강화
3) 민정문서를 작성하여 세금과 백성 직접 관리
4) 경주에 동시, 서시, 남시 등 3시를 설치하여 국가 차원에서 물산 유통 관리

무열왕계 왕계표

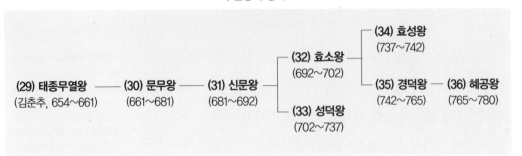

● **신문왕의 개혁**
녹읍 폐지, 9주 5소경 정비, 9서당 완비, 설총과 강수 중용, 관료전 지급, 집사부 기능 강화, 시중 역할 증대, 화백회의 기능 축소, 상대등 지위 약화, 국학 설립, 중앙집권적 전제 왕정 수립
(검) 2-1, (검) 7-4, (검) 6-고, (검) 4-4, (검) 4-3, (검) 4-고, (검) 5-3, (검) 3-4, (검) 3-2

신문왕●은 전제 왕권을 세우기 위해 조부 태종무열왕과 부왕인 문무왕의 권위도 이용했다. 신문왕은 동해의 용이 된 문무왕을 추모하기 위해 682년 감은사를 완성했다.

이때 해룡이 된 문무왕과 천신이 된 김유신이 합심하여 용에게 대나무를 전하게 했는데, 신문왕은 이 대나무를 베어 만파식적이라는 피리를 만들었다. 그 피리를 불면 나라의 근심과 걱정이 사라졌다고 한다. 이 설화에는 삼국 통일의 위엄과 선왕의 권위를 빌려 왕권을 강화하려는 신문왕의 의도가 깃들어 있다.

● **발해의 연호**
발해는 황제국가를 지향한 독립 자주국으로 독자적인 연호를 사용했는데 현재 확인된 것은 고왕의 천통(698~719), 무왕의 인안(719~737), 문왕의 대흥(737~793), 성왕의 대흥(793~795), 강왕의 정력(795~809), 정왕의 영덕(809~812), 희왕의 주작(812~817), 간왕의 태시(817~818), 선왕의 건흥(818~830), 대이진의 함화(830~857) 등 10개가 있다.

무왕, 당나라를 물리치고 건국의 기초를 다지다

고왕 대조영에 뒤이어 즉위한 무왕(719~737)은 영토 확장을 이룩하여 8세기에 발해를 동아시아의 강국으로 만들었다. 무왕은 대조영의 큰아들로 영주에서 태어난 것으로 추정되며 이름은 대무예이다. 719년에 즉위하여 연호●를 인안(仁安)이라 했다.

이때 당나라는 티베트와 실크로드를 놓고 치열하게 다투고 있

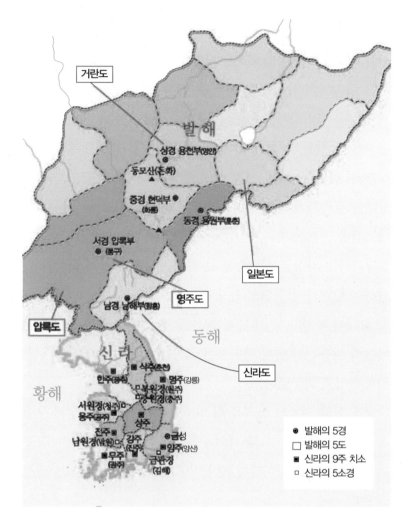

거란도

발해

상경 용천부(영안)

동모산(돈화) ▲

중경 현덕부
(화룡)

동경 용원부(훈춘)

서경 압록부
◉ (통구)

일본도

영주도

압록도

남경 남해부(함흥)

신라

동해

삭주(춘천) ■

영주(강릉) ■

신라도

한주(광주) ■

□ 북원경(원주)

□ 중원경(충주)

서원경(청주) □

용주(공주) ■

진주 ■

상주 ■

남원경(남원) □

강주 ■ □(진주)

■ 금성

양주(양산) ●

무주 ■
(광주)

금관경 □
(김해)

황해

● 발해의 5경
□ 발해의 5도
■ 신라의 9주 치소
□ 신라의 5소경

◀ 남북국의 형세
발해의 건국으로 한국사는 남국
과 북국이 공존하는 남북국 시대
가 되었다. 남북국은 모두 불국
토의 꿈을 현실 세계에 세우고자
노력했던 중세의 문화국가였다.

었기 때문에, 발해를 인정하고 교류했다. 무왕은 726년, 자신의
아들 계루군왕 대도리행을 당나라에 파견했다.

무왕은 지난날 고구려에 예속되었던 주변 민족을 무력과 외
교, 회유와 설득으로 다시 발해의 깃발 아래 복속시켜, 5~6세기
의 고구려 전성기에 버금가는 국가 위상을 세웠다. 721년에는 동
해안으로 진출하여 신라의 북쪽 국경을 압박하고, 신라가 하슬
라(아슬라)에 성곽을 쌓자 727년에 신라 후방을 견제하기 위해

일본에 사신을 보냈다. 이때 보낸 국서에는 "발해가 고구려의 옛 땅을 회복하고 부여의 풍속을 계승했다."라고 적었다.

730년을 전후하여 서북 변경을 안정시킨 당나라가 신라와 함께 발해를 압박하자, 무왕은 동생 대문예로 하여금 요서 지역을 공격하게 했다. 하지만 화친파인 대문예는 당나라로 투항했다.

732년 9월, 무왕은 장문휴에게 발해의 수군을 이끌고 산동성 등주를 공격하게 하여 등주 자사 위준을 살해했고, 육군은 영주 마도산을 공격했다.

당나라는 좌장군 개복순을 보내 실위, 흑수말갈의 군대와 연합하여 발해를 공격했으나, 발해군을 이기지 못하고 전투는 교착 상태에 빠졌다. 한편 남쪽에서는 신라가 당나라의 청병을 받아들여 김유신의 손자 김원중이 군사를 이끌고 북상했으나, 추위와 폭설로 회군했다.

당과 신라 연합의 공격을 이겨낸 발해는 이때부터 국제 무대에서 당나라와 신라, 일본과의 관계를 적절하게 활용하며, 고구려처럼 견제와 균형이라는 동아시아 4강 체제를 구축하는 데 성공했다.

성덕왕이 이룩한 불국토

신문왕의 맏아들 효소왕(692~702)은 아버지가 이룩한 전제 왕권을 기반으로 안정적인 정치를 할 수 있었다. 693년에 처음으로 의학박사를 두었고, 695년에는 경주●에 서시전(西市典)과 남시

전(南市典)이라는 관아를 설치했으며, 699년에는 국가 재정을 담당하는 창부를 두었다. 이는 신라가 삼국 통일을 이룬 뒤 사회 불안이 해소되고 국가 경제가 비약적으로 발전했음을 의미한다.

효소왕의 동생으로 왕위에 오른 성덕왕(702~737)은 신라를 불국토로 만들며 중흥으로 이끈 군주였다. 훗날 경덕왕과 혜공왕 시기에 선왕인 성덕왕을 위해 제작한 봉덕사 성덕대왕 신종(에밀레종)●●은 신라가 불국이며 모든 땅에 부처님의 법음이 울려 퍼지고 있다는 것을 드러내고 있다.

711년, 성덕왕은 강화된 왕권을 바탕으로 관리들의 지침서인 '백관잠(百官箴)'을 지어 배포했고, 714년에는 당나라에 보내는 외교 문서를 전담하는 통문박사를 설치했다.

성덕왕 시기에 당나라에 사신단을 보낸 것은 43회에 이른다.

●● **봉덕사 신종의 특징**
성덕대왕 신종, 에밀레종, 비천상, 용 모양 고리(용뉴), 연화문 당좌, 신라 범종의 특색 구비 (검) 2-5, (검) 3-6, (검) 3-2

성덕대왕 신종과 비천상
신라의 불국토를 상징하는 범종으로 에밀레종, 봉덕사 신종이라고도 한다. 종신에 새겨진 비천상은 종소리가 울리면 춤추는 듯하며, 고리인 종뉴는 만파식적의 상징으로 보기도 한다.

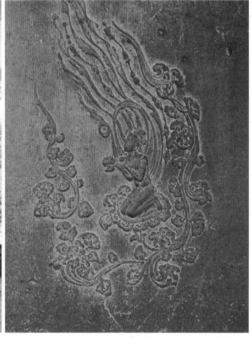

이는 신라가 국제 사회의 일원으로서 당나라 중심의 세계에 편입되었음을 뜻한다.

성덕왕은 유교 진흥에도 힘썼다. 717년에는 당나라에서 가져온 공자와 그 제자들의 초상화를 대학에 두었는데, 이는 유교의 충효를 통한 왕권 강화가 목적이었다.

그리고 718년에는 천명을 받은 군주임을 내세우고자 물시계 누각(漏刻)을 만들었고, 722년에는 농민에게도 정전(丁田)을 주어 경작하게 함으로써 많은 조세를 거둘 수 있게 되어 국가의 재정이 튼튼해졌다. ●

● 신라 민정문서
755년 신라 서소원경(청주) 촌락문서, 일본 정창원에서 발견, 율령정치 확인, 4개 촌락의 토지 면적·호구 수·전답·마전·과실 수·가축수(소) 기록, 3년마다 변동 내용 기록
(수) 2009, (검) 2-3, (검) 4-3

문왕, 상경 용천부●에서 발해의 불국토를 꿈꾸다

● 발해의 천도 과정
발해는 주변국의 시대 상황에 따라 도읍지를 여러 번 옮겼다. 건국 시기에는 동모산(698~742), 발전기에는 중경 현덕부(742~755)에 두었고, 중국에서 안사의 난이 일어나자 상경 용천부(755~785)와 동경 용원부(785~794)로 옮겼으며, 안정기에 다시 상경 용천부(794~926)로 돌아와 멸망 때까지 도읍으로 삼았다.

고왕 대조영과 무왕 대무예 시기에 발해의 주도권은 무인이 차지하고 있었다. 건국한 지 얼마 되지 않은 신생 국가였기 때문에, 주변 국가에 대한 도전과 지방에 대한 강력한 통제가 필요했기 때문이다.

문왕(737~793)은 무왕의 차남으로 이름이 대흠무이고, 연호는 대흥(大興)이다. 형 대도리행이 당나라 장안에서 병으로 세상을 떠나자 태자가 되어 왕위를 계승했다. 재위 기간에 영주도·거란도·압록도·신라도·일본도의 다섯 교통로를 개척하고, 곳곳에 역참을 두어 발전의 기틀로 삼았다.

문왕은 문치를 중시하여 율령을 바탕으로 3성 6부의 중앙 관제와 5경 15부 62주의 지방 행정 체계●●를 갖추었다. 교육기관인

발해 상경 용천부 | 발해의 불국토를 상징하는 성스러운 도시로 건설되었다. 당나라 장안성에 비견되는 궁성은 주춧돌과 치미를 통해 동아시아 최대의 건축물이 들어서 있었음을 알 수 있다.

주자감에서는 유교적 소양이 있는 관리를 양성했고, 이들은 6부에 배속했다. 6부의 명칭은 유교의 덕목을 따라 충부, 인부, 의부, 예부, 지부, 신부라고 했다.

발해는 유교식 정치와 함께 사회 생활은 불교를 중시했다. 문왕의 둘째딸 정혜공주의 묘비문과 넷째딸 정효공주의 묘비문에서는 문왕이 금륜성법대왕이라 칭해지고 있어서, 문왕 스스로 세상의 악을 평정하고 불국토를 이루는 전륜성왕을 표방했음을 알 수 있다. 이는 당나라나 신라가 표방하던 불국토와 마찬가지로, 국제 사회에서 발해도 불법으로 다스리는 독자적인 나라임을 보여준다.

한편 문왕 시기에 발해는 고구려 옛 땅 요동을 완전히 장악했다. 결국 당나라 안동도호부는 743년에 요동에서 완전히 벗어난 평주로 옮겨졌고 758년에 폐지되었다.

●● **발해의 5경제**
발해는 고조선－부여－고구려의 5부제를 계승하여 수도를 여러곳에 두는 5경제를 실시했다. 5경은 지역에 따라 주요 국가 업무를 맡았는데 서경 압록부는 해상 교역(압록도), 남경 남해부는 신라와 교류(신라도), 동경 용원부는 왜와 교류(일본도), 중경 현덕부는 중앙정치의 중심지, 상경 용천부는 거란, 말갈과의 교류(영주도, 거란도)를 중심으로 삼았다.

문왕 시기에 동아시아는 당나라가 일방적으로 주도하던 국제
질서에서 탈피하여, 비로소 발해·당나라·신라·티베트·일
본·남조 등 여러 세력이 공존하는 체계로 진입했다.

경덕왕, 왕권과 귀족의 충돌

신라 성덕왕이 이룩한 불국토의 이상과 강화된 왕권은 아들
효성왕(737~742)과 경덕왕(742~765)에 이르러 대규모 불교 건축
이나 사업으로 이어졌다. 성덕대왕 신종 주조가 시작되고 황룡
사 대종이 만들어졌으며, 재상 김대성에 의해 불국사●와 석굴암
이 완성된 것을 예로 들 수 있다.

불국사 다보탑
다보여래를 상징하며, 여성미와
부드러운 미학을 상징한다.

이는 무열왕 계통의 후손들이 선왕의 권위를 빌려 왕권을 과시하고 귀족들을 견제하려는 정치적 목적에서 추진된 것이다.

또 경덕왕은 국학을 태학으로 바꾸고, 박사와 조교를 두어 유학자를 양성했다. 그리고 당나라의 율령 체제와 유학 사상을 바탕으로 지명과 벼슬명도 한자식으로 바꾸었다.

경덕왕이 급속하게 한화 정책을 추진하자, 김옹이나 김양상 같은 여러 귀족들이 강력하게 반발했다. 경덕왕은 757년, 이를 무마하기 위해 관료전을 폐지하고 녹읍을 실시했지만 이미 엎질러진 물이었다.

경덕왕의 아들인 혜공왕(765~780)에 이르러 귀족들의 반발은 더욱 거세졌다. 768년 시중인 대공, 770년 일길찬 김융과, 775년 이찬 김은거, 시중 염상이 차례로 반란을 일으켰다. 780년 반란을 일으킨 김지정은 궁궐로 들어가 혜공왕을 살해했다.

이로써 무열왕 계통의 왕통이 끝나고 내물왕 계통이 왕위를 계승하게 되었다. 이때부터 신라는 중대가 끝나고 하대가 시작되었으며, 본격적으로 내분이 시작되었다.

김지정의 반란을 진압하고 왕위에 오른 37대 선덕왕(780~785) 김양상은 내물왕의 10세손이고, 38대 원성왕(785~798) 김경신은 12세손이다.

진골 귀족들이 왕위를 놓고 벌인 다툼은 원성왕의 아들인 김인겸과 김예영의 후손들 사이에서 더욱 치열해졌다.

● 불국사 석가탑
세계 최고 목판 인쇄물 발견(무구정광 대다라니경), 무영탑, 백제 장인 아사달이 세움, 목탑 구조를 벗어난 신라탑의 원형
(겸) 6-초, (겸) 3-5

불국사 석가탑
석가여래를 나타내며 남성미와 꿋꿋한 기상을 보여준다.

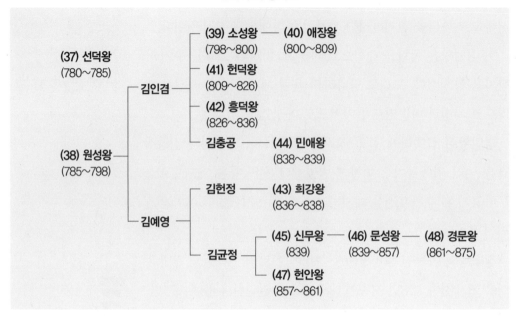

큰아들 인겸의 아들과 손자는 소성왕(798~800), 애장왕(800~809), 헌덕왕(809~826), 흥덕왕(826~836)으로 즉위했지만, 예영의 아들 헌정과 균정은 왕위에서 밀려났다. 신라 하대에서 가장 치열했던 왕위 쟁탈전은 이로부터 비롯되었다.

해동성국, 발해의 전성기

● **해동성국**
상경 용천부 주작대로, 발해 석등, 5개의 교역로, 선왕의 주변 정복, 5경 15부 완비
(수) 2005, (검) 2-1, (검) 3-5

해동성국(海東盛國)●은 주변국들이 발해를 부르던 말로, 바다 동쪽의 번영한 나라라는 뜻이다. 발해는 율령 체제를 근거로 중앙 3성 6부, 지방 5경 15부 62주의 행정구역을 갖추었고, 동아시

아 정치 무대에서 뛰어난 외교력을 발휘했으며, 강력한 무력으로 주변 국가와 민족을 복속시켰다. 또한 당나라, 신라, 거란, 일본 등 주변국과 활발한 교역 활동을 했다.

발해는 3대 문왕의 전성기를 지나 793년부터 817년까지 20여 년간 왕이 여섯 번이나 바뀔 정도로 혼란기를 맞았다. 그 뒤 9대 선왕(818~830)이 등장한 뒤에 혼란을 극복하고 다시 전성기의 위세를 되찾았다.

선왕 대인수는 대조영의 아우 대야발의 4세손이다. 선왕이 즉위할 무렵 당나라는 지금의 산동성 일대를 장악하고 있던 고구려계 이정기가 세운 치청진●● 번진 세력과 전쟁 중이었다.

선왕은 동족 국가인 치청진과 적대국인 당나라 사이에서 적절하게 중립을 지키면서 발해만과 요서 지역, 동해, 초원 등지의 외교와 상권을 장악하였다. 그리고 과실, 된장, 모피(담비), 구슬, 말 등 특산물과 전쟁 물자를 공급하여 국부를 늘렸다.●●●

즉위 초 2년 동안 당나라에 사신을 20여 차례나 보낸 것을 보면 그만큼 급박하게 변화하는 국제 정세에 능동적으로 대처했음을 알 수 있다.

아울러 강성한 군사력을 통해 대동강과 니하를 경계로 신라와 국경을 삼았고, 서해와 발해만의 해상 무역을 장악했다. 또한 요동과 연해주까지 영토를 확장하고 서북 지역의 해, 실위, 우루, 철륵은 물론 오랫동안 발해에 적대적이던 흑수말갈도 복속시켰다. 선왕이 이룩한 해동성국은 국제 무대에서 9세기 전반기를 발해의 시대로 만들었다.

● **해동성국이 이루어진 시기**
해동성국이 이루어진 시기에 대해서 《삼국유사》는 무왕(719~737), 《동국통감》은 선왕(818~830), 《요사지리지》는 대이진(830~857), 《신당서》 '발해전'은 대현석(871~894) 시기라고 하였다. 이를 통해 발해의 전성기는 8세기 초, 9세기 초, 9세기 말에 이르는 3단계로 볼 수 있다.

●● **발해 상경 용천부**
해동성국 상징, 당나라 장안성 모방, 거란의 세력 확대 방어, 당나라 안사의 난 대비
(수) 2010, (검) 6-3

●● **치청진 이정기의 성공 요인**
1) 엄격한 통치
2) 활발한 교역(발해에서 명마 수입)
3) 산동 양구의 풍부한 염전 개발
4) 철과 동 생산
5) 해운의 활성화
6) 정복 지역 관리와 약탈 금지령

●●● **발해의 교역로**
신라도(남경 남해부, 신라와 교류), 거란도(상경 용천부, 거란과 교류), 영주도(당나라와 육로 교류), 압록도(당나라와 해상 교류), 일본도(동경 용원부, 일본과 교류)
(수) 2008

장보고, 청해진에서 해상왕국을 건설하다

선왕이 재위하면서 발해가 전성기를 누릴 무렵, 신라에는 해상왕국을 세우게 될 장보고가 출현했다. 장보고는 9세기에 한국뿐만이 아니라, 중국이나 일본에도 영향을 미친 국제적인 인물이었다.

《삼국사기》에 따르면 장보고는 섬 출신으로 원래 이름은 활을 잘 쏜다고 해서 궁복이다. 신라 사회는 골품제●가 엄격하여, 백제 유민이자 신분이 낮은 어부 출신 장보고에게는 출셋길이 막혀 있었다. 그래서 장보고는 20세를 전후해서 이민족에게도 기회를 부여하는 당나라로 건너가 무과에 합격하여 군인의 길로 들어섰고, 30세 무렵 황제의 친위군대였던 무령군 소장으로 진급했다.

당나라 중앙군이 818년부터 819년까지 산동성 일대를 50여 년간 장악했던 치청진 세력과 치열하게 전투를 벌일 때, 장보고는 무령군 군중소장으로서 3천 명의 병사를 거느리고 출전했다.

821년 무렵 무령군의 병력을 줄일 때, 장보고는 이민족 장군 출신●으로 승진과 성공의 보장이 없다고 판단해 군직을 버렸다. 이후 중국 동부 해안의 회남 절도추관과 감찰어사를 지낸 장보고는 중국의 동해안, 대운하, 양자강 유역을 돌아다니며 824년 무렵 상업 집단을 꾸린 것으로 추정된다. 《속일본기》에는 그가 824년에 일본을 방문했다는 기록이 보인다.

장보고는 당나라 해상 교역의 중심지였던 양주와 서주에서 근무했기 때문에 누구보다 상업의 중요성을 잘 알았다. 또한 전장을 누비면서 고국 동포들이 끌려와서 각지에 노예로 팔려나가는 참상을 목격한 뒤 바다를 평정하여 해상 교역의 주도권을 장악하겠다는 결심을 굳히고 드디어 귀국을 단행했다.

장보고는 우선 당나라 해상 교역의 중심지인 양주, 무령군 소재지인 서주, 월주의 대외 항구 영파, 산동성 위해(웨이하이)의 적산, 일본의 아스카(나라)와 규슈의 대재부, 발해 지역 등에 무역 근거지를 만들고 828년 신라에 귀국했다.

그리고 그해, 828년 신라 흥덕왕(826~836)에게 청해진 설치를 건의했다. 흥덕왕은 장보고에게 1만 군대를 모집하고 양성하는 특권과 함께 이제껏 신라에 없었던 대사라는 관직을 내리고 청해진의 전권을 맡겼다. ●

흥덕왕이 장보고에게 막강한 권한을 준 것은 쇠약한 왕권을 일으켜 세우려는 고육지책이었다. 자신의 형이자 선왕인 헌덕왕(809~826)이 재위하던 822년, 웅천(공주)의 호족으로 원성왕에게 밀려 왕위를 차지하지 못한 김주원의 아들 김헌창이 반란을 일으켰다.

김헌창은 이웃 무진주(광주), 완산주(전주), 청주(진주), 사벌주(상주), 중원경, 서원경, 금관경을 동조 세력으로 끌어들였다. 비록 반란은 실패했으나 이들 세력은 여전히 남았고, 825년 김헌창의 아들 김범문이 다시 반란을 일으켰다가 진압되었다. 이처럼 호족들의 연이은 이탈과 저항은 흥덕왕을 불안하게 만들었다.

흥덕왕 재위 당시에 조정 권력은 김명, 김제융, 김균정 등이 장악하고 있었다. 왕위를 노리는 호족과 진골 귀족에 둘러싸인 흥덕왕은 장보고를 친위 세력으로 끌어들여 왕권 안정을 추구하려 했다. 하지만 그는 끝내 후사를 정하지 못한 채 세상을 떠났다. 당시에는 후사가 없을 경우 상대등이 왕위를 계승하는 것이 관

● **장보고의 전략**
1) 새로운 무역 방식 : 사무역의 진흥
2) 거래 방식의 개발 : 중개 무역, 삼각 무역 개발
3) 거래 물품의 다양화 : 고부가 제품과 중저가의 다품종 조절
4) 거래선의 확대 : 청해진을 중심으로 동아시아 전역에 물류 기지 설치

례였다.

그런데 흥덕왕의 아우 김충공의 아들인 집사부 시중 김명이 방해 공작을 펴서, 상대등 김균정 대신 김헌정의 아들 김제융을 희강왕(836~838)으로 추대하고 실권을 장악했다. 하지만 자신을 도왔던 김명이 다시 반란을 일으키자 희강왕은 자살했다. 김명은 스스로 44대 민애왕(838~839)으로 즉위했다.

김균정의 아들 김우징은 아버지가 왕위 쟁탈전에서 패배한 뒤 장보고에게 의탁했다. 다시 반란이 일어나 민애왕이 즉위하자, 838년 2월 김우징은 무주 자사 김양과 함께 장보고의 군사를 빌려 반란을 성공시켰고, 스스로 신무왕(839)으로 즉위했다.

1등 공신 장보고는 신무왕이 장보고의 딸을 후비로 맞겠다는 약속과 함께 감의군사라는 관직을 받았다. 자력으로 신라 중앙 무대에 진입하여 확고한 세력 기반을 마련한 것이다. 이때부터 청해진은 신라의 운명을 좌우하는 핵심 권력이 되었다.

청해진, 신라의 마지막 불꽃

● **청해진의 3대 특전**
1) 청해진 대사라는 특별한 직책
2) 1만 군대의 징집권과 지휘권
3) 공무역과 사무역의 독점권

● **장보고와 청해진**
동아시아 해상 무역, 청해진 대사, 사무역 추진, 청자 도입, 선종 발전에 기여, 신무왕 옹립에 관여
(검) 2-5, (검) 7-4, (검) 6-초, (검) 3-4

장보고는 1만에 이르는 독자적인 군사력을 바탕으로 서남해안의 여러 해상 세력을 통합하고 교역품을 약탈하는 해적들을 소탕했다. 그리고 당나라, 신라, 발해, 일본, 동남아 지역 여러 국가들을 연결하는 해상 실크로드를 열어 동아시아 해상 무역을 장악했다.●

장보고는 청해진●을 자유무역항으로 만들었다. 그리고 사상

장보고의 청해진 본영이 있던 곳 | 동아시아의 바다를 지배한 해상왕 장보고의 청해진 본영이 있던 곳으로, 오늘날 완도의 장섬(장도)이다. 고려 태조 왕건의 해상 세력도 장보고의 후예에서 기원했다.

을 통일하고 항해의 안전을 기원하기 위해 법화 사상을 받아들여서 청해진, 적산, 제주도, 일본 등지에 법화사를 세워 교역의 전진기지로 삼았다. 이때 양주나 서주, 영파 등지에도 법화사가 있었을 것으로 추정된다.

장보고의 교역로는 서해 북부 연안항로, 서해 중부 횡단항로, 서해 남부 사단항로 등 3개의 노선이 있었고, 이들을 해상 실크로드라고 한다. 이 해상 실크로드는 요동 반도의 발해, 일본의 아스카(나라), 북중국의 적산, 남중국의 광주, 베트남의 하노이, 말레이 반도, 인도, 아랍으로 이어졌다.

무역선으로 국내 무역에서는 바닥이 평평한 평저선을, 해외무역에서는 바닥이 뾰족한 첨저선을 사용했다. 보통 배 한 척에는 150명 안팎의 선원이 탑승했는데, 이는 800년 뒤 아메리카 대륙으로 향했던 콜럼버스의 선박보다 큰 규모다.

주요 무역품으로 청자, 녹차, 비단, 금, 은, 동, 말, 모피, 서화, 견직물을 비롯해 인도와 아랍의 특산물인 상아, 단향목, 향수, 향신료 등이 있었다. 중앙정부와 지배층이 개입된 공무역뿐만 아니라 능력과 재력이 있는 개인이 하는 사무역도 행해졌으며, 당나라·신라·일본을 잇는 삼각 무역도 활성화되었다.

청해진의 성장은 골품제에 기대어 권력을 장악한 신라 중앙 귀족을 긴장시켰다. 독자적인 군사력과 막강한 경제력을 지닌 장보고는 모든 해상을 책임지는 진해장군이 되었다. 만약 그가 문성왕(839~857)의 장인이 된다면 골품제의 근간이 무너질 지경이었다. 846년 중앙 귀족들은 장보고의 친위 세력인 동시에 정적이었던 염장을 회유해 장보고를 암살하게 했다.

그 뒤에도 청해진은 염장에 의해 10여 년 동안 유지되었지만, 장보고의 파격적인 운영 방식과 지도력을 따를 수는 없었다. 결

청해진 유적
성곽과 건물을 보수하여 오늘날의 모습으로 재현시켰으며, 청해진 본영인 장섬과 건너편 장좌리 사이에는 청해진 당시의 모습에 걸맞은 다리를 설치했다.

국 염장은 배신을 당해 숙청되고 청해진은 역사의 무대에서 사라졌다.

그렇지만 장보고가 오랫동안 공들여 조직한 서남해안과 중국 동해안의 해상 세력을 연결하는 교역망은 무너지지 않았다. 장보고의 세력 일부는 내지로 끌려가 벽골제라는 저수지를 보수하는 데 동원되었다. 나머지는 서남해의 해적이 되거나, 강화만, 서산만, 군산, 목포, 강주(진주) 등지로 흩어져서 토착 세력에 흘러들어 해상 교역을 전담하면서 명맥을 유지했다.

그리고 반세기가 지난 뒤 이들은 왕건의 해상 세력으로 화려하게 부활하여 고려 개국의 원동력이 되었다. 그렇기 때문에 장보고의 청해진은 실패의 역사가 아니라 고려라는 새로운 꿈으로 부활한 승리의 역사라 할 수 있다.

남북국 시대 10대 사건

	후기 신라(676~935)		발해(698~926)	
	연대	사건	연대	사건
①	676년	문무왕, 나당 전쟁 승리	698년	대조영, 동모산에 발해 건국
②	682년	신문왕, 감은사 축조	713년	발해와 당나라, 외교 관계 수립
③	711년	성덕왕, 백관잠을 배포	727년	발해, 일본에 사신 파견
④	751년	김대성이 불국사 창건	732년	발해가 당나라의 등주 공격
⑤	780년	혜공왕 피살, 무열왕계 단절	742년	중경 현덕부로 천도
⑥	828년	장보고, 청해진 설치(828~846)	755년	상경 용천부로 천도
⑦	892년	견훤, 후백제 건국	818년	선왕, 발해의 해동성국을 이룸
⑧	901년	궁예, 후고구려 건국	833년	함화 4년명 불비상의 제작
⑨	918년	왕건, 고려 건국	907년	발해와 거란의 20년 전쟁
⑩	935년	신라, 고려에 귀부	926년	거란의 공격으로 발해 멸망

혜초가 험난한 길을 따라 인도에 가고 여행기를 남긴 이유는 무엇일까?

신라의 혜초(704~787)가 태어나 활동하던 8세기 중반은 당나라를 중심으로 신라·발해·일본 모두가 유교식 율령 체제를 받아들이는 한편, 불교를 사회 통합의 이념으로 받아들였다. 그 결과 이 시기 각국의 동질성은 어느 때보다 강했다. 각국은 활발하게 정치·외교·교역을 전개했고, 동아시아는 모처럼 안정기에 들어섰다. 그래서 많은 승려들은 사회적 문제를 넘어 인간 자신의 문제를 탐구하는 구도의 길을 추구했다.

당시 대승 불교의 경전이나 교학은 당나라에서 충분히 배울 수 있었지만, 인간이 갖는 육체적 고통과 의식의 한계를 극복하려는 밀교는 여전히 인도가 뿌리이자 중심이었다.

혜초는 중국에 있던 밀교 승려이자 스승 금강지의 권유를 받아 인도로 향했다. 그는 723년 배를 타고 《불국기》를 남긴 법현의 행로를 역으로 거슬러 인도로 가서 여러 곳을 둘러보고, 727년경 육로 실크로드를 따라 안서도호부로 귀환했다. 그 뒤 혜초는 구도의 여행을 떠나는 후학을 위해 인도 여행기 《왕오천축국전》을 남겼던 것이다.

그로부터 1천 년이 훨씬 지난 1908년 돈황 막고굴의 17호굴 장경동에서 프랑스 인 펠리오가 9장을 이어 붙인 227행 6천여 자의 두루마리 기록을 발견하고, 그것이 혜초의 《왕오천축국전》을 요약한 필사본이란 사실을 밝혀냈다.

이로써 법현의 《불국기》(육로-해로), 현장의 《대당서역기》(육로-육로), 일본 엔닌(원인)의 《입당구법순례행기》(해로-해로)와 더불어 동아시아 4대 기행서로 꼽히는 《왕오천축국전》(해로-육로)이 세상에 빛을 보게 되었다.

논술 생각나무 키우기

삼국의 유민으로 당나라에서 활동한 고선지, 이정기,
장보고의 역사적 의의를 비교해보자.

Point 1 고구려, 백제 등 삼국의 유민 가운데 이웃의 당나라나 돌궐로 들
어가 출세한 사람 또는 신라나 왜로 망명하여 활약한 사람들이
누가 있었는지 조사해보자.

Point 2 그중에서 고선지, 이정기, 장보고가 각각 어떻게 성장했고, 어떤
역사적인 활동을 했는지 알아보자. 그리고 그 과정에서 이들의
고민이 무엇이었는지도 살펴보자.

Point 3 자신만의 역사 평가의 기준을 세우자. 유민들의 삶을 위해 노력
을 했는지, 자신의 출세를 우선했는지, 조국에 어떠한 도움을 주
었는지 등에 대해 살펴보고, 자신의 기준에 따라 평가해보자.

공부를 더 하고 싶다면

✎《혜초》(김탁환 지음, 민음사)
실크로드에 일 년 동안 머물며 그곳에서 만난 역사 속 혜초의 발자취를 소설에 담았다. 혜
초가 남긴 여행기 《왕오천축국전》의 내용이 소설 속의 인물, 시간, 공간, 여러 풍물과 만나
구도자이자 한 인간의 고뇌를 짊어진 혜초의 꿈과 이상을 그려냈다.

✎《중국 속 고구려 왕국 제》(지배선 지음, 더불어책)
고구려와 백제 유민들 중 이국 땅에서 성공한 사례는 많지만, 대부분 조국을 버린 배신의
삶이었다. 이런 측면에서 산동성의 치청진을 55년 동안 지배하며 제나라 왕국을 세운 고구
려 유민 이정기와 그의 후손들의 삶은 한국사의 연장선상에서 재조명할 필요가 있다.

✎《천 년 전의 글로벌 CEO 해상왕 장보고》(한창수 지음, 삼성경제연구소)
위인전 식이나 역사적 관점에서만 바라보던 기존의 시각과는 다른 장보고를 그리고 있는
책. 해상 경영과 교역이란 측면에서 동아시아의 바다를 정복하고 새로운 무역 세계를 창조
한 경영자로서 장보고의 면모를 볼 수 있다.

3 후삼국 시대의 개막

한 줄로 읽는 우리 역사

신라 말기에 호족 세력이 불교 선종을 받아들이고 지방에서 독립하였다. 최치원은 진성여왕에게 〈시무
10여책〉을 올렸으나 거부되었다. 발해는 서북방에서 일어난 거란족의 공격으로 멸망의 위기에 몰렸고,
신라는 892년에 이르러 후삼국으로 분열되었다.

장보고가 건설한 청해진은 신라가 극심한 내란과 분열을 극복하고 다시 7
세기 무렵의 영광을 재현할 수 있는 마지막 기회였다. 하지만 신라는 시대 흐름
을 읽지 못하고 청해진을 해산시켜 결국 멸망의 길에 접어들었다. 장보고의 청해
진이 역사의 무대에서 사라진 시기는 신라 하대가 분열과 내분으로 멸망에 이르
는 분기점이었다.

7세기 말 문무왕의 삼국 통일, 8세기 초반 성덕왕의 불국토 사상은 건강
하고 활기찬 신라의 이상이자 꿈이었다. 하지만 8세기 말 혜공왕이

경주 안압지 | 신라 후기의 궁성인 임해전으로 신선들이 거주하는 선경(仙境)을 상징화했다.
14면 주사위와 청동 가위 등이 출토되었고, 진성여왕과 김위홍의 사랑이 깃든 곳이기도 하다.

암살당한 이후● 통일의 정통성을 지닌 무열왕계 왕통이 끊겼다. 내물왕계가 들어서면서 진골 귀족들이 벌인 치열한 권력 투쟁은 통일신라를 한낱 경주 귀족들의 나라로 전락시켰다.

고구려·백제·가야 유민의 후손들은 신라 귀족이 골품제를 앞세워 모든 권력을 독점하는 불평등에 좌절했고, 신라 출신에 비해 지위·승진·부임지에 차별을 두는 관등제의 장벽에 막혔다. 그리고 모든 정치·경제·군사·종교 권력이 경주로 결집하면서 소외감으로 주저앉았다.

결국 동남쪽에 치우친 경주가 여전히 신라의 수도로 있고 골품제가 유지되며 차별적 관등제가 해소되지 않는 이상, 통일신라는 삼국을 포용하지 못하고 억압하는 체제였다. 이제 신라의 멸망은 눈앞에 닥친 현실의 문제가 되었다.

● **신라 말기의 주요 사회 변화**
1) 몰락한 농민들이 초적이 되어 중앙정부에 반기
2) 지역 호족·군주들이 독립적인 세력으로 성장
3) 6두품 귀족들이 지역 호족에게 의탁
4) 새로운 세상을 원하는 미륵 사상의 유행
5) 지역 호족과 결탁한 불교 선종 사상의 전파

호족, 후삼국의 신호탄

신라 사회를 해체시키고 새로운 사회로 이끈 사상의 중심에는 선종이 있었다. 모든 사람이 마음속 불성을 깨치면 부처가 될 수 있다는 아즉불(我卽佛) 사상은 선종의 궁극적인 깨달음의 실체이다. 이는 누구든 부처가 될 수 있으며, 왕과 백성은 본래 평등하다는 이념을 바탕으로 한다. 따라서 선종은 본질적으로 혁명사상을 품고 있다.

당시 신라 사회를 이끈 화엄종 중심의 교종 불교는 왕이 곧 부처라는 왕즉불(王卽佛) 이념과 함께, 국가와 불교를 일체화해야

영월 흥녕사 징효국사 부도탑
영월 사자산문의 도윤에게 법통을 이은 징효국사 절중(826~900)의 부도탑으로 흥녕사(법흥사) 경내에 있다. 궁예가 출가한 세달사의 기록이 징효국사 탑비에 나타난다.

불국토가 이루어진다고 선전했다. 하지만 실제로는 백성을 고통에서 구해내고 평등한 사회를 이루려는 해방의 성격을 외면하고, 거대한 불교 공사나 경전 낭송에 빠져들었다.

한편 새로운 불교 사상을 배우고자 당나라와 인도로 구도 여행을 떠난 고승들은 남중국에서 유행하던 선종을 들여왔고, 경주에서 벗어난 지역에 산문을 세워 호족과 연합한 새로운 불교 운동을 일으켰다. 이들이 형성한 아홉 개의 승려 집단을 '구산선문'이라고 한다.

한편 신라 조정이 내분으로 쇠약해지자 각 지역에서 실력을 키운 호족 세력이 중앙 정부를 벗어나 독자적인 세력을 구축하기 시작했다. 이들은 군권과 행정을 장악한 장군으로 군림했고, 지역 백성을 지켜주는 성주이자 새로운 세상을 열어줄 구세주로 인식되었다. 구산선문을 일으킨 선종이 대중의 지지를 받자, 호족들은 앞다투어 선종 승려를 초빙하여 사찰을 세우고 백성들을 끌어들였다.

다양한 출신의 인물들이 지방 호족으로 등장했다. 상인 출신(왕륭(용건), 유천궁, 오다련, 박술희와 복지겸, 봉규)과 해적 출신(박영규와 김총, 능창)이 있었고, 중앙 정계에서 소외되어 호족이 된 인물(김순식, 김헌창)도 있었다.

또 하급 군인(견훤), 초적 또는 산적(기훤, 양길, 함규), 승려(궁

● **신라의 9세기 말**
녹읍의 부활로 진골 귀족 강화, 과중한 수취로 농민 반란 빈번, 최치원 〈시무 10여책〉 건의, 견훤과 궁예 등의 지방 점거, 지역에서 호족들이 성주 또는 장군을 호칭함
(수) 2003, (검) 2-4, (검) 2-4, (검) 5-고, (검) 3-4

예), 지방의 실무 행정을 맡은 촌주(선필, 홍술, 삼태사) 출신의 호족도 있었다.●

진성여왕 시기에 지방 각지에서 호족이 일어나고 있는데도 중앙정부는 여전히 권력 투쟁에 몰두하고 있었다. 비판적 지식인들은 신라의 위기와 진단을 놓고 치열하게 논쟁했다.

왕거인은 신라의 수도 경주에 정부를 비판하는 대자보를 붙여 위기를 경고하기도 했다. 왕거인처럼 신라 사회를 비판하고 개혁하려는 이상을 지닌 대표적인 사람으로 당나라에 유학 가서 문필가로 이름을 날린, 이른바 3최라고 불리는 최언위, 최승우, 최치원●●●을 들 수 있다.

그렇지만 신라 사회는 비판을 받아들일 수 있는 분위기가 아니었다. 결국 최승우는 견훤의 삼고초려를 받아들여 후백제를 세우는 데 참여했고, 최언위는 왕건의 초청을 받아들여 고려를 세우는 일에 가담했다.

신라 6부 출신이자 신라 백성으로 남고자 고뇌했던 최치원은 진성여왕에게 〈시무 10여책〉 등 개혁 정책을 건의했지만 받아들여지지 않았고, 결국 가야산에 은거하여 세상과 인연을 끊었다. 최치원은 현실을 도피하려는 천년 왕국 신라의 지식인들을 상징하는 인물이라 할 수 있다.

●● **최치원**
6두품 귀족, 당나라 빈공과 합격, 〈화왕계〉 지음, 〈토황소격문〉 작성, 진성여왕에게 〈시무 10여책〉 제시, 골품제 사회에 비판적 입장
(검) 7-4, (검) 6-4

● **최치원이 지은
〈추야우중(秋夜雨中)〉**

秋風唯苦吟 (추풍유고음)
世路少知音 (세로소지음)
窓外三更雨 (창외삼경우)
燈前萬里心 (등전만리심)

가을 바람에 애써 노래해도
세상에 내 마음에 아는 이 없어
창밖에는 밤늦도록 비 내리고
등불 앞에서 나는 고향 그리네

강진 무위사 선각대사 부도비
장흥 가지산문의 체징에게 법통을 이은 선각대사 형미(864∼917)의 부도비로 강진 무위사에 있다. 선각대사는 태조 왕건의 군법사였는데 궁예의 종교 정책에 반대했다가 궁예에게 죽임을 당했다.

견훤, 완산주에서 후백제를 세우다

후삼국 역사에서 처음으로 두각을 나타낸 인물은 견훤(진훤, 867~936)이다. 《삼국사기》에 따르면 견훤은 상주를 기반으로 한 호족 아자개의 아들이다.

견훤이 아이일 때 범이 나타나 젖을 물리니 사람들이 신기하게 여겼다고 한다. 성은 이(李) 씨였는데 후일에 견(甄) 씨로 바꾸었다. 《삼국유사》에는 견훤이 광주 북촌에 사는 여인과 지렁이 사이에서 태어났다는 설화가 전해진다. 이것은 견훤이 보통 사람과 다른 것을 보여주는 영웅 설화라고 할 수 있다.

견훤은 무예가 뛰어나고 통솔력이 있어 청년 시절에 경주에서 근무했다. 890년 무렵 오늘날 순천 지역의 해적을 토벌하는 비장으로 갔다가, 그곳의 해상 세력 박영규와 김총을 끌어들여 서남해의 강자로 성장했다.

892년 자신을 따르는 5천 명의 세력을 바탕으로 무진주(광주)에서 독립하여 완산주(전주), 무주, 공주를 관할하는 전주 자사를 자칭했다. 이는 먼저 신라의 관리를 표방하면서 주변을 차례대로 장악하기 위해서였다. 이때 견훤의 나이는 25세였다.

견훤은 북원의 양길에게 관직을 내리고 압해도의 능창을 부하로 삼았다. 그리고 당나라에서 영암으로 귀국한 최승우를 찾아가 삼고초려 끝에 책사로 받아들였다. 그리고 900년

상주 견훤산성
아자개와 견훤의 역사가 숨 쉬고 있는 산성이다. 견훤은 이곳에서 세력을 키운 뒤 강주(진주)에서 세력을 모으고 무진주(광주)에서 독립하여 완산주(전주)에서 후백제를 건국했다.

드디어 완산주를 도읍으로 삼고 후백제●를 세웠다.

견훤은 전주 시내의 평지에 토성을 쌓아 백성을 머물게 하고, 동고산에는 전주성을 쌓고 산 중턱에 대규모 궁궐과 전각을 세워 외적의 침입에 대비했다.

후백제는 901년 섬진강과 낙동강 유역으로 진출하여 신라 대야성을 공격했다. 비록 함락시키지는 못했으나, 낙동강 서쪽 지역은 대부분 후백제 영역이 되었다.

후백제는 곧이어 공주 지역도 차지하여 남부 지역의 패권을 장악했다. 아울러 남중국 오월과 북쪽 거란에도 사신을 보내 후고구려를 견제했다. 후삼국 초기에는 후백제가 통일의 주역이 될 듯 보였다.

● 견훤의 후백제는 황제국인가?
후백제는 독자적인 연호를 사용한 황제국을 지향했다. 남원 실상사의 편운화상 부도에 새겨진 정개를 통해 견훤이 연호(901~910)를 사용한 사실을 확인할 수 있다.

궁예, 철원에서 후고구려를 세우다

철원 도피안사의 비로자나불은 서기 9세기 후반 철원을 지배한 호족과 지역 농민들이 새로운 세상을 갈망하며 만든 철불이다. 철불 뒷면에 새겨진 명문에 따르면 당시 수많은 농민들은 현실을 지옥이자 불법이 땅에 떨어진 말세라고 생각하고 새 나라, 새 세상이 오기를 기다렸다.

이들의 바람을 가장 극명하게 보여준 역사 인물이 궁예이다. 《삼국사기》에 따르면 궁예는 신라 사람으로 아버지가 헌안왕 또는 경문왕이라 한다. 반면 순천 김씨와 광산 이씨 족보에는 장보고의 도움으로 왕위에 오른 신무왕의 다섯째아들로 전해진다.

도피안사 비로자나불
나말려초의 난세에 현세의 괴로움을 이기고 내세의 평안을 빌고자 호족과 농민들이 조성한 철불이다. 이들의 기원이 애꾸눈 대왕인 궁예로 환생한 것이 아닐까.

궁예는 태양의 기운이 가장 왕성하다는 5월 5일에 태어났다. 그가 태어날 때 지붕 위에 긴 무지개 같은 흰빛이 하늘까지 닿았으며, 이미 이가 나 있었다고 한다. 역시 영웅의 탄생을 신격화하는 이야기다.

궁궐에서 천문을 관측하는 일관이 5월 5일에 태어난 아이는 국가에 이롭지 못할 것이라고 고하자, 임금이 그를 죽이려고 했다. 그때 하녀가 아래층에서 아이를 받다 잘못해서 눈을 찔러 궁예는 한쪽 눈을 잃었다.

궁예는 열 살 무렵 황해도 개풍이나 강원도 영월에 있었다고 추측되는 세달사로 들어가 승려가 되었고, 선종(善宗)이란 법명을 얻었다. 그리고 어느 날 하늘을 날던 까마귀가 왕(王) 자가 새겨진 상아로 만든 산대를 떨어뜨리는 것을 보고 임금이 되기로 마음먹었다.

891년 도적이 들끓어 절이 침탈을 당하자 세상에 나갈 때라고

안성 죽주산성 | 신라 말 죽주(안성)에 자리 잡은 호족 기훤의 본거지이다. 궁예는 한때 이곳에 의탁했다가 북원의 양길에게 귀부했다. 인재를 알아보지 못한 기훤의 미래를 보는 듯하다.

판단한 궁예는 세달사의 동료인 종간, 은부와 함께 죽주의 기훤에게 의탁했다. 하지만 기훤은 궁예의 그릇을 알아보지 못했다.

원대한 꿈을 지닌 궁예는 892년 기훤의 부하였던 원회, 신회를 이끌고 북원(원주)과 국원(충주)의 호족 양길에게 의탁했다. 양길과의 만남은 궁예의 인생에서 극적인 전환점을 마련하는 계기가 되었다.

양길의 신임을 얻은 궁예는 그해 10월부터 치악산 석남사에 머물며 남한강과 강원도 공략에 나서 주천, 나성(영월), 울오(평창), 어진(울진)을 점령했다. 궁예는 흥녕사에 불을 지르고 상주 부석사에서는 신라왕의 초상화를 보고 단칼에 베어버렸다. 그는 이미 천년 왕국 신라를 넘는 새로운 이상 국가를 세우고자 다짐하고 있었다. 그래서 훗날 신라를 없애버려야 할 나라라는 뜻으로 멸도(滅都)라고 불렀다.

894년 궁예는 600여 명의 군대를 이끌고 백두대간을 넘어 명주(강릉)에 입성했다. 명주의 호족 김순식은 전임 성주이자 승려인 아버지 허월에게 궁예의 인품과 능력에 대해 전해 듣고, 스스로 성문을 열어 궁예에게 항복했다.

궁예는 이때 비로소 양길에게서 벗어나 명주를 기반으로 독립했다. 그는 자신을 장군이라 호칭하며 3천 500명을 지휘하는 세력으로 급성장했다. 드디어 궁예의 시대가 열린 것이다.

궁예는 895년부터 종간, 은부, 원회, 신훤, 금대, 검모, 흔장, 귀평, 장일 등의 참모들을 이끌고 북쪽으로 진군하여 저족(인제), 생천(화천), 부약(김화), 금성, 철원을 점령했고, 철원을 근거지로 삼았다. 궁예가 철원을 선택한 이유는 중부 내륙에서 한 나라를 경영할 수 있는 넓은 농경지가 있고, 내륙 교통의 중심에 위치하

철원 궁예도성 터 | 한반도 중부의 평야에 자리 잡은 후고구려의 도성은 궁예의 포부와 배포를 느끼게 한다. 지금은 남북 분단선에 의해 두동강이 난 채 잡초 속에서 옛날의 영광을 간직하고 있다.

궁예 정부의 국호와 연호

국호	고려(후고구려)	마진(摩震)		태봉(泰封)	
연호	?	무태(武泰)	성책(聖册)	수덕만세(水德萬歲)	정개(政開)
시기	901~903년	904~905년	905~910년	911~914년	914~918년

며, 주변의 도전이 쉽지 않은 지역이기 때문이다.

궁예 세력이 중부 지역을 점령하자, 오늘날 황해도 지역의 평산, 신천, 정주, 황주, 평주 등에 자리 잡은 고구려 해상 세력이 스스로 항복했다. 또 이듬해 896년에는 고구려계 가운데 가장 막강한 세력을 지닌 송악(개성)의 호족 왕륭이 개주, 정주, 염주, 백주, 강화, 교동, 하음 등의 세력을 이끌고 궁예●에게 투항했다.

궁예는 왕륭을 금성 태수로 제수하고 그의 아들 왕건을 송악성주로 삼아 발어참성을 쌓게 했다. 같은 해에 궁예는 드디어 왕을 칭하고 백관을 설치했다. 하지만 국가의 선포는 미루고 있었다. 한강 중류와 상류를 차지하고 있는 양길과 기훤 세력이 건재했기 때문이다.

● **궁예 정부의 자주성**
1) 독특한 국호
2) 연호의 제정
3) 특유의 관직명

궁예는 897년 철원에서 송악으로 도읍을 옮기고 한강 유역을 장악한 양길 세력을 공격했다. 899년 7월 양근(양평)의 비뢰성에서 궁예는 양길과 기훤 연합군을 격파하고 한강 유역을 장악했다. 900년 10월 궁예에게 적대적이었던 청주(청천)와 괴산의 호족 청길, 신훤이 항복했다.

이로써 궁예는 중부권의 패자가 되었다. 견훤이 900년에 후백제 건국을 정식으로 선포하자, 궁예도 901년에 송악에서 공식적으로 왕을 칭하고 국호를 고려(후고구려)라 했다. 드디어 한반도에 후삼국 시대가 열린 것이다.

후백제와 후고구려의 통일 전쟁

901년부터 후백제와 후고구려는 통일을 위한 전쟁에 돌입했다. 주요 전투 지역은 오늘날 충청남도의 웅천(공주), 충청북도의 국원(충주), 낙동강 유역의 강주(진주), 서남해의 금성(나주)이었다.

궁예가 선제 공격을 했다. 그는 903년 왕건을 시켜 금성을 기습 점령했다. 견훤이 패배한 이유는 이 지역 호족 오다련 등이 왕건에게 투항했기 때문이다.

904년 소백산 지역 상주의 30여 현이 궁예에게 투항했으며, 공주의 장군 홍기도 항복했다. 궁예는 자신감에 넘쳐 도읍을 다시 철원으로 옮겼다.

909년 왕건이 지휘하는 수군은 오월국으로 가는 후백제 선박을 사로잡아 후백제를 국제 무대에서 고립시켰다. 6월에는 남해로 들어가는 길목인 진도와 오이도를 점령했다. 견훤은 910년 나주성을 공략했으나 실패했고, 912년에는 수군을 이끌고 목포에 이르렀으나 덕진포(영암)에서 왕건에게 참패했다. 궁예는 중부권과 서남해를 장악한 것이다. 하지만 이때부터 궁예와 후고구려의 꿈을 함께 꾸던 패서(황해도) 지역 고구려계가 그에게 등을 돌리고 송악의 고구려계 왕건에게 기울기 시작했다.

한편 두 나라는 915년 금성에서 다시 맞붙었다. 이때 견훤의 측근 능창이 사로잡혀 궁예에게 처형당했다. 이 일로 해상 주도권은 완전히 궁예에게 넘어갔다. 이때까지만 보면 후삼국 통일의 공은 궁예에게 돌아갈 듯했다. 하지만 실제 전투를 승리로 이끈 막후의 주인공은 왕건이었다. 왕건은 금성 지역 호족인 오다

련의 딸을 부인으로 맞아 서남해 해상 세력을 확고한 지지 기반

으로 삼았고, 후삼국 시대의 판도를 바꾸는 계기를 마련했다.

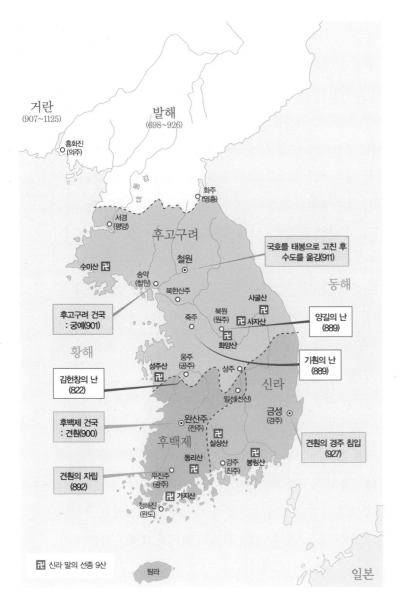

◀ 후삼국 정세도
통합은 분열을 낳고 분열은 다시 통일을 이루는 것이 역사의 섭리이다. 신라는 후백제, 후고구려로 분열되었고 발해는 철륵, 실위, 해족 등이 이탈해 결국 거란에게 망했다. 이후 한국사는 한반도의 고려와 북방의 요, 금, 청으로 분리되었다.

후기 신라가 후삼국으로 분열된 이유는?

신라는 삼국을 통일한 직후 전국에 5소경을 두어 지방의 통치에 관심을 기울이고, 지방 군사 조직인 9서당에 유민들을 참가시키는 등 삼국의 유민을 포용하기 위한 여러 제도적인 조치를 취했다.

그러나 780년 혜공왕이 죽고 무열왕 계통의 왕위가 단절된 이후, 중앙에서 진골 귀족들의 왕위 쟁탈전이 벌어졌고, 지방에서는 귀족들의 백성에 대한 수탈이 가중되었다. 결국 통합과 포용의 이상을 추구하던 삼국 통일의 도덕적 명분이 무너지고, 신라는 후삼국으로 분열되었다. 그렇다면 통일신라를 분열시킨 요인은 무엇이었을까?

우선 골품제를 들 수 있다. 이는 능력과 노력이 아닌 혈통으로 신분이 결정되는 신분 제도였다. 소수의 진골 귀족들이 권력을 독점하고 다른 귀족 세력과 망국 백성을 차별했다. 결국 귀족층인 6두품, 5두품이 이탈하고, 망국 백성은 신라에 정을 붙일 수 없게 되었다.

또한 골품제에 따라 관직을 정하는 관등제도 한 요인이다. 진골 귀족은 경주나 5소경 등 주요 도시에 근무하고, 6두품 이하 귀족이나 망국민 출신은 경주의 외곽이나 한직을 맡는 등 차별이 심했다. 이는 지역의 균등한 발전을 저해하고 다양한 인재 등용의 창구를 막는 결과를 가져왔다.

끝으로 수도인 금성(경주)이 국토의 동남쪽에 치우쳐 있어 통합의 구심체 역할을 하지 못했다. 모든 정치, 경제, 사회, 문화의 권력과 혜택이 경주에 집중되면서 망국의 백성이 주로 사는 지역은 소외되었다. 9세기 후반에 들어 신라의 통합 정책은 실패로 끝나고, 6두품과 지역 호족, 선종 승려들이 주도하는 사회 변혁이 일어나서 신라는 결국 후삼국으로 나뉘게 되었다.

논술 생각나무 키우기

불교의 선종은 어떤 사상이며, 어떻게 사회 변혁을 이끌 수 있었을까?

Point 1 불교가 널리 받아들여진 요인은 전쟁, 가난, 고통이 없는 불국토에 대한 희망 때문이었다. 9세기의 동아시아가 불국토의 이상을 얼마나 실현했는지 생각해보자.

Point 2 사회 통일 사상으로서 화엄종과 개인의 깨달음을 추구하는 선종을 비교해보고, 선종의 어떤 점이 사회 변혁의 요소가 되었는지 생각해보자.

Point 3 신라 말에 호족과 선종 사상이 어떤 과정을 거쳐 결합되었는지 살펴보고, 당시 백성들이 원하던 세상은 무엇인지 알아보자.

공부를 더 하고 싶다면

✎《발해제국사》(서병국 지음, 서해문집)
통사 형식에서 벗어나 발해에 관한 34개의 주제를 쉬운 문체로 그려낸다. 순서대로 읽지 않아도 될 만큼 주제별 내용이 독립적으로 구성되었다. 주제를 따라 읽다보면 발해가 왜 고구려를 계승한 나라인지 알 수 있다.

✎《10세기 인물 열전》(부경역사연구소 지음, 푸른역사)
발해와 후삼국이 각축을 벌이던 10세기에 활동한 진감선사, 대광현, 양길, 궁예, 최응, 무염대사, 능창 등 22인의 삶과 꿈을 조명한다. 한국 인물사의 공백기였던 후삼국 시대의 인물들을 통해 그 시기를 엿볼 수 있는 보기 드문 인물 열전이다.

✎《궁예 진훤 왕건과 열정의 시대》(이도학 지음, 김영사)
백성의 고통이 가장 극심하고 사회가 혼란스러웠던 10세기 초, 발해와 후삼국이 공존하던 격변의 시대에 세상을 구하겠다는 견훤, 궁예, 왕건과 같은 영웅들의 무용담을 역사가의 날카로운 비판의 칼날로 분석하고 풀어낸다.

고려와 후백제의 통일 전쟁

한 줄로 읽는 우리 역사

후고구려 궁예 정권이 무너지고 왕건이 세운 고려는 견훤의 후백제와 통일 전쟁의 주도권을 놓고 치열하게 다투었다. 926년에 발해가 거란에게 망하고, 935년에 신라는 고려에 항복했다. 이듬해 고려는 후백제를 누르고 후삼국 통일의 주역이 되었다.

견훤과 궁예가 주도하던 제1기 후삼국 시대는 918년 전환기를 맞이했다. 새로운 이상 사회를 만들고자 했던 궁예가 고구려계의 반란으로 왕위에서 쫓겨나고, 송악(개성)의 해상 세력이었던 왕건이 고려를 세웠기 때문이다.

제2기 후삼국 시대는 견훤의 후백제와 왕건의 고려가 주도했다. 후백제와 고려는 앞다투어 천년 왕국 신라를 흡수하여 정통성을 차지하려고 했다. 한편 북방

신라 최후의 현장 포석정
포석정은 본래 조상신과 영웅신에게 제사 지내는 포석사였다. 경애왕은 견훤이 신라를 침공하자 조상신에게 술을 따르고 춤을 추며 외적을 물리쳐주기를 기원했던 것이다.

의 새로운 강자로 등장한 거란은 발해를 멸망시키고 고구려 땅을 차지하여 북방의 맹주가 되고자 했다.•

● 후삼국 시대의 정세
고려와 후백제 경쟁, 후백제와 신라 적대적, 고려와 신라 친선 관계
(검) 1-3, (검) 1-4, (검) 2-6, (검) 7-4, (검) 5-고

서해의 고구려계 해상 세력, 왕건•

태조 왕건은 송악에 뿌리를 내린 해상 무역 집단의 후손이다. 멀리 거슬러 올라가보면 장보고의 무역선단과 깊은 관계가 있다. 왕건의 조상들은 이 개성의 해상 세력을 외가나 처가로 삼아 성장한 대표적인 해상 토호로서, 서해의 해상 무역을 관장하는 호족이었다.

왕건 탄생 설화에 따르면 그의 할아버지 작제건은 어려서부터 서예와 활쏘기에 능했다. 그가 열여섯 살 때에 아버지를 찾아 서해로 나갔다가 풍랑을 만났는데, 뱃사람들이 점을 치니 고려인을 바다에 버리면 풍랑이 멎을 것이라 했다. 그래서 작제건이 활과 화살을 갖고 바다 가운데 있는 바위에 내리자 안개가 걷히고 서해 용왕이란 노인이 나타나 날마다 늙은 여우가 소란을 피우니 죽여달라고 했다. 작제건이 화살로 여우를 죽이니 서해 용왕은 장녀 저민의를 아내로 삼게 했다. 작제건은 영안성을 기반으로 4주(개주·정주·염주·백주)와 3현(강화·교동·하음)을 거느리고 서해 용녀 사이에 네 아들을 두었다.

작제건의 큰 아들이자 왕건의 부친인 용건(왕륭)은 작제건에 이어 송악군의 성주가 되었다. 그는 어느 날 꿈에서 본 여인을 길에서 만나 부인으로 맞고 몽부인이라 불렀다.

왕건의 가계
1대 : 성골장군 호경
2대 : 강충(호경의 아들)
3대 : 보육(강충의 2자)
4대 : 진의(보육의 2녀)
5대 : 작제건(진의의 아들)
6대 : 용건(작제건의 아들)
7대 : 왕건(용건의 아들)

876년 송악의 산세를 보던 도선국사가 용건의 집 앞을 지나다가 검은 기장을 심을 땅에 어찌 삼을 심느냐고 말했다. 이를 듣고 용건은 그를 모셔와 가르침을 청했다. 도선은 집터를 잡아주고 36칸의 저택을 지으면 이듬해 아들이 태어나니 이름을 왕건으로 지으라고 말했다. 그 뒤 몽부인에게 태기가 나타났고, 이듬해 왕건을 낳았다. 용건은 896년 궁예에게 항복하여 금성 태수가 되었으며, 897년 세상을 떠났다.

태조 왕건을 만든 사람들

왕건 가문의 조상 이야기에는 백두산·호랑이·활이 등장하는 고구려적 요소, 성골·소변·옷을 꿰매는 상징이 나타나는 신라적 요소, 용녀와 인연을 맺고 칠보와 재산을 늘리는 사건에서 백제계 해상 세력의 전승임을 짐작할 수 있다. 이것은 궁극적으로 삼국 융합을 위한 포석으로 고려 왕실이 만들어낸 설화임을 말해준다.

설화를 해석해보면 왕건 집안은 백두산 지역에 살던 고구려계로, 송악으로 내려와 토착에 성공했다. 그 뒤 해상 세력으로 기반을 다지고 패서진(예성강 서쪽)의 호족으로서 신라 백성이 되었다가, 작제건 시기에 드디어 서해안 해상 무역을 주도하는 호족으로 성장했다.

왕건을 고려 태조로 만든 첫 번째 인물은 아버지 용건이다. 용건은 896년 궁예에게 의탁하여 패서 지역의 유력한 호족 지위를 유지했으며, 어린 왕건은 이때 아버지의 추천과 지원으로 궁예의 장군이 되어 송악을 벗어나 후삼국을 주도하는 역사적인 인물로 성장한다.

왕건을 고려 태조로 만드는 데 두 번째 디딤돌이 된 인물은 도선국사[*]이다. 왕건은 열일곱 살에 도선을 스승으로 모시고 세상의 이치·국제 정세·군대 지휘·병법과 풍수 등을 배웠으며, 무엇보다 혼란한 시대를 이끌던 구산선문의 여러 고승들과 만날수 있었다. 도선이 왕건과 고승들의 만남에 징검다리를 놓아준 것이다. 왕건이 후삼국 민중들에게 광범위한 지지를 얻는 바탕에는 이 선종의 고승들이 있었다.

왕건은 고려를 개국하기 직전까지 궁예와 그 측근들에 의해 몇 차례나 숙청 위기를 맞았다. 그러나 패서진과 서남해(영산강)의 해상 세력을 바탕으로 위기를 극복할 수 있었다. 왕건이 패서진 정주의 호족 유천궁의 딸과 서남해 금성의 호족 오다련의 딸을 아내로 맞이한 것도 해상 세력의 지지를 얻기위해서였다.

왕건은 궁예의 명을 받아 903년에 후백제의 배후인 서남해 제해권을 장악하고자 금성(현재 나주)을 점령했고, 914년에는 자진해서 금성으로 피신하여 궁예의 견제를 피해 세력을 보존할 수 있었다.

915년, 견훤의 대대적인 반격을 막아낸 왕건은 서남해 해상 세력을 기반으로 궁예를 반대하는 세력을 결집했다. 918년 왕건 세력은 궁예를 내쫓기 위한 반란의 깃발을 올렸다.

왕건의 결단을 촉구한 사람들은 개국공신

● 도선국사는 누구인가?
도선국사(827~898)는 전남 곡성의 동리산문 혜철에게 선법을 배우고, 천하를 주유하며 민심을 보듬고 혼란을 극복하고자 노력했다. 훗날 태조 왕건의 스승으로 삼한일통의 대업을 이루는 초석을 쌓았다. 음양지리와 비보풍수에 능해 《도선비기》를 남겼다.

도선국사 영정
도선은 왕건의 스승으로 고려 개국의 이념을 제공한 선승이었다. 도선이 제창한 비보풍수는 자연과 민중에 대한 사랑의 깊이를 보여준다.

4인방으로 일컬어지는 홍유, 배현경, 신숭겸, 복지겸이다. 왕건은 도선국사, 구산선문, 사무외대사(네 명의 유명한 선승 : 이엄, 여엄, 형미, 경유), 각지의 호족을 대표하는 개국공신 4인방 등의 도움으로 고려를 개국할 수 있었다.

왕건의 포용과 결단, 고려를 건국하다

궁예는 자주성과 독립의 의지가 강한 인물이었다. 그는 고구려 후예국에 그치지 않고 삼한의 모든 백성을 아우르는 동방 대제국을 꿈꾸었다. 그래서 고려(후고구려)라는 국호를 독창적인 마진·태봉으로 바꾸었고, 설치한 국가 기관 이름도 독특했다.

최고기관 광평성, 재정기구 대룡부(창부), 외교기구 수춘부, 형률기구 의형대를 비롯하여 봉빈부, 원봉성, 식화부, 장선부 등도

태조 왕건과 고려 개국공신을 모신 사당 숭의전
숭의전은 태조 왕건과 고려 개국의 공신들을 모신 사당이다. 이곳에서 얼마 떨어지지 않은 곳에 신라의 마지막 왕인 경순왕의 능묘가 있다.

당나라의 율령 체제를 벗어난 독자적인 체계였다. 정광, 원보, 대상, 원윤, 좌윤, 정조, 보윤, 군윤, 중윤으로 구성된 9단계에 이르는 관리 등급명도 색달랐다.

사회 개혁도 철저하고 구체적이었다. 종교 사상 측면에서는 귀족 불교로 전락한 교종이나 호족과 결합한 선종을 배격했다. 그리고 골품제와 신분, 혈연이라는 기존 질서보다는 능력으로 인재를 뽑는 평등한 사회를 꿈꾸었다. 이는 지역에 정치·경제·군사적 기반을 두고 있는 호족들을 불안하게 했으며, 특히 패서 지역 고구려계 호족들을 뒤흔들었다.

궁예가 만들고자 했던 새로운 세상을 반대하는 고구려계는 물론 궁예의 측근 세력에 저항하는 인사들도 금성 전투에서 승리하여 군사적 기반과 백성의 신망이 두터운 왕건을 중심으로 세를 모았다.

마침내 918년에 이르러 홍유, 배현경, 복지겸, 박술희 등이 왕건을 추대하려는 군사 반란을 일으켰다. 궁예를 추종하는 세력은 청주, 포천 등지에서 저항했으나 모두 진압되었고, 궁예는 부

현릉
북한은 고구려의 동명왕릉과 함께 고려 태조의 능묘인 현릉을 중수하고 고조선, 고구려, 고려로 이어지는 북한의 정통성을 내세우고 있다.

양(평강)에서 신분이 드러나 백성들에게 맞아 죽었다고 전한다.

왕건은 국명을 고려로 환원하고 연호를 하늘이 천명을 내렸다는 의미에서 천수(天授)라 했다. 그는 지역 호족들을 안심시키고자 태봉의 관직을 그대로 유지했다. 또한 군사 정변의 정당성을 세우고 호족의 지지, 특히 고구려계의 동요를 막기 위한 호족 포용 정책, 선종을 우대하는 숭불 정책,● 고구려의 옛 땅을 수복하는 북진 정책을 건국이념으로 삼았다. 그리고 919년에 자신의 지지 기반이 확고하게 뿌리내린 송악으로 도읍을 옮겼다.

● 선종 문화의 특성
부도, 탑비, 녹차, 청자, 조사상(진영), 조사전, 산사, 탑과 불상의 중요성 약화
(겸) 4-3, (겸) 5-4, (겸) 3-2, (겸) 3-1

발해와 거란의 20년 전쟁

후백제와 후고구려, 그리고 후백제와 고려가 한반도의 패권을 놓고 다투던 10세기 초, 고구려 옛 땅에서는 북국 발해와 신흥국가인 거란이 요동을 놓고 치열하게 다투고 있었다.

발해는 9세기 말에 이르러 거란족의 발흥, 주변 민족의 이탈, 교역 상대국인 당나라의 혼란, 백두산 화산 폭발(892)로 인한 민심 동요, 왕권을 둘러싼 귀족들의 내분으로 급속하게 쇠퇴했다.

이때 거란족의 수장인 야율아보기(907~926)가 거란 8부를 하나로 통일하고 주변에 대한 정복 전쟁에 나섰다. 901년에 실위·해족·우궐을 정복하고, 902년에는 40만 군대로 북중국을 공격했으며, 905년에는 후당을 물리치고 북중국 하동과 요서 지역을 장악했다.

907년, 야율아보기는 이진충의 영주 반란(696) 실패 이후 내전

후삼국-고려-조선 시대 동아시아 국가 변동

한국	발해·후삼국 (892~936)		고려 (918~1392)			조선 (1392~1910)	
만주 몽골	거란(요) (907~1125)		여진(금) (1115~1234)	몽골(원) (1206~1368)		북원 (1368~1635)	만주(청) (1616~1911)
중국	5대 10국 (907~960)	북송 (960~1127)	남송 (1127~1279)			명 (1368~1644)	

과 분열로 점철하던 거란족을 통일하고 200여 년 만에 숙원이었던 거란국을 세웠고, 916년에는 스스로 황제라 칭하며 요나라 태조가 되었다. 이제 북방의 운명은 발해와 거란의 전쟁에서 누가 이기느냐에 달려 있었다.

거란국은 907년부터 북중국 지역을 도모하고 요동의 여러 민족들을 규합하기 위해, 발해에 대한 전쟁을 시작했다. 이른바 발해와 거란의 20년 전쟁이다. 두 나라는 요하를 사이에 두고 한 치의 양보도 없이 밀고 당기는 전쟁을 치렀다.

균형이 무너진 것은 발해의 내분 때문이었다. 926년 야율아보기는 부여성을 함락시키고 발해의 수도 상경 용천부를 포위했다. 발해의 마지막 왕 대인선은 7일을 버티지 못하고 거란에게 항복했다. 결국 15대 228년의 사직을 자랑하던 해동성국 발해가 동아시아 역사의 무대에서 사라졌다. 926년 3월 6일의 일이었다.

거란국은 발해 유민의 불안과 반항을 잠재우기 위해 요태조의 아들 야율배를 왕으로 삼아 정복한 발해 지역에 꼭두각시 정권 동란국(926~982)을 세우고 간접 지배했다. 하지만 발해 유민들은 거란의 지배를 받아들이지 않고 무려 200여 년에 걸친 복국 투쟁을 벌이게 된다.

왕건의 후삼국 통일을 위한 전쟁

남북국 시대의 한 축이었던 발해가 무너지고 고구려 옛 땅은 거란국이 차지했다. 이때 압록강 이남에서는 신라 영토를 놓고 후백제와 고려가 대결하고 있었다. 두 나라는 조물성(안동), 공산(영천), 병산(고창), 일리천에서 최후의 승패를 겨루었다.

첫 번째 싸움은 조물성 전투(925)였다. 920년 신라 대야성을 함락시키고 경주로 가는 길목을 차지한 견훤은 924년에 신라를 고립시키고자 양검에게 경주 외곽 조물성을 공격하게 했다.

고려는 신라를 지원하기 위해 구원군을 보냈다. 애선과 왕충이 이끄는 고려군은 후백제와 전투를 치렀지만 승부가 나지 않았다. 이듬해 10월 견훤이 직접 3천 기병을 이끌고 조물성을 공격하자, 왕건은 유검필과 함께 대적했다.

치열한 전투 가운데 전세가 고려에 불리해지자, 왕건은 견훤에게 휴전을 청했다. 항복 조건은 서로 인질을 교환하고 왕건이 견훤을 상부(尙父)라고 부르는 것이었다.

고려에 대한 군사적인 우위를 확인한 후백제는 927년 9월 신라의 근암성과 고울부를 점령하고 곧바로 경주에 진입했다. 신라 경애왕(924~927)은 다급한 나머지 포석사(포석정)●에서 조상신에게 안녕을 구했지만 결국 살해되었다.

견훤은 신라를 바로 멸하지 않고 경순왕(927~935)을 꼭두각시 군주로 세웠다. 이는 견훤이 고려 왕건을 무너뜨린 뒤 신라로부터 선양받는 형식으로 후삼국을 통일하려는 포석이었다.

이때 견훤은 왕건에게 편지를 보내 평양성에 활을 걸고 패강(대동강)에서 말에게 물을 먹일 것이라며 자신감을 표현했다. 이

● 포석정은 놀이터인가?
경애왕이 견훤에게 피살된 포석정은 흔히 왕실과 귀족들이 여흥을 즐기는 놀이터로 알려졌다. 하지만 발굴 결과 조상신에게 제자를 지내는 사당으로 밝혀졌다.

때 신라 사람들은 난폭한 후백제군에 대한 미움으로 고려 왕건에게 뜻을 두기 시작했다.

927년 10월 왕건은 신라를 구원한다는 명분을 내걸고 정예병 5천을 공산 동수에 주둔시켰다. 이곳에서 고려와 후백제는 제2차 결전인 공산 전투를 치렀다. 고려군은 매복하고 있다가 선제공격에 나섰지만 경주를 정복하고 전리품을 챙겨 사기가 충천한 후백제군에게 반격을 당해 대패했다.

이때 복지겸, 홍유, 배현경, 유금필이 분전하여 왕건을 피신시켰고 장군 김락, 전이갑, 전의갑, 전락, 호의 등은 적과 싸우다 전사했다. 또 왕건의 갑옷을 입고 후백제군을 속인 신숭겸 역시 전사했다.

공산 전투에서 승리한 견훤은 신라 북쪽을 공략하기 위해 930년 7월에 정예병 5천을 이끌고 의성을 공격했고, 왕건의 지지 세력이었던 홍술이 전사했다. 그해 12월, 견훤은 1만 병력을 이끌고 병산으로 진격했다.

왕건은 병산을 사수하고자 친히 군사를 이끌고 석산에 주둔한 백제군과 대치했다. 이때 후백제에게 굴복했던 김선평, 장길, 권행 등 안동을 대표하는 삼태사●가 다시 왕건에게 항복하는 사건이 벌어졌다. 사기가 오른 왕건은 후백제군의 보급을 끊고 병산으로 진격하여 견훤과 나흘 동안 제3차 결전인 병산 전투를 치렀다. 후백제군은 전투에서 대패하여 무려 8천여 명이 전사했고, 견훤은 겨우 몸을 빼내 달아났다.

병산 전투가 왕건의 승리로 끝나자 경상도 지역의 영천, 하양, 청송 등 30개 군현과 강원도 명주, 울산 등 1천여 곳의 성을 관장하는 호족 110여 명이 왕건에게 항복했고, 견훤의 오랜 지원 세

● 삼태사는 누구인가?
왕건이 후백제의 견훤과 병산 전투(930)를 치를 때 안동의 호족인 김선평, 권행, 장정필이 고려에 귀부했다. 왕건은 대승을 거두고 후삼국 통일의 전기를 마련할 수 있었다. 왕건은 이들 3인을 개국공신으로 삼고 '삼태사'로 불렀다. 이들이 안동 김씨, 안동 권씨, 안동 장씨의 시조가 되었다.

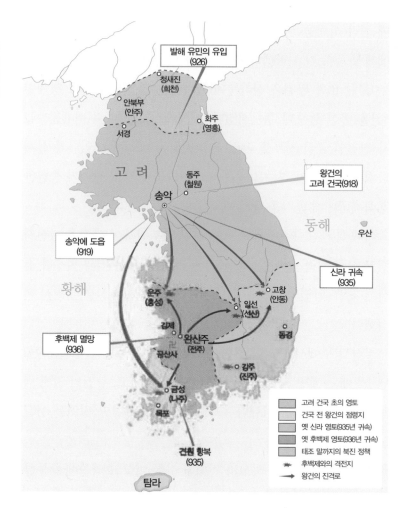

발해 유민의 유입
(926)

청새진
(희천)

안북부
(안주)

화주
(영흥)

서경

고 려

동주
(철원)

송악

왕건의
고려 건국(918)

동해

우산

송악에 도읍
(919)

황해

운주
(홍성)

일선
(선산)

고창
(안동)

신라 귀속
(935)

김제

완산주
(전주)

후백제 멸망
(936)

금산사

동경

금성
(나주)

김주
(진주)

목포

견훤 항복
(935)

탐라

고려 건국 초의 영토
건국 전 왕건의 점령지
옛 신라 영토(935년 귀속)
옛 후백제 영토(936년 귀속)
태조 말까지의 북진 정책
후백제와의 격전지
왕건의 진격로

력이던 충청도 보은의 호족 공직마저 항복했다. 후백제와 고려
의 전세가 역전되는 순간이었다. 견훤은 932년 수군을 이끌고 강
화만에 이르러 개성 지역을 급습했으나 패전했다.

왕건이 서해 제해권을 완벽하게 장악하자, 934년에 충청 지역
30여 호족이 왕건에게 귀부했다. 이로써 후삼국 통일의 주역은
완전히 왕건에게 기울어졌다.

후삼국 최후의 결전, 일리천 전투

병산 전투(930)와 강화만 해상 전투(932)에서 패배한 견훤은 왕위를 넷째인 금강에게 물려주려 했다. 이에 태자 신검과 둘째 강주 도독 양검, 셋째 무주(광주) 도독 용검이 견훤의 책사인 능환, 파진찬 신덕, 영순 등과 함께 반란을 일으켰다. 신검은 왕위에 올라 금강을 죽이고 견훤을 금산사에 유배시켰다.

아들의 배신을 받아들이지 못한 견훤은 고려에 사신을 보내 망명을 요청했다. 934년 6월 견훤은 막내 능애, 딸 애비, 애첩 고비를 데리고 금성으로 탈출하여 개경의 왕건에게 항복했다. 견훤의 사위인 순천(승주) 호족 박영규는 견훤의 치욕을 씻고자, 신검에게는 굴복을 약속하고 뒤로는 고려에 사신을 보내 신검을 협공하기로 밀약했다.

935년 10월, 신라의 마지막 왕 경순왕은 군신회의를 열고 고려에 항복하기로 결정하고, 11월에 친히 고려 개경으로 가 항복 문서를 바쳤다. 이로써 천년 왕국 신라 사직은 56대 992년 만에 막을 내렸다.

항복을 거부한 마의태자 김일은 신라 부흥을 위해 개골산(금강산)으로 떠났다고 전한다. 하지만 신라 부흥 운동이 실패했고, 마의태자의 아들 김행(김준)은 요동으로 건너가 여진족 완안부의 시조가 되었으며, 7대 후손 아골타가 금나라를 건국했다고 한다. 이에 자신들의 성씨인 김을 따서 국명을 금(金)으로 했을 것으로 추정된다.

936년 9월, 왕건은 후백제를 멸하고자 최후의 공격을 준비했다. 왕건은 견훤을 앞세우고 태자 왕무(혜종)와 박술희가 선발대

김제 금산사
후백제 망국의 단초가 되었던 사찰로, 견훤이 아들 신검에 의해 감금되었던 곳이다. 이곳을 탈출한 견훤은 금성을 거쳐 왕건에게 귀부하고 결국 후백제는 멸망한다.

로 주둔한 천안에 각지의 병력을 집결시켰다. 9월 8일 궁예에게 충성하던 명주의 김순식도 2만 병력을 이끌고 참전했다. 왕건은 8만 7천에 이르는 대군을 이끌고 경북 일선군(구미)을 관통하여 흐르는 일리천에서 후백제 군대와 대치했다.

후백제의 장군 효봉, 애술, 덕술, 명길은 고려의 좌군에 있는 견훤을 보자 칼과 창을 버리고 고려군에 투항했다. 신검의 후백제군은 대패하여 전사자가 5천 700여 명, 포로는 3천 200여 명에 달했다고 한다. 주력군이 무너지자 신검은 황산(논산)까지 후퇴했지만, 역부족이라고 느끼고 아우 양검과 용검을 이끌고 항복했다. 왕건은 견훤을 배신한 죄를 물어 양검과 능환, 최승우를 처형했다. 이로써 35년 동안 이어져온 후백제는 고려에게 후삼국 통일의 영광을 바치고 멸망했다. ●

● **후삼국의 주요 전쟁**
금성 전투(915), 조물성 전투(925), 경주 전투(927), 팔공산 전투(927), 병산 전투(930), 일리천 전투(936)
(검) 7-초, (검) 4-초

뒷날 견훤은 아들에게 배신당하고 자신의 손으로 후백제를 멸망시켰다는 자괴감으로 우울증이 심해져 황산의 한 사찰에서 세상을 떠났다. 신라 경순왕은 왕건의 딸 낙랑공주를 부인으로 맞이하고, 경주의 사심관을 맡아 고려에 충성했다. 그의 사후에 고려는 신라를 공손하게 바치고 왕건에게 순종을 다했다는 뜻으로 시호를 경순(敬順)이라 했다.

왕건의 후삼국 통일은 신라 태종무열왕과 문무왕이 추구했던 삼국 통일보다 합리적이고 발전된 것이었다. 신라의 삼국 통일은 당나라의 힘을 빌린 무력 통일로, 이는 삼국민의 융합에 걸림돌이 되어 결국 후삼국 분열로 나타났다.

왕건은 후백제를 멸망시킨 반면 신라는 평화적으로 흡수했다. 그리고 동포애를 발휘하여 발해 유민을 받아들이는 방법으로 후삼국을 통일했다. 또한 멸망한 두 나라 임금을 개경으로 모셔와 우대했고, 발해의 태자 대광현에게도 발해 왕실에 대한 종묘와 제사를 허용했다. 이런 점에서 포용과 화해 방식으로 추진한 왕건의 후삼국 통일은 우리 역사에서 진정한 의미의 통일이라 할 수 있다.

견훤, 궁예, 왕건의 출신 성분이 통일에 미친 영향은 무엇일까?

나말려초의 격변기에 경주 밖의 여러 지역에서 세상을 구하고자 일어난 양길, 기훤, 봉규, 함규, 능창, 작제건, 유천궁 등 많은 호족들은 장군이나 성주를 자칭하며 일국의 왕처럼 군림했다. 이중 후삼국 시대에 가장 큰 영향을 끼친 인물을 꼽는다면 단연코 견훤, 궁예, 왕건이라 하겠다.

후백제를 세운 견훤은 군인 출신이다. 군인은 명령에 복종하고 위계질서를 중요시하는 직업이다. 그래서 견훤은 원칙주의자이며 권위적인 인물로 무력 통일을 추진했다. 후고구려를 창건한 궁예는 당시 최고 지식인 계층인 승려였다. 그런 까닭에 궁예는 불국토를 구현하려는 이상주의자로서 개혁적인 사상 통일을 추진했다. 왕건은 황해도 패서 지역의 상인 집안 출신이었다. 왕건은 상인의 후예답게 현실적인 실리를 추구했고, 타협과 협상으로 여러 세력을 포용함으로써 고려를 건국했다.

세 명의 건국자는 모두 한 시대를 이끈 풍운아들이었지만, 역사는 한 명의 영웅만을 필요로 했다. 그리고 그중에서 상인의 후예인 왕건이 삼한일통의 대업을 이루었다. 그 이유는 무엇일까?

평화의 시대에는 도덕성과 인품이 제왕의 중요한 덕목이고, 전쟁의 시대에는 과단성과 용기와 군사적 경험이 유리하며, 난세에는 미래에 대한 희망을 제시하는 이상주의가 필요하다. 그런데 후삼국 시대는 전쟁의 시대이자 난세인 동시에 여러 지역 호족들이 난립하는 군웅할거의 시기였다.

이런 때에 필요한 시대정신은 견훤과 궁예의 덕목보다는 타협과 협상, 포용이었기에 최후의 승리가 왕건에게 돌아간 것은 아닐까?

논술 생각나무 키우기

고려의 통일이 신라의 통일보다 진일보한 측면은 무엇일까?

Point 1 무력 통일이나 연합 통일 같은 다양한 통일 방식을 정리하고, 통일의 과정에서 나타난 긍정적 요소와 문제점이 무엇이었는지 알아보자.

Point 2 신라와 고려의 통일 방식에 어떤 차이가 있는지 살펴보고, 두 방식의 장단점을 구분해보자. 그리고 고려의 통일 방식에 나타난 진일보한 측면을 찾아보자.

Point 3 신라와 고려의 통일이 오늘날 우리 민족의 분단 상황에 던지는 교훈이 무엇이고, 어떤 과정을 거쳐 통일에 이르는 것이 좋을지 생각해보자.

공부를 더 하고 싶다면

✎《슬픈 궁예》(이재범 지음, 푸른역사)
궁예에게 덧씌워진 부정적인 형상을 벗기고 그의 생애와 사상을 여러 시각과 주제로 그려낸다. 가깝게는 사서의 기록부터 멀리는 설화와 민담 그리고 문중의 족보까지 살펴보며 궁예의 흔적을 찾아내려는 노력이 돋보인다.

✎《후삼국사》(신호철 지음, 개신)
후삼국 시대의 구체적인 역사를 알고자 한다면 읽어봐야 할 비중 있는 연구서. 후삼국의 주역인 견훤, 궁예, 왕건에 대한 깊이 있는 연구와 그 시대상을 정치·경제·사상·대외 관계 등 여러 각도에서 조명한다. 후삼국 시대를 읽는 길잡이로서 충분하다.

✎《나말려초 선종 사상사 연구》(추만호 지음, 이론과실천)
신라 말, 고려 초의 변혁은 선종에서 출발한다. 시대적 혼란 속에서 선종이 어떻게 후삼국 백성의 마음을 사로잡고 호족들의 이념으로 변모해가는지 차분히 살펴본다.

고려 시대의 시작

고려는 왕건을 중심으로 한 지방 호족들의 연합 왕조이다. 따라서 초기 지배 세력은 호족이었고, 태조 왕건은 호족 포용 정책을 실시했다. 광종은 과거제와 노비안검법을 실시하여 왕권을 강화했으며, 성종은 최승로의 〈시무 28조〉를 바탕으로 중앙집권적 유교국가를 지향했다. 아울러 고려는 대외적으로 고구려 계승을 표방하고, 북진 정책을 추진했다. 이후 고구려의 옛 땅에서 건국한 거란족의 3차에 걸친 침략을 막아낸 고려는 안정적인 정치 질서를 바탕으로 문종 시기인 11세기 중반부터 100년 전성기를 열었다. 그러나 고려는 전성기를 지나며 문벌귀족이 성장하고 사회는 점차 문약에 빠져든다. 이 시기에 여진족이 급성장하여 12세기 중반에 정치적인 독립에 성공하고, 고려의 100여 년에 걸친 경제·문화적 번영은 여진 사회에 다양하고 지속적인 자극을 주었다. 거란은 왕위 쟁탈전으로 내부 혼란에 빠지고, 동아시아는 여진족이 세운 금나라가 주도권을 장악하는 시대로 접어든다.

역사를 보는 눈

고려는 왜 이상을 버리고 현실을 선택했는가

고려는 후삼국 통일과 발해를 포용하고 고구려의 계승을 표방했지만,
이후 고구려의 영광을 되찾으려는 이상과 신라 지향의 현실이 충돌했다.
여요 전쟁, 여진 정벌은 우리 역사의 지향점이 대륙이냐 반도냐를 결정하는
중요한 계기였다. 고대사 최고의 전성기를 재현하려는 묘청의
서경 천도 운동이 현실을 택한 반도 지향의 개경파에게 패하고
고려는 점차 이상을 잃어갔다.

| 11~12세기경의 세계 |

11세기에 고려는 전성기를 구가했다. 북중국은 북송·거란·서하가 균형을 이루며 발전했고, 티베트는 분열하여 옛날의 영광을 잃었다. 중앙아시아와 북인도는 투르크계 이슬람 세력이 진출하여 여러 나라를 세우고 인도양과 동아시아의 해상 교역을 주도했다.

아랍 지역은 셀주크투르크와 파티마 왕조가 2강 체제를 구축했다. 셀주크투르크는 바그다드를 점령하여 아랍 동부를 차지했고, 이집트에서는 시아파 세력이 세운 파티마 왕조가 서부를 장악했다.

서유럽에는 독일 지역의 신성 로마 제국이 성장하여 로마의 정통성을 계승했으며, 동유럽에서는 동로마 제국이 쇠퇴하고 러시아의 기원이 되는 키예프 공국이 들어섰다. 이로써 유럽은 오늘날 서유럽과 동유럽의 역사 지형이 형성되기 시작했다.

우리나라 ▼	주요 연표	▼ 세계
고려의 후삼국 통일	936년	
태조 왕건, 〈훈요십조〉를 남김	943년	
	962년	아프가니스탄에 가즈니 왕조 창건 오토 1세, 신성 로마 제국 황제 즉위
제1차 여요 전쟁 발발, 서희의 외교 담판으로 강동 6주 확보	993년	
	999년	중앙아시아에 카라한 왕조 건국
제2차 여요 전쟁 발발	1010년	
강감찬, 귀주 대첩에서 거란 격퇴 (제3차 여요 전쟁)	1018년	
	1044년	미얀마에 버마 족 통일국가 파간 왕국 건국
	1055년	셀주크투르크, 이슬람 종주국이 됨
	1066년	영국에 노르만 왕조 건국
문종, 경정전시과 시행	1076년	
	1096년	이슬람과 유럽의 십자군 전쟁(~1270)
대각국사 의천, 천태종 세움	1097년	
윤관, 여진족 정벌과 동북 9성 건립	1107년	
	1115년	여진족의 금나라 건국
이자겸의 난	1126년	
묘청의 서경 천도 운동	1135년	
	1143년	엔리케시, 포르투갈 왕국 건국
김부식, 《삼국사기》 저술	1145년	
	1148년	북인도에 고르 왕조 건국

가즈나 왕조의 인도 원정 승전비

신성 로마 제국 왕관

십자군 전쟁을 주도한
사자왕 리처드

고려 청자

강감찬 동상

금동 대세지보살좌상(고려 말)

251

1 태조와 광종의 개혁 정책

한 줄로 읽는 우리 역사

태조 왕건은 혼인 정책·기인 제도·사성 제도·사심관 제도 등 호족 연합 정책을 추진했다. 광종은 과거제와 화엄종을 통해 왕권을 강화했다. 경종과 성종은 전시과를 제정하여 유교적 관료 사회의 기초를 닦았다.

후삼국을 통일한 뒤 태조 왕건(918~943)에게 닥친 문제는 왕권 강화와 중앙 집권화를 이루는 것이었다. 궁예를 추종하는 환선길, 임춘길 등의 반란을 겪은 왕건은 호족과 백성들의 동요를 막고자 태봉국의 관제를 크게 바꾸지 않고 당나라와 신라의 관제를 일부만 받아들여 호족과 중앙 귀족들을 안심시켰다. 또한 926년에 발해가 거란에게 망하자 고려와 발해는 같은 고구려의 후예이자 동족이

부석사 무량수전
봉정사 극락전과 함께 우리나라에서 가장
오래된(13세기 중반) 목조 건축물의 하나이다.
무량수불인 아미타여래를 본존으로 봉안했다.
배흘림기둥 위에 공포를 올려 지었다.

라 하면서 발해 유민을 받아들였다.

아울러 고려가 고구려를 계승한 나라임을 대내외에 표방하기 위해 수도인 개경(평양) 이외에 평양을 서경(西京)이라 하고, 아우 왕식렴에게 10만 군사를 양성하게 하여 주둔시켰다. 이후 서경은 고구려계 후손들의 정신적 구심체로 기능했고, 945년 정종과 광종이 정변을 일으킬 때 군사적 기반이 되었다.

태조 왕건의 호족 연합 정책**

고려는 호족 연합 국가이다. 왕건은 호족을 인정하고, 연합을 통해 왕실의 안녕을 유지하며, 지역 통치를 위임하여 반란이나 이탈을 방지하고자 노력했다. 왕건은 이를 위해 혼인 정책, 기인 제도, 사성 제도, 사심관 제도 등 호족을 포용하는 여러 정책을 실시했다.

혼인 정책은 여전히 세력을 갖고 있는 지역 호족들과 혼인하여 국가 경영에 동참하도록 유도하고, 왕실 가족 수를 늘려 불안정한 왕권을 튼튼하게 만들며, 지역에 대한 통제권을 유지하는 것이 목적이었다. 그래서 왕건은 29명의 부인(6황후 23비)을 두었으며 자녀는 25남 9녀에 달했다.

기인 제도는 호족의 반란이나 이탈을 막고자 지방 호족의 자녀들이 개경에 와서 공부하고 궁궐을 지키게 하는 인질 정책으로, 신라의 상수리 제도와 비슷하다. 또한 호족 자녀들이 왕족이나 중앙 귀족의 자제들과 어울려 공부한 뒤, 지역으로 돌아가서

● **왕건의 호족 연합 정책**
혼인 제도, 기인 제도, 사심관 제도, 사성 제도, 역분전 실시
(검) 1-5, (검) 1-6, (검) 2-5, (검) 4-4, (검) 3-2

● **호족 연합 정책의 주요 내용**
1) 혼인 정책 : 6황후 23비, 혈연 동맹과 권력 분점
2) 기인 제도 : 호족 자제들을 개경에 인질로 두는 제도
3) 사성 제도 : 유력 귀족이나 호족에게 왕씨를 하사하는 제도
4) 사심관 제도 : 지역 호족을 그 지방의 장관으로 임명
5) 역분전 지급 : 호족의 경제적 지원

청주 호족 용두사 당간 명문
왕건은 고려를 세우자 지난날 궁예의 지지 기반이었던 청주 호족들을 우대했다. 이때 세워진 사찰이 용두사인데 철제 당간에 새겨진 명문은 청주 호족의 위세와 권력을 말해준다.

중앙의 정책을 지역에 홍보하고 정착시키는 긍정적인 효과도 있었다.

사성 정책은 중앙정부에 항복한 호족이나 전공을 세운 장군들에게 왕의 성인 왕(王)씨를 내려주는 것을 말한다. 이는 왕실 가족이 되는 것으로 재산과 명예, 사회적 지위의 보장을 의미했다. 명주의 호족 김순식, 청주의 호족 이가도, 광해주의 박유, 발해 태자 대광현 등이 왕씨를 받았다.

사심관 제도는 호족을 출신지 장관으로 삼아 지역의 동요를 막고 풍속이나 부역, 신분제 등을 감독하는 제도이다. 이 제도는 935년 고려에 항복한 신라 경순왕을 경주의 사심관으로 임명한 데서 비롯되었다. 고려 중·후기에 이르면 사심관은 지역 탐관오리로 변신하여 백성들의 원성의 대상이 되며, 결국 고려 말 논밭에 관련한 제도를 개혁할 때(전제 개혁) 혁파되었다.

940년에는 후삼국 통일에 기여한 신하, 군사 등에게 인품과 공로에 따라 직접 세금을 걷을 수 있는 역분전을 지급했다. 역분전은 경종 시대에 전시과 제도가 마련될 때까지 유지되었다.

왕건의 호족 연합 정책은 기본적으로 군사력과 경제력이 미약한 고려 왕실의 현실을 그대로 인정하고, 건국 초기 불안정한 권력 기반을 어떻게든 유지하려는 연대 정책의 일환이었다. 호족 연합을 통해 건국 초기의 불안정성을 어느 정도 극복한 왕건은 서서히 왕권을 강화했다.

〈훈요십조〉, 고려 500년 역사의 초석

왕건은 후삼국 통일 직후인 936년, 관리들이 지켜야 할 규범인 정계(政戒)와 계백료서(誡百僚書)를 발표했다. 943년 4월에는 대광의 관직에 있던 박술희에게 〈훈요십조(訓要十條)〉를 내리고 후손들로 하여금 통치의 거울로 삼으라는 유훈을 내렸다.

왕건이 남긴 〈훈요십조〉는 대체로 불교 중시 사상•과 고구려 계승 의식••을 담았다. 서경을 중시하고 중국과 거란의 풍속을 배격하며 고구려의 풍속을 이어받은 팔관회와 불교 행사 연등회를 강조하는 항목들은 고려가 고구려의 후예이자 계승 국가임을 보여주는 확실한 증거이다.

한편 몇몇 항목은 조작되었을 가능성이 제기되고 있다. 세 번째 항목은 이후 장자 혜종이 왕위를 계승했는데도 불구하고, 반

● **고려 초 불교 문화**
철제 불상 유행(춘궁리 철불), 크기의 대형화(은진미륵), 소박한 지역적 특색, 미륵불과 마애불 대량 조성, 탑의 중요성 약화(선종)
(수) 2006, (검) 1-3, (검) 7-4

●● **고려의 고구려 계승 의식**
발해 유민 흡수(대광현 등), 〈훈요십조〉의 서경 중시, 고려라는 국호, 역대 왕들의 북진 정책, 고구려 옛 영토의 거란에 대한 반감
(수) 2005, (검) 2-3, (검) 5-고, (검) 3-6

광주 춘궁리 철불과 경주 석굴암 본존불 | 고려 초기의 춘궁리 철불은 통일신라 시대 석굴암 본존불의 양식을 충실히 모방했으나 이후 내면적인 정신미는 점점 사라지고 소박하고 거대한 불상이 나타난다.

파주 용미리 미륵 입상
나말려초의 불상은 뚜렷한 지역
색과 내세에 대한 기원을 특징으
로 하는데, 은진미륵이나 용미리
석불처럼 바위에 미륵불을 새기
거나 거대한 불상을 만들어 호족
의 위세를 드러냈다.

● **태조 왕건의 〈훈요십조〉**
1) 불교를 진흥시키되 교파들이
   다투지 않게 경계하라.
2) 사원이 많아지면 국가 경제
   가 어려워짐을 생각하라.
3) 적자로 왕통을 잇지 말고 덕
   망 있는 왕자를 추대하라.
4) 중국의 풍속이나 거란의 풍
   속을 굳이 따르지 마라.
5) 서경을 중시하여 일 년에
   100일 이상을 머물러라.
6) 팔관회와 연등회 등 국가적
   행사를 게을리 하지 마라.
7) 요역과 부세를 낮추고 어진
   정치를 하고 상벌을 잘하라.
8) 차현 이남과 공주강 바깥 사
   람은 관리 등용에 조심하라.
9) 백관의 녹봉을 증감치 말고 무
   예 있는 병사들을 우대하라.
10) 경전과 역사서를 늘 보면서
   통치의 거울로 삼으라.

드시 적자가 왕통을 잇지는 않아도 된다는 내용을 담고 있기 때문에 의심받고 있다.

이 항목은 차남 정종과 3남 광종의 왕위 계승을 정당화하기 위한 후대의 개작일 가능성이 높다. 또한 차현(차령 산맥) 이남의 후백제인들을 등용하지 말라는 여덟 번째 항목도 혜종, 왕규, 박술희 등 후백제계를 제거했던 정종과 광종이 조작했을 가능성이 높다.

하지만 이를 떠나 〈훈요십조〉•는 이후 왕건의 유훈 통치 기능을 하면서 고려 500년 사직을 지켜낸 강령이자 법칙이었다.

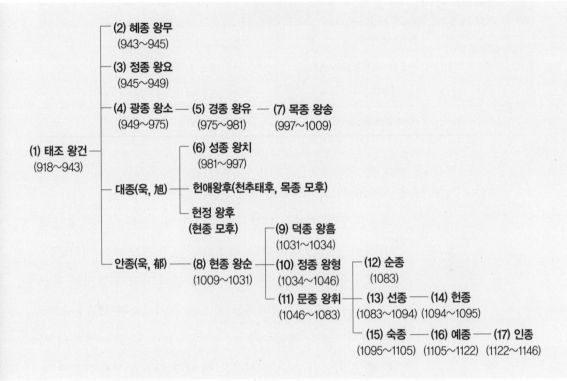

혜종과 정종, 왕위를 둘러싸고 대결하다

혜종(943~945)의 이름은 왕무이며 왕건의 첫째아들로, 왕건의 대부인에게 아들이 없어서 왕위를 계승할 수 있었다. 그는 921년 박술희의 도움으로 태자가 되었으며 후백제를 정벌할 때 많은 공을 쌓았다.

혜종의 즉위는 무장 세력 중심의 고구려계 후예들이 세운 고려에 해상 세력을 중심으로 하는 후백제계 세력이 전면 등장하

고려의 군사 조직

구분		조직	군역과 역할
중앙군	2군	왕의 친위 부대	직업 군인으로 편성−군적에 오름
	6위	수도 경비와 국경 방어 담당	군인전 수수, 직역을 자손에 세습
지방군	주진군	양계에 주둔	상비군, 국경 수비
	주현군	5도의 일반 군현에 주둔	외적 방비, 치안 유지, 노역에 동원

는 것이어서 고구려계를 바짝 긴장시켰다.

혜종은 권력 기반이 약했기 때문에 고명대신이자 후백제 세력을 대표하는 예산의 박술희, 광주의 왕규 등에게 많이 의탁했다. 박술희와 왕규는 경쟁 관계였지만, 왕권에 가장 위협적인 왕건의 둘째아들 왕요와 넷째아들 왕소를 제거하려는 목표는 같았다. 왕요와 왕소는 충주·황주·서경을 기반으로 하는 호족의 지지를 받고 있었다. 하지만 혜종은 이 배다른 두 동생을 아꼈으며, 자신의 딸을 동생 왕요에게 시집보내 그를 보호했다.

왕규는 혜종에게 왕요와 왕소가 반역을 꿈꾼다고 몇 번이나 고했지만 혜종은 끝내 받아들이지 않았다. 그러자 왕규는 왕건의 열다섯째 부인 광주원 부인의 아들이자 자신의 외손자인 광주원군을 왕위에 올리려 준비했다.

947년, 차기 왕위를 놓고 내부 다툼이 격렬하던 시기에 혜종이 갑자기 세상을 떠났다. 왕요와 왕소는 숙부인 서경장군 왕식렴의 군대와 함께 군사 정변을 일으켜서, 왕규와 그의 일당 300여 명을 죽이고 박술희는 갑곶(강화)에 유배시킨 뒤 제거했다.

왕요는 무력으로 왕위를 빼앗고 정종(945~949)으로 즉위했다. 947년 정종은 자신의 권력을 지탱해주던 왕식렴의 세력 기반인 서경(西京)으로 도읍을 옮기려 했지만, 호족들의 반대로 뜻을 이루지 못했다. 같은 해 최언위의 아들로 중국 후진에 유학하다가 후진을 침략한 거란에 포로로 붙들려 있던 최광윤이 거란이 고려를 침략하기 위해 준비하고 있는 것을 탐지하고 고려에 밀서를 보냈다.

고려는 거란을 막기 위해 예비군에 해당하는 30만 광군을 조직하고 개경에 광군사를 설치하여 통솔하게 했다. 광군은 왕의 친위대인 2군(응양군, 용호군)과 수도 경비를 전담하는 6위(좌우위, 신호위, 홍위위, 금오위, 천우위, 감문위)의 중앙군, 양계에 주둔한 주진군, 5도의 일반 군현에 있는 주현군 등이 함께 거란의 침략에 대비했다.

949년 3월 정종이 병으로 세상을 떠나자 군사 정변의 한 축이었던 왕소가 고려 4대 왕 광종으로 즉위했다.

광종, 왕권 강화와 과거제 도입

광종●(949~975)은 어린 시절에 《정관정요》를 즐겨 읽었다. 《정관정요》는 당태종 이세민과 신하들이 나라를 다스리는 방법, 왕권의 강화, 제왕의 도리에 관해 토론한 것을 오긍이 기록한 제왕학의 기본서이다. 광종의 구상은 《정관정요》를 바탕으로 왕권을 강화하여 유교적 제왕 통치를 구현하는 것이었다.

광종도 정변을 일으킨 공신들의 추대로 왕위에 오른 만큼 왕권이 취약했고, 호족 세력은 경제력과 군사력을 바탕으로 왕권

> ● 광종의 개혁
> 과거제 시행, 노비안검법 제정, 백관의 공복 제정, 주현 공부법 제정, 황제를 칭함, 광덕 · 준풍 등 독자 연호 제정, 개경을 황도라 지칭, 화엄종을 통한 왕권 강화
> (수) 2008, (검) 1-3, (검) 1-4, (검) 2-3, (검) 4-3, (검) 5-고, (검) 3-4

을 위협할 정도로 강했다.

광종은 호족을 안심시키고자 4단계 예식(例食)을 통해 공신들의 등급과 예우법을 정하는 동시에, 연호를 광덕으로 정해 왕의 권위를 세웠다.

어느 정도 왕권이 안정되자 광종은 즉위 7년 뒤인 956년에 유신성, 장평달, 최지몽, 서필 등의 도움으로 왕권 강화 정책을 조심스럽게 추진했다. 먼저 호족들의 경제력과 군사력을 약화시키기 위한 노비안검법●을 실시했다.

노비안검법은 호족에 예속된 사노비를 해방시켜 양민으로 삼는 제도 개혁이었다. 이것은 군역과 부역, 조세가 증가하고 왕의 지지 세력을 확대시키는 대표적인 왕권 강화 정책이었다.

958년에는 후주 사람 쌍기의 건의를 받아들여 과거 제도●●●를 실시했다. 과거 제도는 유학 경전 시험을 통해 문인을 선발하는 인재 선발 제도로, 무력 기반을 지닌 공신들의 세력을 약화시키고 선발된 신진 인사들을 왕의 친위 세력으로 포섭하여 왕권을 강화하려는 목적이 다분했다.

사상적인 통일도 중요한 왕권 강화 정책의 하나였다. 고려는 선종 계열인 구산선문의 지지를 받아 후삼국을 통일했다. 하지만 선종은 지역 호족들의 재정적인 지원으로 성장한 종파였기 때문에, 호족을 지지하는 지방적인 색채가 무척 강했다. 광종은 화엄종 승려 탄문을 왕사로 초빙하고 승려를 선발하는 시관으로 균여를 임명하여 화엄종 중심의 사상 통일을 꾀했다.

사회 분위기와 제도적인 측면에서 왕권 강화 정책이 성공했다고 판단한 광종은 즉위 11년째인 960년 왕을 황제라 칭하고 독자적인 연호를 사용하는 칭제 건원을 실시하고, 4등급의 공복 제도

● 노비안검법
광종의 대표적인 개혁 정책으로 억울하게 노비가 된 양인을 본래의 신분으로 환원하는 조치이다. 1) 세금을 국가로 환원하여 재정을 키우고, 2) 노비를 평민으로 전환해 군역과 부역의 숫자를 늘리며, 3) 호족의 경제력과 사병을 약화시켜 왕권을 강화하려는 포석이었다.

●● 과거 제도
과거제는 천거제와 음서제에 이어 등장한 가장 합리적인 인재 선발 방식이다. 호족들의 세력을 견제하고, 새로운 지배 계급 사대부를 양성하여 신구 세력의 교체를 꾀한 정책이었다.

● 고려의 과거제
제술과(문학 재능, 정책 시험), 명경과(유교 경전 능력), 잡과(실용 기술), 승과(승려 시험), 무과는 고려 말 1390년에 실시, 음서제는 귀족 우대 정책, 귀족 사회에서 관료제 사회로 변하는 단초
(수) 1998, (검) 2-3, (검) 2-5, (검) 7-4, (검) 6-3, (검) 4-4, (검) 5-고

를 실시하여 관리들의 위계질서를 세웠다.

군주가 거주하는 개경은 황도라 이름 붙이고 서경은 서도로 했으며 연호를 준풍(峻豊)으로 바꾸었다. 963년에는 빈민들을 치료하기 위한 의료재단인 제위보를 창설했으며, 빈농을 보호하고 토지 개간을 장려하기 위해 조세율을 조정했다. 왕권 강화는 이처럼 제도 개혁과 백성의 지지가 어우러져 이룩되었다.

호족들은 광종의 왕권 강화 정책에 조직적으로 반발했다. 광종은 대상 준홍, 좌상 왕동이 역모를 꾸미자 제거하고, 이를 기회 삼아 임희, 박수경, 박영규 등 서경 호족들을 대대적으로 숙청했다. 그리고 군제 개혁을 실시하여 순군부를 군부로, 내군은 장위부로, 물장성은 보천으로 개편했는데, 이것은 호족의 무력 기반을 제도적으로 소멸시키는 조치였다.

월정사 8각 9층 석탑
강원도 평창 소재, 신라의 탑은 4면에 3층, 5층탑이 특징인데, 고려의 탑은 다양성과 지역색이 특징이다. 월정사 석탑은 다층 다각의 고구려의 양식을 계승한 고려 초기 불탑이다.

광종의 개혁은 고려 초기의 불안정한 사회와 민생을 안정시키고, 호족과 공신의 세력을 약화시켰다. 그리고 과거 제도를 통해 중앙집권적 유교국가로 가는 토대를 만들었다.

훗날 고려가 북중국의 패권을 차지한 거란의 침략을 세 차례에 걸쳐 막아내고 국토를 보전할 수 있었던 것도 광종의 개혁이 성공했기 때문이다.

경종과 고려의 관료 사회화

광종에 이어서 경종(975~981)이 왕위를 이었다. 경종은 호족을 숙청할 때 겨우 명맥을 유지했던 경종의 외가인 황주계, 처가인 충주계와 경주계 등 여러 개국공신계 호족들의 건의를 받아들여, 광종 시기에 억울하게 죽은 자의 자손에게 복수할 수 있도록 하는 복수법을 시행했다.

이때 광종 시기에 진출한 신진 관료 세력이 일정한 타격을 받으면서, 중앙 정계는 공신계와 신진 관료계가 어느 정도 세력 균형을 이루게 되었다.

그러나 경종은 복수법이 사회 분열을 가져온다고 여기고 곧 금지시키고, 공신계와 신진 관료계의 통합을 추진했다. 이를 위한 조치가 976년에 제정한 전시과였다. 전시과는 지위와 인품에 근거하여 문신과 무신 모두에게 일정한 땅에서 세금을 걷을 수 있게 하는 수조권을 주어 관료들의 경제적 안정을 이루게 하는 토지 제도를 말한다.

등급에 따른 지급을 보면 공신전시과와 관료전시과의 성격이 짙었다. 이는 공신계와 관료계를 모두 체제 안으로 흡수하여 통합하려는 포석으로, 고려가 점차 관료 사회로 진일보하는 계기가 되었다.

성종의 중앙집권적 유교국가

경종이 죽은 뒤 아들 왕송(목종)이 왕위를 계승하지 못하고 신라계가 추대한 성종•(981~997)이 즉위했다.

성종은 최승로, 최량 같은 신라계 호족 출신 유학자와 과거 제도를 통해 성장한 이양, 김심언 같은 신진 유학자들을 중용하여, 고려를 중앙집권적 유교국가로 만드는 일에 착수했다.

982년 최승로는 성종에게 태조부터 경종까지의 정치를 논한 〈오조치적평〉과 성종이 추진해야 할 정책에 대한 건의인 〈시무 28조〉••를 담은 상소를 올렸다.

최승로의 〈시무 28조〉는 《고려사》에 22조가 전해진다. 그 요점은 과다한 불교 행사를 줄이고 승려의 횡포를 금할 것, 백성의 공역을 균등하게 하고 민생 경제에 힘쓸 것, 강력한 왕권에 반대하는 지방 토호들의 전횡을 막기 위해 지방관을 상주시킬 것 등으로, 유교 사상에 기반한 중앙집권적 귀족 정치를 주창했다.

성종은 최승로의 건의에 따라 불교 행사인 연등회와 전통 행사인 팔관회를 폐지했고, 992년에는 개경에 유학 사상을 가르치는 국립대학인 국자감•••을 개교했다. 그리고 지방 12목에는 경

● **성종의 개혁**
중앙기구(3성 6부제), 지방행정(5도 양계 12목 설치), 3경제(개경, 서경, 동경), 유교 정치 강화 (검) 7–3, (검) 5–고, (검) 3–2

●● 최승로의 〈시무 28조〉
유교의 민본 이념, 불교의 폐단 비판, 팔관회와 연등회의 축소, 중앙집권적 귀족 정치 실현 (수) 2005, (수) 2006, (검) 1–5, (검) 2–1, (검) 2–4, (검) 2–6, (검) 5–4, (검) 3–6

●●● 고려의 교육 제도
국자감(국립), 향교(지방), 사학 12도(사립), 성균관(고려 후기 국립), 양현고(장학재단) (수) 2005, (검) 7–3, (검) 4–3, (검) 5–3, (검) 3–1

고려의 중앙 정치조직

2성 6부	2성 : 중서문하성(문하시중이 국정 총괄), 상서성(6부 총괄) 6부 : 정책 집행(이, 호, 예, 병, 형, 공부)
중추원	군사 기밀과 왕명 출납 담당
삼사	화폐와 곡식의 출납에 대한 회계
도병마사 식목도감	국방 문제 담당 임시 기구, 후에 도평의사사(도당)로 개편, 최고 정무기관 법의 제정이나 각종 시행 규정을 다루던 임시 회의기구
대간	어사대(법률 시정, 탄핵, 사정 기관)와 중서문하성 낭사로 구성 간쟁, 봉박, 서경권 행사 — 정치 운영의 견제와 균형 추구

● **고려의 중앙 관제**
중서문하성(국정 총괄), 중추원
(왕명 출납), 상서성(6부 관장),
삼사(곡식 출납 · 회계 담당), 어
사대(비리 감찰), 도병마사(국방
· 군사 회의기구), 식목도감(법
제정)
(수) 2008, (검) 2-2, (검) 2-4,
(검) 6-3, (검) 4-3, (검) 4-고,
(검) 3-3, (검) 3-1

●● **고려 중앙 관제의 특징**
송의 관제 모방(중추원, 삼사),
고려의 독자적 관제(도병마사,
식목도감), 무신 집권기(중방,
교정도감), 삼사는 곡식 출납과
회계(조선 시대는 간언, 탄핵)
(수) 2007, (검) 1-3, (검) 1-4,
(검) 6-고, (검) 4-3, (검) 5-4,
(검) 5-3, (검) 3-2

학박사와 의학박사 1인씩을 파견하여 지방 교육에도 힘썼다. 또한 개경, 서경, 12목에 물가 조절 기구인 상평창을 두어 민생경제 안정에도 힘썼다.

성종은 정부 조직도 개편했다. 중앙기구●로 당나라 율령 체제를 따라 3성 6부를 두었는데, 이 가운데 중서성과 문하성은 중서문하성(내사문하성)으로 통합되었으므로 실제로는 2성 6부 체제였다. 중서문하성은 최고 의정기구이며, 행정 실무를 담당한 상서성 밑으로는 집행기관인 6부가 있었다. 여기에다 역사 기록을 담당하는 춘추관, 화폐와 곡식의 출납에 대한 회계를 맡은 삼사를 두었다. 대간(관료의 감찰 및 탄핵) 업무는 어사대와 중서문하성의 낭사들이 맡았다.

또한 송나라 제도를 본받아 군사 기밀과 왕명 출납을 맡는 중추원을 설치했으며, 고려의 독자적인 중앙 조직으로 국방 문제를 다루는 최고의 정무기구인 도병마사(도평의사사)와 법률 제정이나 각종 시행 규정을 다루는 식목도감도 설치했다. ●●

지방 행정 조직은 전국을 5도 양계 12목으로 나누고, 신라계의 요구에 따라 서경, 개경에 이어 경주를 동경으로 격상시켜 3경제를 실시했다. 핵심적인 행정 조직인 12목에는 지방관을 파견하여 지역 호족들이 차지했던 향직을 대체했다. 이는 성종 시기에 고려가 호족 사회에서 중앙집권●적 관료 사회로 이행하고 있다는 것을 보여주는 사례이다.

● **고려가 조선보다 중앙집권제가 약하다고 보는 이유**
1) 지방관이 없는 속현이 지방관이 다스리는 주현보다 많았다.
2) 지역에 토착 기반을 지닌 향리가 지방의 행정 실무를 담당했다.
3) 과거 출신의 관리보다 음서를 통해 출사한 이가 많았다.

전시과 제도가 시행된 배경

고대 사회에서 토지는 소유권에 따라 국가나 관청이 소유한 국유지와 귀족이나 백성이 소유한 사유지로 나뉜다. 그런데 왕토 사상에 따라 모든 토지는 형식상 왕의 소유이므로 토지세를 내야 하는데, 이를 전세(조세)라고 하며 기본적으로 생산량의 10분의 1을 낸다. 조세를 수취할 권리, 즉 세금을 받을 권리는 수조권이라고 한다.

삼국 시대에는 보통 귀족이 녹읍을 소유하여 수조권과 소작료를 독점했고, 대신 대부분의 귀족이 국가에 일정한 세금을 납부했다. 따라서 농민에 대한 수취와 지배는 왕보다 귀족이 직접적이었다.

고려 광종은 과거제를 시행하여 귀족을 누르고 관료를 우대했으나, 토지가 없는 관료들은 경제적 기반이 취약했다. 이를 해결하기 위해 976년에 경종은 전직·현직 문무 관료에게 개경 근교의 땅을 대상으로 한 수조권과 함께 들이나 산에서 나오는 생산물(시지)을 취득하게 했는데, 이를 시정전시과라고 한다. 998년에 목종은 군인에게도 전지와 시지를 주는 개정전시과를, 1075년에 문종은 현직 관료에게만 주는 경정전시과를 시행했다.

경종의 시정전시과는 관료의 경제적 안정을 꾀하여 왕실의 친위 세력으로 포섭하려는 정책이었고, 목종의 개정전시과는 거란과의 전쟁으로 성장한 무신들을 우대하려는 정책이었다. 그리고 문종의 경정전시과는 수조권의 대상이 되는 토지가 부족해져서 시행한 정책이었다.

고려 후기에 토지 겸병(대토지 소유)과 사원전, 대농장이 출현하고 하나의 토지에 여러 개의 수조권이 생기면서 전시과 체제는 무너졌고, 조선 시대의 과전법이라는 토지 개혁으로 이어졌다.

고려 광종의 과거제 도입은 고려 사회에 어떤 영향을 주었을까?

Point 1 고대 사회의 인재 선발 방식인 세습제, 천거제 등을 살펴보고, 그 방식이 갖는 장점과 단점을 알아보자.

Point 2 과거제의 선발 과목과 시험 내용은 주로 무엇인지 살펴보고, 그 것이 갖는 특징을 찾아낸다. 이를 통해 광종이 과거제를 도입한 이유가 무엇이었을지 생각해보자.

Point 3 과거제의 시행으로 고려 사회가 어떻게 변했는지 알아보자. 과 거제가 오늘날 어떤 형식으로 존속해 있는지도 알아보자.

공부를 더 하고 싶다면

✎《태조 왕건》(김갑동 지음, 일빛)
사극이 만든 인물상은 역사적 사실과 거리가 멀지만 오히려 역사 속의 진실보다 친근하게 다가온다. 역사적 사실에 바탕하지만 소설적인 재미를 줄 수 있게 구성하여, 실제 역사 속 태조 왕건에 흥미롭게 접근할 수 있다.

✎《광종의 제국》(김창현 지음, 푸른역사)
태조 왕건이 고려를 세웠다면, 광종은 고려 500년 역사의 기틀을 마련했다. 왕권과 호족, 백성을 놓고 벌이는 개혁과 갈등의 서사시가 장중하게 그려진다. 과거제, 노비안검법을 도 입하고, 태양의 제국을 구축한 광종의 인물상이 새로운 시각으로 그려진다.

고려와 거란의 전쟁

한 줄로 읽는 우리 역사

고려는 고구려의 고토를 회복하는 북진 정책을 추진하면서 발해의 땅에서 건국한 거란과 고구려의 정통 계승을 놓고 3차에 걸쳐 여요 전쟁을 치렀다. 1차 전쟁에서는 서희의 외교술로 강동 6주를 차지했고, 3차 전쟁에서는 강감찬의 귀주 대첩으로 100년 전성기의 기초를 닦았다.

고려는 광종과 경종, 성종으로 이어지는 개혁 정책의 성공으로 초기의 불안한 국내 정세를 안정시키는 데 성공했다. 또한 지방 세력인 호족의 힘을 누르고 중앙정부의 권한을 강화하면서, 국가 재정과 군사력이 요나라(거란)와 맞대응할 수준이 되었다.

구성 진남루
평북 구성 소재. 국보 44호의 고려 초기 건축물로 994년(고려 성종 14)에 세워졌다.
거란의 침입을 방어하는 강동 6주 구성의 정문이며, 1979년에 복구했다.

한편 960년에 북송이 북중국을 통일한 사건은 거란과 고려에 충격을 주었다. 고려는 거란을 견제하는 세력으로 북송을 주시했고, 북송은 통일 전쟁의 명분을 반(反)거란 투쟁과 지난날 후진이 거란에 내준 연운 16주 회복에 두었기 때문에, 거란의 배후에 위치한 고려와 우선 협력 관계를 맺어두어야 했다.

이런 국제 정세에서 고려 경종과 성종은 신라계 유학자들의 건의에 따라 유교적 중앙집권 국가의 초석을 다지기 위해 유교 국가인 북송과 더욱 긴밀한 유대 관계를 맺는 한편 거란은 오랑캐라고 배척했다.

왕건이 혜종에게 남긴 〈훈요십조〉에 담긴 거란을 배척하라는 유훈은 친송 반거란 정책을 내세우는 데 일정한 명분을 주었다. 거란은 고려와 북송의 긴밀한 관계를 끊지 않고는 북중국을 도모할 수 없다는 판단 아래, 고려를 침략할 시기를 기다렸다.

제1차 여요 전쟁●과 서희의 외교 담판

고려와 거란의 전쟁이 벌어지기 직전, 거란과 북송은 두 차례에 걸쳐 전쟁을 벌였다. 송태조는 5대 10국●●의 분열을 통일했고, 동생 송태종은 연운 16주를 탈환하고자 두 차례 북벌 전쟁을 일으켰다.

제1차 북벌 전쟁은 979년에 벌어졌다. 송태종은 직접 군대를 이끌고 유주에 이르렀으나 고량하(북경) 전투에서 요나라 대장군 야율휴가의 반격으로 대패했다. 982년, 요나라를 중흥시킨 군

● 여요 전쟁의 원인
1) 거란의 북송 침략을 위한 고려 견제
2) 고려의 친송 정책과 북진 정책
3) 고려의 발해 유민 수용

●● 5대 10국이란?
중국의 통일왕조인 당나라(618 ~907)가 망하고 수도인 장안을 중심으로 세워진 5국(907~960)과 주변에 세워진 10국(902~979)을 종합하여 5대 10국이라고 부른다. 후주의 장군 조광윤이 세운 북송(960~1127)이 979년에 재통일을 이루었다.

주 경종이 죽고 열두 살의 성종이 즉위했다.

성종의 어머니 소태후는 군사를 동쪽으로 돌려 983년 발해 유민이 압록강 유역에 세운 정안국을 무너뜨리고, 985년에는 압록강변의 여진을 복속시켰다. 이것은 고려를 침공하기 위한 사전 포석이었다. 북송은 이때 고려에 사신을 보내 거란을 협공하자고 제안했으나, 고려는 전쟁에 휘말리지 않기 위해 거절하고 정세를 지켜보았다.

제2차 북벌 전쟁은 옹희 북벌이라 이르며, 986년에 일으켰다. 하지만 북송의 대군은 기구관에서 야율휴가의 기병에게 다시 대패했다. 북송을 연달아 격파한 거란은 배후에 있는 고려를 그냥 두고서는 북송을 응징할 수 없다고 판단해, 993년 8월 고려를 침공했다. 이른바 고려와 거란의 제1차 여요 전쟁이 벌어진 것이다.

동경유수 소손녕이 이끄는 거란군은 동경요양부를 출발하여 의주를 지나 고려 주력군이 주둔하고 있는 청천강 남안의 안북

▶ **고려와 거란의 전쟁**
3차에 걸친 여요 전쟁은 형식상으로 고려가 패배하고 실제로는 승리했다. 고려는 강동 6주를 확보하고 문예 부흥을 일으켜 100년 전성기를 이룩했다.

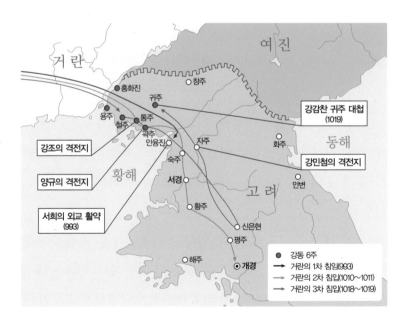

제1차 여요 전쟁에서 벌어진 고구려 정통 계승 논쟁

거란(요나라) 소손녕의 주장	고려 서희의 주장
① 고려는 신라의 땅에서 일어났고, 거란은 고구려의 땅에서 일어났다. 그런데 고려가 고구려의 영토를 침식했다.	① 우리는 고구려의 고토에서 일어났기에 국호를 고려로 했으며, 평양에 도읍하여 서경이라 부른다.
② 고려는 거란과 국경을 맞대고 있으면서 적대하고, 도리어 바다 건너 북송과 교류한다.	② 영토를 논한다면 거란의 동경(요양)도 오히려 고구려의 영토에 속해 있다.
③ 영토를 바치고, 국왕이 입조를 하면 왕실을 보존하도록 약속한다.	③ 거란과 국교를 맺고 싶어도 압록강변의 여진족이 가로막아서 교류하지 못하고 있다.

부(안주)를 공격 목표로 삼았다. 이곳을 교두보로 삼아 서경을 점령한 뒤 개경을 공격하려는 전략이었다.

거란군은 10월에 압록강을 건너 귀주에 있는 봉산성을 공격하여 함락시키고 지휘부를 설치했다. 이때 고려에서는 주로 신라계가 땅을 떼어주고 항복하자는 할지론(투항론)을 주장했고, 고구려계는 거란에 맞서 싸워야 한다는 주전론을 내세웠다. 거란의 의도를 간파한 서희는 먼저 거란과 맞서 시간을 끌면서 협상을 통해 해결하자는 외교론을 주장했다.

서희의 외교론이 받아들여지고 고려는 안북부에 사령부를 설치했다. 고려군을 지휘하는 상군사 박양유는 중군사 서희에게 봉산성을 탈환하도록 했다. 거란군은 고려의 군세가 만만치 않다고 판단하고는 전면전을 피하고 먼저 화의를 제안했다. 그러면서 협상에 유리한 조건을 갖추고자 안북부를 협공하기 위해 별동대를 서쪽으로 우회시켜 영변 쪽으로 이동시켰으나 연주성에서 고려 군민들의 완강한 저항을 받아 패퇴했다.

거란군은 다시 선발 부대를 안북부 동쪽인 안융진으로 이동시켰다. 청천강을 건넌 1만 거란군은 안융진을 공격했으나, 중랑장 대도수와 낭장 유방이 이끄는 500명의 결사대에 막혀 패전했다.

연주성과 안융진에서 승리한 고려군은 전열을 정비하고 협상의 유리한 고지를 차지했다. 거란의 소손녕은 전투 양상이 뜻대로 되지 않자 매우 당황하여 급히 강화 교섭을 매듭지으려 했다.

거란군의 전쟁 목적을 알고 있었기 때문에 먼저 공세를 막고 후에 시간을 끌면 고려가 승리할 것으로 확신했던 중군사 서희는 강화 교섭에 응했다. 서희는 협상에서 소손녕과 어느 쪽이 고구려의 정통성을 지니는가를 두고 논쟁했다.

서희는 고려라는 국호나 도읍을 평양으로 정한 것이 고려가 고구려의 후계자인 사실을 증명한다고 주장했고, 결국 협상을 승리로 이끌며 소손녕의 외교적 양보를 얻어냈다.

● 서희의 강동 6주
거란과의 강화 조건, 북진 정책의 실현, 고구려 계승 의식의 확인, 거란 등 북방과 교류 활성화
(수) 2009, (검) 1-3, (검) 1-4, (검) 2-5, (검) 2-6, (검) 5-초, (검) 5-3, (검) 3-3

거란은 고려로부터 북송과의 관계 단절과 거란의 연호 사용, 고려 왕의 입조(入朝) 등을 약속받았다. 반면 고려는 여진족이 점거한 압록강 동쪽 강동 6주●에 대한 영유권을 인정받고, 고려 영내에 있는 거란군의 즉각적인 철군을 보장받았다. 이로써 제1차

서희 장군 묘
경기도 여주 소재. 거란과의 1차 전쟁 때 외교술로 강동 6주를 확보한 서희의 무덤이다.

여요 전쟁은 고려의 외교적 승리●로 막을 내렸다.

● 서희의 외교적 성공 요인
1) 국제적인 정세를 분석하고 이용하는 안목
2) 고려의 중립을 요구하는 거란의 의도 파악
3) 할지론(투항론)을 잠재운 논리와 의지
4) 탁월한 언변과 정통성 주장으로 담판에서 우위 확보

거란의 전연지맹과 북중국 지배

고려는 성곽을 수리하는 한편, 병력을 보충하고 군사 훈련을 하면서 거란의 재침입에 대비했다. 거란은 비록 고려를 굴복시키지 못했으나 고려의 중립을 이끌어내어 후방의 안전을 보장받았고, 공격 방향을 서남으로 돌려 북송 침략 준비를 했다.

고려에서는 거란과의 1차 전쟁이 끝난 지 얼마 지나지 않아 어린 목종(997~1009)이 즉위했다. 목종의 어머니 헌애왕후는 천추전에 거주하며 섭정을 시작한 뒤 천추태후라고 불렸다.

천추태후는 서경을 정치적 기반으로 삼고 불륜 관계였던 김치양과의 사이에 두 아들을 두었는데, 이들을 목종의 후계자로 삼고자 왕위 계승이 유력한 12세의 대량원군 왕순을 숭경사에 출가시켰다.

고려의 내정이 혼란스러운 때, 거란의 성종과 그의 어머니 소태후는 1004년 9월에 20만 군대를 이끌고 북송에 대한 응징을 시작했다. 거란군은 파죽지세로 정주·기주·낙주를 함락하고 11월에는 전연에 이르렀다. 송진종은 반격군을 이끌고 전연(하남 박양)에서 거란과 대치했다.

송진종은 거란의 군세에 눌려 강화조약을 맺었다. 송은 거란과 형제국의 맹약을 맺고 매년 거란에 은 10만 냥, 비단 20만 필을 조공하기로 했다. 역사에서는 이 사건을 전연지맹●이라고 부

● 전연지맹
1004년에 전연에서 맺은 북송과 거란의 화평조약으로, 그 내용은 1) 북송이 요나라에 군비를 제공하고, 2) 송나라가 요나라를 형님으로 부를 것, 3) 현재의 국경을 유지할 것 등 3개조로서 이후 북중국의 패권은 거란이 차지했다.

른다. 거란은 이제 고려를 완전하게 항복시킨 뒤 북송을 멸망시킨다는 전략을 짜고, 고려를 침략할 명분을 찾았다.

그러던 중 1009년, 고려에서 강조의 정변이 일어났다. 천추태후와 김치양이 여러 차례 자객을 보내 목종의 당숙인 대량원군 왕순을 죽이려고 하니, 목종이 서경 도순검사 강조에게 그를 보호하도록 했다.

이때 강조는 채충순, 채항, 황보유의, 문연 등과 모의하여 군사를 일으켜서 천추태후을 내쫓고 목종을 폐위시켰다. 그리고 충주로 호송하는 길에 목종을 죽였다. 이어서 대량원군 왕순이 왕위에 오르니 그가 현종(1009~1031)이다.

거란은 고려에 내준 강동 6주를 돌려받고 고려와 북송과의 관계를 끊고자, 강조의 정변을 침략의 명분으로 삼아 제2차 여요 전쟁을 일으켰다.

강조 정변과 제2차 여요 전쟁

1004년 북송의 막대한 배상금으로 국부를 축적한 거란의 요성종은 드디어 1010년 10월 직접 40만 대군을 이끌고 고려를 침공했다. 제2차 여요 전쟁은 홍화진에서 서막이 올랐다. 이곳에서 고려군은 서북계 도순검사 양규와 홍화진사 정성의 분전으로 거란군을 격퇴했다.

요성종은 20만 군대를 빼내 귀주와 통주를 공격하였다. 30만 군사를 이끈 행영도통사 강조는 통주에서 거란에게 패하여 포로

로 잡혔고, 고려군은 대패했다. 거란군은 곽주, 안북부를 지나 12
월에 이르러 서경을 공격했다. 서경에서 승부가 쉽게 나지 않고
공방전이 길어지자, 거란군은 주력 부대를 개경으로 보냈다. 결
국 현종은 양주를 거쳐 나주로 피신했고, 이듬해 1월 개경이 함
락되었다.

고려 정부는 거란군이 물러나면 국왕이 거란에 입조한다는 강
화 조건을 내걸었다. 거란의 성종도 전쟁이 길어지면 승산이 없
는데다, 각지에서 고려군이 유격전을 펼치고 있어 자칫 퇴로가
막힐까 염려하여 강화를 받아들였다.

거란군은 압록강을 건너 다급하게 철수했고, 고려는 국왕이
거란에 입조한다는 약속을 지키지 않았다. 고려와 거란 어느 쪽
도 승리하지 못하고 제2차 여요 전쟁은 끝이 났다.●

● 고려 시대 외세 항쟁
거란(932), 여진족(1107), 몽골
족(1231), 왜구(1350), 홍건적
(1359)
(검) 1-4, (검) 2-6, (검) 7-초,
(검) 6-초, (검) 3-5

제3차 여요 전쟁과 귀주 대첩

요나라는 강화 조건이었던 고려 국왕의 입조를 계속 요구했지
만, 고려는 거부했다. 거란은 전략을 바꾸어 강동 6주의 반환을
줄기차게 요구했다.

거란은 강동 6주를 빌미로 외교적 압박을 가하는 동시에, 1012
년부터 1017년까지 끊임없이 소규모 전투 부대를 보내 고려를
공격했다. 고려는 거란의 침략을 막아내고 서경과 개경의 성곽
을 보수하는 한편, 무기와 식량을 비축하고 군사 훈련을 하며 병
력을 보충했다.

거란 성종은 1018년 가을부터 동경요양부(현재 요양시)에 총병력 10만을 주둔시키고 소배압을 총대장으로 삼아 전쟁 준비를 시작했다. 같은 해 12월 1일 전쟁을 선포한 거란군은 동경요양부를 출발하여, 열흘 뒤 12월 10일에 의주에 당도했다.

거란군의 동태를 파악한 고려 정부도 이미 9월에 20만 8천여 명에 달하는 방어군을 소집하고 물자와 무기를 점검했다. 10월에는 평장사 강감찬을 상원수로 삼고, 부원수 강민첨, 판관 박종검, 병부낭중 유삼 등과 함께 강동 6주의 서북 지방에서 거란군에 맞서 방어하게 했다.

거란군이 삼교천, 내구산, 마탄에서 패배하면서 진출 속도가 늦춰지긴 했지만, 주력군은 한 달 만에 강동 6주의 방어망을 뚫고 1019년 1월 개경 북방의 신계에 이르렀다. 강감찬은 통주의

낙성대 안국사 | 낙성대는 강감찬 장군이 태어난 곳으로, 사당인 안국사 안에 영정이 있다.

기병 1만 기를 개경으로 보내 방어력을 보강했다. 여러 차례 소
규모 전투를 치른 거란군은 개경 공략이 쉽지 않다는 판단에 따
라 철수를 시작했다.

고려군은 연주와 위주에서 거란군에게 심대한 타격을 가하면
서 귀주 지역으로 거란군을 몰았다. 거란군은 귀주에 이르러 강
감찬의 포위 작전에 걸려들어 주력군이 모두 궤멸되는 참담한
패배를 당했다. 결국 거란군은 수천 명의 병력만 살아남아 삭주
를 거쳐 본국으로 철수했다. 이로써 제3차 여요 전쟁은 고려의
일방적인 승리로 끝났다.

여요 전쟁 이후의 국제 정세

여요 전쟁이 끝나고 동북아의 패권은 형식상 거란국이 차지했다. 하지만 속 빈 강정처럼 거란에게는 실익이 없었다. 거란은 성종 이후 흥종과 도종으로 이어지는 70여 년 동안 벌어진 왕위 쟁탈전으로 내부 혼란이 극심해져 국력이 급격하게 약해졌다.

북송은 거란과의 세 차례에 걸친 전쟁(979, 986, 1004)에 이어 황하 중류의 은천에 도읍을 정하고, 실크로드를 장악한 당항족의 서하국과 다시 네 차례(1034, 1040, 1041, 1042)에 걸쳐 전쟁을 치렀으나 패전했다.

북송은 거란에게 배상금을 주고 평화를 구한 전례에 따라 서하국에도 막대한 경제적 배상을 하는 조건으로 전쟁을 마무리했다. 이에 따른 전란의 피해는 모두 농민에게 전가되었고, 그것은 훗날 북송이 금나라에게 멸망당하는 원인이 되었다.

여진족은 거란의 동북방에 있으면서 전쟁의 피해를 가장 적게 받았다. 이 시기에 여진족은 발해의 역사와 문화를 그대로 흡수했으며, 주변의 고려·거란·북송·몽골 지역과 교역을 통해 경제적인 발전을 이루고 선진 문물을 받아들일 수 있었다. 12세기 말 여진 완안부는 부족을 통합하여 서서히 만주 지역의 신흥 강국으로 부상했다.

거란의 침공을 물리친 고려는 이른바 100년 전성기라 불리는 번영의 시기를 맞이했다. 고려는 거란, 여진, 북송, 회회(고창) 등과 외교 관계를 맺고 문물 교류를 했다. 특히 북중국의 강자로 군림한 거란과는 불교 문화●도 교류했다.

원효의 《대승기신론소》가 거란에 전해졌고, 거란의 대장경이 고려에 전해져 대각국사 의천이 《속장경》을 간행하는 데 많은 영향을 끼쳤다. 《용감수경(龍龕手鏡)》이라는 불교 자전도 거란에서 수입되었다.

　이로써 11세기는 고려·거란·서하를 잇는 북방계 국가와 중국계 국가인 북송이 서로 공존하는 4강 체제가 형성되었고, 100여 년에 이르는 평화 시기가 도래했다.

수덕사 대웅전 | 충렬왕 때인 1308년에 지어졌다. 봉정사 극락전, 부석사 무량수전과 함께 고려 시대를 대표하는 3대 목조 건축물 중 하나이다.

고려가 100년 전성기를
누릴 수 있었던 이유는 무엇일까?

고려와 거란의 여요 전쟁이 끝나고 동북아에는 모처럼 평화 시대가 열렸다. 북중국을 차지한 거란은 고려와의 전쟁에 패배한 후유증으로 결국 서북방의 서하, 서남방의 북송을 완전히 굴복시키지 못했다. 이로써 11세기 동아시아의 국제 정세는 고려, 거란(요), 북송, 서하가 서로 견제하고 공존하는 4강 체제가 구축되었다.

4강 체제를 바탕으로 한 고려의 100년 전성기(1046~1146)는 과거제와 노비안검법을 통해 왕권 강화를 성공시킨 광종의 개혁 정책, 중앙집권적 유교국가를 추구하는 개혁 정책을 추진한 경종과 성종의 치적, 그리고 거란의 침략을 막아낸 고려 민중이 만들어낸 시대였다. 이는 고구려의 150년 전성기(400~551), 남북국의 100년 전성기(8세기 초~9세기 초)에 이은 우리 역사의 세 번째 전성기였다.

100년 전성기에 문종의 경정전시과 체제가 완성되고, 경제적 기반을 갖춘 문벌귀족이 성장하여 상품경제가 급속하게 발전했으며, 예성강의 벽란도가 국제항으로 발돋움하여 고려는 '코리아'라는 이름으로 서방에 널리 알려지게 되었다.

대각국사 의천은 천태종을 통해 교종과 선종을 통합하여 사회 안정을 꾀했으며, 청자 기술은 비색과 상감 기법을 창안하는 수준에 이르렀다. 11세기부터 12세기에 화려하게 꽃핀 고려의 100년 전성기 풍경이다.

논술 생각나무 키우기

중군사 서희의 외교 전략이 성공한 요인은 무엇일까?

Point 1 10세기 말 동아시아의 국제 정세를 살펴보자. 고려, 북송, 거란과 함께 주변의 당항족, 여진족 등의 변화도 알아보면서 거란이 전쟁을 일으킨 목적이 무엇인지 생각해보자.

Point 2 거란족의 침입에 대한 고려 조정의 주전파와 주화파의 주장과 각각의 전략과 전술을 비교해보자. 그리고 서희가 외교 전략을 선택하게 된 요인이 무엇인지 살핀다.

Point 3 서희의 외교 담판 기술과 능력을 알아보고, 양국의 이익이 합치되는 사안이 무엇이었는지도 살펴보자. 이를 통해 외교 협상으로 전쟁이 마무리될 수 있었던 이유를 찾아보자.

공부를 더 하고 싶다면

✎《서희, 협상을 말하다》(김기흥 지음, 새로운제안)
여요 전쟁에 관해 다루는 기존 역사서와 달리, 외교의 의미, 내용, 심리적 기술의 측면에서 외교의 달인 서희의 진면목을 캐는 책. 그 속에서 오늘날 국제 사회에서 외교에 필요한 덕목과 교훈을 찾고자 노력한다.

✎《고려의 황도 개경》(한국역사연구회 지음, 창비)
고려의 멸망을 슬퍼하며 망국의 비애를 읊조린 원천석과 길재의 길을 따라 개경의 오늘을 밟아본다. 개경의 풍수, 관청과 사찰, 주거와 시장 등 개경에서 벌어지는 사람과 문화의 향연을 마치 천 년 전으로 돌아가 직접 보는 듯이 펼쳐놓은 훌륭한 안내서다.

✎《거란제국사연구》(서병국 지음, 한국학술정보)
중국의 정복 왕조라는 관점에서 거란의 역사·정치·문화 등을 다룬다. 중국을 지배한 여러 북방 민족 가운데 처음으로 이원 통치 체제를 통해 성공적으로 북중국을 지배한 거란의 성공한 요인을 밝힌다.

3 고려의 문예 부흥과 경제 진흥

한 줄로 읽는 우리 역사

여요 전쟁의 승리로 고려는 100년에 걸친 문예 부흥을 맞이했다. 문종 때 상감청자가 만들어지고 사
학인 12공도가 성행했다. 중앙에 진출한 관료들은 학맥과 혼맥으로 문벌귀족을 형성했다. 이때 고구
려 계승론의 서경파와 신라 계승론의 개경파가 대립했다.

고려와 거란의 전쟁은 끝났지만, 동아시아는 여전히 전쟁의 불길이 그치지
않았다. 북송 서쪽에 혜성처럼 등장한 서하는 북송과 네 차례 전쟁을 치렀고, 거
란과도 세 차례 전쟁을 치렀다. 북중국의 패권을 놓고 다투었던 북송, 거란, 서하
는 국력이 급속도로 약해졌다.

선암사 대웅전 | 남북국 시대에 도선이 창건하고 고려 시대에 대각국사
의천이 크게 중건한 절로, 천태종의 본거지로서 번창했다.

고려는 문종 때부터 인종 때까지 100년(1046~1146)에 걸친 전성기를 누렸다. 이 평화 시대는 상감청자● 출현, 대외 무역● 활성화, 불교 통합 운동을 특징으로 한다.

고려청자는 한 단계 발전하여 비취색 도자기에 무늬를 새겨 넣은 상감청자가 나타났다. 예성강의 대외 무역항인 벽란도는 북송, 서하, 회회(고창국), 거란, 왜, 아랍(이슬람), 동남아의 여러 상인들이 드나드는 국제항으로 기능했다. 그리고 대각국사 의천이 수입한 천태종●●은 선종, 화엄종, 법상종을 누르고 불교계를 통합하여 사회 안정에 기여했다.

여진족도 비교적 전란에 휩쓸리지 않고 부족의 통합과 발전을 이루었다. 발해 유민의 문화를 수용한 여진족은 발해국의 국정에 참여한 경험을 바탕으로 점차 동북아의 강자로 떠올랐다. 거란족에게 압박당하던 실위족, 해족, 철리족과 연합하고 거란, 몽골, 북송, 고려 등과 교역하면서 12세기 말에는 새로운 국가를 세우는 단계까지 이르렀다. 이에 따라 동북아 국제 정세는 거란(요)과 북송의 쇠퇴, 여진족 성장이라는 새로운 국면을 맞이했다.

● 청자 이름 붙이는 법
청자의 이름은 시대-종류-기법-무늬(문양)-형태의 순서에 따라 정해진다. 예를 들어 아래 청자의 이름은 고려-청자-상감-운학문-매병이다.

● 고려의 대외 무역품
청자, 종이, 금, 은, 인삼, 나전칠기, 부채, 화문석, 예성강의 벽란도, 고려라는 이름이 서방에 알려지는 계기
(검) 2-5, (검) 7-고, (검) 4-초, (검) 5-고, (검) 3-6

●● 의천의 천태종
교관겸수, 왕실의 후원, 교종과 선종을 통합, 경전 편찬
(검) 1-3, (검) 7-초, (검) 5-3

문종, 문예 부흥의 시대를 열다

문종(1046~1083)은 고려 11대 왕으로 고려의 100년 전성기를 열었다. 그는 유교적 관료 체제, 법과 제도에 의한 왕조국가를 만드는 데 노력한 왕으로 평가된다. 문종은 즉위하자마자 해동공자로 칭송받던 최충을 시켜 경정전시과, 연재면역법, 고교법●●,

●● 고교법
국자감에서 우수한 학생을 많이 충원하기 위해서 자질이 부족한 학생의 재학 기간을 유생은 9년, 율생은 6년으로 제한하는 제도이다.

삼원신수법, 삼복제 등을 시행했다.

1069년에 제정한 양전보수법은 전답의 세율을 바르게 정해 백성의 부담을 공평하게 하고 세금 징수를 원활하게 했다. 그리고 민생에 관심을 기울여 농사의 피해에 따라 세율을 면제해주는 연재면역법을 제정했다. 또한 농사의 작황을 관에서 조사하여 피해 정도에 따라 세금을 조절하는 답험손실법도 마련했다. 그러나 답험손실법은 고려 말, 지방에 대한 통제가 느슨해지면서 지방 관리들이 농민들을 수탈하는 데 이용하는 대표적인 악법으로 변질된다.

문종은 관료 중심의 유교 정치 체제를 수립하고자 경종이 처음으로 제정한 시정전시과와 현종의 개정전시과를 바탕으로 1076년 경정전시과(양반전시과)를 시행했다.•

경종의 시정전시과는 문무 현직, 전직 관료에게 모두 토지와 임야를 지급하는 제도였고, 현종의 개정전시과는 지급 대상에 군인들을 추가한 조치를 말한다. 문종의 경정전시과는 현직 관료에게만 지급하여 관료 조직의 경제적 안정을 보장했다. 또한

전시과 제도의 변화

역분전	시정전시과	개정전시과	경정전시과
태조(940)	경종(976)	목종(998)	문종(1075)
공신에게 지급 논공행상의 성격	품계, 인품에 근거 지급 문무 전현직 관료에게 지급	관직 고하에 따라 18과 구분 문무 양반 관료, 군인에게 지급	문무 현직 관료에게 지급 전시과 체제 완성

포인트	– 역분전은 태조 왕건이 호족을 회유하고 정국을 안정시키고자 시행한 토지 제도 – 전시과는 관료의 경제적 안정을 꾀하여 왕실의 친위 세력으로 포섭하려는 정책 – 무신 정변 이후 귀족들의 토지 독점과 세습으로 전시과 체제 붕괴
토지 개혁	– 농장 확대와 사원전의 증가로 분급할 토지의 절대 부족 – 고종의 급전도감(녹과전), 충선왕의 전민추쇄도감, 공민왕의 전민변정도감, 공양왕의 과전법

공신과 5품 이상 관료에게 전시를 주는 공음전시과를 두었는데 이는 문벌귀족**을 형성하는 물적 기반이 되었다.

죄수를 심문할 때 공정한 판단을 위해 형관 세 사람이 입회하는 삼원신수법을 제정했고, 사형수를 판결할 때 인명 존중과 실수 방지를 위해 세 번에 걸쳐 심판하는 삼복제를 실시했다. 이때 1심은 지방관, 2심은 형부, 3심은 국왕이 직접 판결했다.

개경에 동대비원과 서대비원 등 의료기관을 설립하여 백성들을 무료로 치료했고, 향리의 자제가 아닌 사람도 개경에 인질로 둘 수 있는 선상기인법을 제정했다. 국방에도 힘을 기울여 예비군의 일종인 광군의 일부를 빼내 특수군인 기광군을 신설했다.

아울러 지방의 균형 발전을 추진하고, 개경의 문벌귀족을 견제하기 위해 오늘날 서울에 해당되는 양주를 남경(南京)으로 삼아 개경, 서경과 함께 3경 제도를 운영했다. 신라계의 지원으로 왕위에 오른 성종이 동경(금성)을 중시하여 개경, 서경과 함께 3경으로 삼았다면, 문종은 한강변의 교통 요지이자 물산이 풍부한 남경을 3경●으로 삼은 것이다.

● 고려 3경 제도의 목적
1) 중앙과 지방의 균형 발전
2) 중앙 권력의 비대화 견제
3) 북방 세력 침공에 대비

최충과 의천, 구재학당과 천태종

문종의 정치적 스승 최충은 관직에 있을 때부터 개인적으로 귀법사의 승방을 빌려 학교를 열고 유학 사상을 널리 알리는 데 힘썼다. 1053년 벼슬에서 물러난 최충은 송악산에 사숙을 열고 제자들을 양성했다. 최충의 시호를 따라 이 학교와 제자들을 문헌공도라고 했다. 또한 유학 사상을 9개 학과로 나누어 가르쳤기에 구재학당이라고도 불렀다.

문종의 유학 진흥 정책에 따라 과거에 뜻을 둔 젊은이들이 시설과 교육 수준이 떨어지는 국자감보다는 권위 있는 학자들이 가르치는 사학으로 몰렸다. 당시 개경에 있는 사학으로 문헌공도를 포함한 정배걸의 홍문공도(웅천도), 노단의 광헌공도, 김상빈의 남산도, 김무체의 서원도, 은정의 문충공도, 김의진 양신공도, 황영의 정경공도, 유감의 충평공도, 문정의 정헌공도, 서석의 서시랑도, 설립자 미상인 귀산도 등의 십이도가 있었다.

십이도의 설립자는 대부분 과거 시험을 주관하던 지공거 출신으로, 학문 수준이 높고 출세를 보장받는다는 점에서 인기가 좋았다. 십이도는 조선 시대의 서원처럼 유학을 공부하거나 과거를 준비하는 학생들을 위한 예비학교 성격을 지녔던 것이다.

문종 때에는 불교 사상도 크게 발전했다. 고려는 초기에 지역 호족의 지지를 받는 구산선문의 선종을 받아들여 후삼국을 통일했다.

통일 이후에는 혁명적 성격과 지역 분권의 성격을 갖는 선종이 부담스러웠다. 이에 따라 광종은 화엄종 계통의 승려인 균여와 탄문을 끌어들여 왕권 중심의 불교이자 통일국가에 맞는 화엄종으로 사상 통일을 추진했다.

당시 고려는 거란과의 전쟁, 유학 사상을 주창하는 관료의 증가, 고구려계와 신라계의 대립 등으로 내부 분열이 심각한 수준에 이르렀지만, 화엄종은 통합의 역할을 제대로 하지 못했다. 법상

영통사 대각국사비
대각국사 의천의 업적을 새긴 비. 비문은 김부식이 지었다.

불교 통합 운동

종파	시기	주장 및 활동	후원 세력	계승관계
천태종 (의천)	고려 중기	1) 화엄종 중심으로 교종 통합(흥왕사 창건) 2) 교종을 중심으로 선종 통합(국청사 창건) 3) 교리 : 교관겸수(이론 연마와 실천 강조)	왕실	의천 사후 종파 분열
조계종 (지눌)	고려 후기	1) 신앙 결사 운동(수선사) : 독경, 선, 노동 강조 2) 선종 중심으로 교종 통합 3) 교리 : 정혜쌍수와 돈오점수	무신 정권	혜심으로 전승
포인트		1) 화엄 사상 : 화엄종으로 통합, 나말려초의 선종 사상을 고려 광종 때 화엄종으로 통일 2) 유불일체론 : 고려 후기 혜심(성리학 수용의 사상), 무학과 조선 중기 보우로 이어짐		

종과 선종은 여전히 지역에 뿌리를 둔 문벌귀족의 이익을 대변했다. 문종이 즉위한 뒤 왕권이 안정되고 사회 불안이 해소되면서 고려 사회를 이끄는 불교의 통합이 필요하다는 공감대가 형성되었다. 이에 따라 부각된 불교 종파가 천태종이다.

문종의 넷째아들인 대각국사 의천은 11세 때 승려가 되었으며 영통사에서 난원에게 화엄학을 배웠다. 그리고 1085년에 북송으로 건너가 계성사의 유성법사에게 천태종의 교리를 공부하고 1086년에 귀국했다.

의천은 흥왕사에 머물며 교장도감을 설치하고 불경의 주석서를 모아 《속장경》을 간행했다. 그리고 수년에 걸쳐 원효의 화쟁 사상, 화엄의 연화장 사상, 천태학의 교판 사상을 정리하여 불교 통합을 추진했다.

의천은 불교 이론에 대한 정리가 어느 정도 이루어지자 천태종을 기본으로 선종의 교리를 융합하는 교관겸수(지관겸수)를 내세우고, 숙종 2년(1097)부터 국청사에서 천태종의 교리를 강론했다. 또한 승려를 위한 시험인 천태승선을 실시하여 많은 승려를 배출했다. 천태종은 이 시기에 선종과 법상종을 압도하며 크게 번성하여 고려의 중흥을 이루는 바탕이 되었다.

숙종과 예종, 중앙집권적 경제 정책

헌종(1094~1095) 시기였던 1095년 문벌귀족을 대표하는 이자
의가 자신의 누이동생인 원신궁주와 선종 사이에서 태어난 한산
후 왕윤을 옹립하려고 반란을 꾸몄다.

당시 계림공이던 왕희는 평장사 소윤보에게 진압을 요청하여
이자의 세력을 타도하고, 조카 헌종에게 선양 형식으로 왕위를
빼앗아 숙종(1095~1105)으로 즉위했다. 그는 신라 지증왕이나 조
선 세조처럼 조카를 밀어내고 왕위에 올랐기 때문에 고려의 수양
대군이라고 부르기도 한다.

숙종은 아우인 대각국사 의천에게 북송에서 추진했던 왕안석
의 신법(新法)에 대해 전해 듣고 고려식 신법 개혁을 추진했다.
왕안석은 북송 신종에게 천거되어 1069년부터 1076년까지 내정
개혁과 부국강병, 왕권 강화를 목적으로 균수법, 청묘법, 모역법,
보갑법 등을 추진했다.

1096년, 숙종은 의천의 건의를 받아들여 문벌귀족의 경제 기
반을 약화시키고 국가가 유통을 장악하고자 화폐 은병을 유통시
켰다. 그리고 이어서 해동통보, 삼한중보, 동국통보 등의 화폐를
만들어 사용했다.● 그렇지만 고려는 지방의 자립 경제를 기반으
로 하는 경제 구조였기에 유통이 발달하지 못했고, 현물화폐가
주류를 이루었기 때문에 화폐 유통도 널리 시행되지 못했다.

● **고려 시대 화폐 발행**
성종(건원중보), 숙종(삼한통보,
해동통보, 해동중보, 활구), 공
양왕(저화)
(수) 2005, (검) 3-2

숙종은 실천보다 글만 숭배하는 방향으로 가던 고려를 바꾸는
데 심혈을 기울였다. 팔관회와 연등회를 국가적인 차원으로 크
게 열었고, 개경을 기반으로 하는 문벌귀족의 세력을 약화시키
고자 남경으로 도읍을 옮기려 했다. 그러나 귀족들의 반대로 뜻
을 이루지 못했다. 하지만 숙종은 거란(요)과 여진(금)의 세력 교
체기에 고려를 중흥시킨 개혁군주였다.

숙종의 아들 예종(1105~1122)은 신법을 계승하여 고려를 개혁
했다. 1109년 국자감에 칠재라는 전문 강좌를 두었는데, 그 가운
데 무인들을 위한 강좌인 무학재를 신설했다. 이는 거란, 여진 등
북방 민족과의 갈등이 격화되는 정세에서 무인들을 우대하는 정
책이었다. 1119년에는 학생들이 안정적으로 공부할 수 있도록
양현고라는 장학재단도 설립했다.

예종은 국자감 진흥과 더불어 전통 풍습도 계승하려고 노력했
다. 고구려와 신라를 부흥시킨 화랑 선풍을 되살리고자 했으며,
서경 분사 제도를 두어 북방 경영에도 눈을 돌렸다. 특히 숙종의
여진 정벌 정책을 이어 1107년 윤관에게 제2차 여진 정벌을 단행

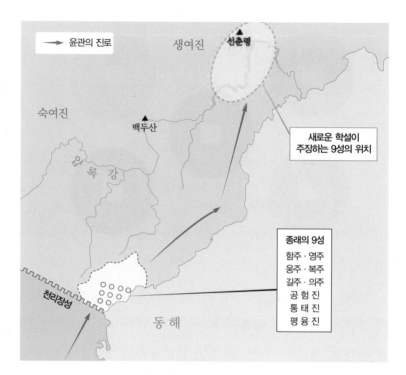

▶ 동북 9성의 위치

윤관이 개척한 동북 9성은 옛날의 동부여 땅이었고, 현재는 연변 조선족 자치주이다. 일제는 간도 협약을 맺으면서, 동북 9성을 함경도로 묶고 간도를 청나라에 넘겼는데 이는 역사 왜곡이다.

(지도 속 텍스트)
윤관의 진로
생여진
선춘령
숙여진
백두산
압록강
새로운 학설이 주장하는 9성의 위치
천리장성
동해
종래의 9성
함주 · 영주
웅주 · 복주
길주 · 의주
공험진
통태진
평융진

하도록 하여, 동북 9성을 쌓고 고구려 옛 땅을 되찾고자 하는 꿈을 실천했다.

윤관의 여진 정벌과 동북 9성

숙종 말년, 여진족이 부족을 통합하고 새로운 강자로 떠올랐다. 1104년 1월, 여진족 완안부 추장 오아속은 고려 국경을 자주 침략했다. 이에 맞서 고려는 판동북면 행영병마사 임간을 대장군으로 삼고 이위와 김덕진을 부장군으로 삼아 2월에 여진을 공격했다. 이것이 제1차 여진 정벌로, 전투는 정주성에서 벌어졌다. 그러나 보병을 위주로 하는 고려군은 기병 중심의 여진족에게 대패했다.

고려는 추밀원사 윤관을 동북면 행영병마도통으로 삼아 반격에 나섰다. 윤관은 3월에 여진족을 공격했으나, 여진족이 이미 천리장성 북쪽으로 퇴각해 5월까지 큰 성과를 거두지 못했다. 6월에 여진족 추장 오아속이 고려에 강화를 요청하여 전쟁은 싱겁게 끝냈다.

윤관은 고려군이 패배한 원인을 보병 위주의 군대 구성에서 찾았다. 여진족과 맞서기 위해서 새로운 군제가 필요하다고 판단한 윤관은 중앙정부에 건의하여 별무반●을 신설했다. 별무반은 여진족의 기병 부대에 맞서기 위해, 일부 특수병과를 제외하고 대부분 기병인 신기군, 보병인 신보군, 승병인 항마군을 주축으로 만든 특수 부대였다.

1105년 숙종이 세상을 떠나고 예종이 즉위하자, 고려는 유자유, 오연총, 김기감, 임신행, 임언 등으로 여진 공격 부대를 재편성했다. 여진 정벌 분위기가 무르익은 1107년 10월, 고려는 윤관을 대원수로 오연총을 부원수로 삼아 17만 병력을 이끌고 여진 정벌에 나섰다. 여진 정벌군은 12월에 정주성을 출발하여 갈라전의 여진 부족을 공격했다. 이를 제2차 정주성 전투라고 부른다.

윤관의 원정군은 동음성, 석성에서 여진족의 저항을 가볍게 제압하고 여진족 본거지인 두만강 이북을 향해 총공세를 펼쳤다. 이위동에서 여진족에게 타격을 입힌 고려는 두만강 북쪽의 공험진, 선춘령까지 진격했다. 고려는 1109년에 이르러 동북 9성을 구축하고, 3남 백성을 옮겨 살도록 했다.

● 윤관의 여진 정벌
별무반(신기군, 신보군, 항마군) 신설, 17만 군대로 9성 개척, 문신과 개경파의 반환론, 무신과 서경파의 사수론, 여진족에 9성 반환
(검) 1-4 , (검) 1-6, (검) 4-고, (검) 3-6

금나라 건국과 동북 9성의 반환

여진족은 발해의 후손들이다. 발해가 멸망하고 거란이 요동을 지배하면서 거란에 예속된 여진족을 숙여진이라 하고, 백두산 이북에서 독립적인 생활을 한 여진족은 생여진이라고 한다.

여진족 가운데 완안부가 11세기 초에 두각을 나타냈다. 완안부의 시조는 김함보(김행 또는 김준)인데, 《금사》와 《고려사》에 의하면 마의태자의 아들이다. 여진족은 자신들의 뿌리가 고려에서 비롯되었다고 여기고, 고려를 아버지의 나라로 받들었다.

완안부의 오고내는 1040년 여진족을 규합하여 오고내 연맹을 수립했고, 그의 둘째아들 핵리발은 1074년 핵리발 연맹을 이끌었다. 오고내의 넷째아들인 파랄숙은 형을 도와 여진족의 국상을 맡아 외교 전략을 짜고 주변의 들에 살던 여진족을 통합했다. 오고내의 다섯째아들인 영가는 1094년 영가연맹장이 되어 여진족의 부족장을 임명하는 제도를 만들고 건국의 기초를 세웠다.

핵리발의 첫째아들 오아속은 1103년 영가연맹장이 되어 여진족 통일에 나서 대부분을 흡수했다. 1104년에 고려의 국경을 넘보았지만, 1107년 윤관의 반격으로 많은 근거지를 빼앗기고 말았다.

이에 맞서 오아속은 1108년 1월부터 2만여 명의 보기병을 이끌고 영주성에서 무력시위를 벌였다. 2월에는 수만 명의 여진족 병력을 이끌고 웅주성을 포위했다.

고려군은 여러 번 전투에서 패배했고, 오아속은 배후의 거란이 언제 공격할지 모르는 불안한 상황에서 무력 시위와 외교 전략을 적절하게 구사하며 고려 정부에 9성 반환을 요구했다.

동북 9성을 둘러싼 포기론과 사수론

동북 9성 포기론	동북 9성 사수론
평장사 최홍사, 간의대부 김연(김인존)	예부낭중 박승중, 호부시랑 한상, 우간의대부 이재
9성 유지에 많은 경비가 소요된다. 여진족에게 돌려주고 평화 관계를 맺자. 국력의 내실을 추진하는 것이 유리하다.	막대한 인력이 희생되었다. 물적 자원이 많이 쓰였다. 여진족이 계속 도발 중이다.

고려 정부는 동북 9성을 돌려주자는 문벌귀족 중심의 포기론 (환부론)과 돌려줄 수 없다는 고구려계와 무신들의 사수론이 팽팽히 맞섰다. 그러나 문신들이 주축을 이룬 개경파는 서경을 기반으로 하는 고구려계의 성장과 무신들의 발언권이 커지는 걸 원치 않았다. 결국 동북 9성은 1109년 여진족에 반환되었다.

여진족은 동북 9성을 돌려받고 고려에 입조하여 충성을 다했으나, 내부적으로 독립을 추진했다. 1113년, 여진족의 오아속이 죽고 동생 아구타가 완안부를 계승했다.

아구타는 1115년에 금나라를 세우고, 1117년에는 고려에 사신을 보내 형제국 관계를 요구했다. 1125년에는 북중국의 거란(요)을 멸하고 고려에 군신 관계를 요구했다. 10년 전에 고려의 공세에 다급해하던 여진족이 이제는 황제국 위치에서 고려를 압박하는 역전극이 시작된 것이다. 고려 정부가 북방 정세를 너무 안이하게 여긴 결과였다.

금나라는 이후 중앙정부에 고구려계 발해인과 여진인, 신라계 여진인을 참여시켜 연합국가의 성격을 지닌 북방계 국가로 발돋움하는 데 성공했다.

금나라를 건국한 금태조 아구타는 한국인인가?

여진족은 고구려와 발해의 주민이었다. 10세기에 거란이 요동을 지배하면서 예속된 여진을 숙여진이라 하고, 독립적인 생활을 한 백두산 이북의 여진을 생여진이라 한다. 생여진 가운데 완안부가 11세기 초에 두각을 나타냈다.

《금사》《대금국지》《고려사》와 부안 김씨 족보 등 여러 기록에 따르면 이들 완안부의 시조는 고려(신라)에서 건너온 김함보(김준 또는 김행)이며, 일설에 따르면 그는 신라 마의태자(김일)의 아들이라고 한다. 김함보의 7대손이 바로 금나라를 건국한 태조 아구타이다.

11세기부터 완안부는 오고내, 핵리발, 파랄숙, 영가, 오아속에 의해 발전을 이어갔고, 아구타에 이르러 여진족을 통합하고 1115년 금나라를 건국했다. 그의 아우 태종 오걸매는 여세를 몰아 1125년에 요나라를 멸하고, 1127년에는 북송을 멸해 북중국을 지배하는 강국이 되었다. 고려는 금나라의 위력에 굴복하여 사대의 예를 취하고 황제국으로 받들었다.

그렇다면 아구타가 세운 금나라는 한국사 영역에 속할까? 문제는 여진족을 어떻게 볼 것이냐에 달려 있다. 고조선과 고구려, 발해의 주민으로서 여진족을 본다면 한국사의 부분으로 보아도 무방하지만, 여진족이 북방의 독자적인 세력으로서 중국을 지배했다면 중국사의 일부로 볼 수 있을 것이다. 그리고 완안부의 주류가 한국인의 후예라는 사실에 방점을 둔다면 교민사의 영역에서 다룰 수도 있다.

논술 생각나무 키우기

고려 숙종이 의천의 건의에 따라 많은 종류의 화폐를 발행한 이유는 무엇일까?

Point 1 고대 경제에서 화폐가 갖는 의미를 살펴보고, 고조선부터 남북국 시대까지 어떤 종류의 화폐들이 사용되었는지 연표를 만들어보자.

Point 2 숙종 때를 전후하여 고려에서 발행한 화폐의 종류를 알아보고, 숙종 때에 특별히 많은 종류의 화폐를 발행하게 된 역사적 요인을 살펴보자.

Point 3 의천이 건의한 경제 개혁의 목적을 살펴보고, 이를 통해 화폐 발행을 추진한 이유를 알아내자. 그리고 화폐 발행의 성패가 어떠했는지도 살펴보자.

공부를 더 하고 싶다면

✎《고려시대 사람들은 어떻게 살았을까》(한국역사연구회 엮음, 청년사)
고려는 고구려보다도 알려진 것이 적은 미지의 나라다. 《고려사》와 여러 문헌을 뒤져 농사, 풍수, 의료, 호적, 불교, 무당, 여성 등 다양한 주제와 시각으로 고려의 속살을 찾아내서 우리 앞에 보여준다.

✎《의천 대각국사》(차차석 지음, 밀알)
문종의 아들로 태어난 의천은 왕족의 신분을 던지고 깨달음의 세계로 들어섰다. 전체적으로 천태종을 세우고 고려 불교를 통합하고자 노력했던 의천의 일대기를 따라가다보면, 넓고 깊은 화엄경의 세계와 불교 사상을 조금씩 이해해가는 자신을 발견할 수 있다.

문벌귀족과
묘청의 서경 천도 운동

한 줄로 읽는 우리 역사

묘청을 대표로 하는 서경파는 서경 천도, 칭제 건원, 금국 정벌을 주장하며 반란을 일으켰으나 개경파인 김부식에 의해 진압당했다. 이때 《삼국사기》가 편찬되어 고려는 신라를 계승했다는 논리가 일반화되었다.

고려 중기에 이르러 전시과 제도 시행, 국가수취 제도 안정, 무역 성장, 경제 발전, 과거 제도와 유학 사상 활성화는 새로운 지배 계층이 등장하는 계기가 되었다. 거란과의 전쟁이 끝나고 고려 사회의 정치·경제적 안정은 100년 전성기를 가져왔다.

이때 고려 사회는 문벌귀족이 등장하여 격렬하게 권력 투쟁을 벌였다. 문벌귀족은 출신 지역과 성향에 따라 유교와 불교, 개경파와 서경파, 문신과 무신, 신라

고려 청자 | 1. 청자 사자 유개향로 2. 청자 참외 모양 병 3. 청자 운학문 매주병

❶　　　　❷　　　　❸

계와 고구려계, 기존 세력과 신진 세력 등 다양한 형태로 얽혀 있었다.

　1095년에 이자의가 일으킨 반란, 1126년의 이자겸의 난, 1135년 묘청의 서경 천도 운동, 1170년의 무신 정변은 모두 문벌귀족 사이에서 벌어진 노선 투쟁이자 권력 투쟁이었다.

고려 전기, 문벌귀족의 사회

　문벌귀족●에는 고려 초기의 호족 집단이 과거를 통해 중앙관료로 성장한 계통과 신라 6두품 출신으로 유교적 소양이 깊은 유학자 계통이 있었다.

　이들은 정치적으로 과거와 음서제를 통해 고위 관직을 독점하고, 전시과 체제를 통해 관료전을 받는 것은 물론 세습이 가능한

● **고려의 문벌귀족**
과거를 거친 관료층, 공음전의 세습, 가문 간의 통혼, 학문을 통한 사제 관계, 후기에 좌주문생 제도로 관직 생활 유리
(수) 1998, (검) 2-2, (검) 2-3, (검) 6-고, (검) 4-3

4. 청자 오리형 연적　5. 청자 어룡형 주전자　6. 청자 당초문 기와

❹　　❺　　❻

문벌귀족과 권문세족 비교

구분	문벌귀족	권문세족
대표 인물	이자겸	기철
대두 배경	지방 호족, 귀족 간 통혼, 왕실과 결혼	원의 간섭 심화, 부원파, 무신 세력
관직 진출	과거, 음서	음서가 주요한 진출 방법
세력 유지	가문의 권위와 학문적 사제 관계, 귀족의 특권을 이용한 세력 유지	경제적 부와 현실적 정치기구를 통한 권력 장악
경제 기반	공음전, 과전, 농장	광대한 농장 소유
몰락 요인	무신 정변	신진 사대부

공음전도 가지고 있었기 때문에 경제적으로 안정되었다. 그리고 사회적으로 문벌끼리나 왕실과 혼인을 하여 중앙 권력을 장악하고 서서히 문벌귀족층을 형성했다.

문벌귀족은 경종과 성종 시기에 싹 터서 문종 시기에 형성되었다. 해주 최씨의 최충, 경주 김씨의 김부식, 경원 이씨의 이자겸, 언양 김씨의 김취려, 파평 윤씨의 윤관은 고려 전기에 이름을 드날리던 문벌귀족이었다. 특히 문벌귀족 가운데 이자겸의 경원(인주) 이씨는 문종 때부터 인종 때까지 100여 년에 걸쳐 번성했다.

경원 이씨를 문벌귀족의 반열에 올린 인물은 이자겸의 할아버지 이자연이다. 이자연은 세 딸과 세 손녀, 조카손녀 한 명을 왕비로 만들면서 가장 강력한 문벌귀족이자 왕실 외척이 되었다.

이자연의 권세는 손자 이자겸에게 이어졌다. 이자겸의 둘째딸 문경 왕후는 예종의 왕비가 되어 인종을 낳았으며, 셋째딸 연덕 궁주와 넷째딸 경비는 인종의 부인이 되었다. 인종은 결국 이모와 혼인한 것이다.

문벌귀족 이자겸의 난

이자겸은 외손자이자 사위 인종(1122~1146)을 고려 17대 왕으로 추대했을 뿐만 아니라 자신의 두 딸을 부인으로 삼게 했다. 그리고 권력에 도전한 문하시랑 한안인과 추밀사 문공미를 역모죄로 엮어 제거했다.

권력의 정점에 오른 이자겸은 궁궐에서 검을 차고 왕을 만날 수 있었으며, 왕 앞에서 무릎을 꿇지 않고 연회나 회의가 있을 때 왕의 옆자리에 앉는 특혜를 누렸다. 또 송나라에 사신을 보내 지군국사라는 관직을 요청하기도 했다.

이자겸은 무력 기반을 지닌 척준경과 사돈을 맺고 승려 의장을 불교계의 수장으로 삼아 어느덧 자신이 왕위에 오를 야심마저 갖게 되었다.

인종은 이자겸의 횡포가 지나치게 심하여 언젠가 제거할 결심을 굳혔는데, 내시 김찬과 안보린이 이를 알아차리고 동지추밀원사 지녹연, 상장군 최탁과 오탁, 대장군 권수, 고석을 끌어들여 이자겸 척결을 협의했다. 이때 이자겸의 혈족인 평장사 이수과 처남인 전평장사 김인존도 동의를 했다.

1126년 2월, 최탁 등이 군사를 이끌고 궁궐로 들어가 이자겸 세력인 척준경의 동생 병부상서 척준신, 척준경의 아들 내시 척순, 지후 김정분, 녹사 전기상 등을 처형했다. 소식을 접한 이자겸과 척준경이 군사 수십 명을 이끌고 궁궐을 포위했고, 승려 의장은 현화사의 승려 300명을 이끌고 합세했다.

현화사 7층탑 | 개성시 장풍의 현화사에 있던 석탑으로 현재 개성 박물관으로 옮겼다. 고려 시대의 대표적 석탑의 하나이다.

고려 중기 왕계표

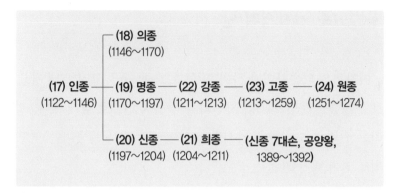

```
                        ┌─ (18) 의종
                        │   (1146~1170)
                        │
 (17) 인종 ───(19) 명종 ──── (22) 강종 ──── (23) 고종 ──── (24) 원종
 (1122~1146)  (1170~1197)  (1211~1213)  (1213~1259)  (1251~1274)
                        │
                        └─ (20) 신종 ──── (21) 희종 ──── (신종 7대손, 공양왕,
                           (1197~1204)  (1204~1211)        1389~1392)
```

　반격에 성공한 이자겸은 주모자인 최탁과 오탁 등을 죽이고 김찬, 지녹연을 유배 보냈으며 인종은 자신의 집인 중흥택에 감금했다.

　인종은 이자겸이 자신을 죽일까 염려하여 양위할 뜻을 밝혔지만, 이자겸은 전국적인 반란이 일어날까 걱정하여 감히 받지 못했다. 이자겸은 그 뒤 이씨가 왕이 된다는 도참설을 믿고 두 차례에 걸쳐 인종을 독살하려다 실패했다. 이처럼 이자겸의 권세가 하늘을 찌를 때, 반란을 이끈 척준경이 이자겸의 독단적 행동을 질투하면서 두 사람 사이가 벌어졌다.

　내의군기소감 최사전이 이를 눈치채고 인종에게 알렸다. 1126년 5월 인종은 김부일을 보내 거사를 종용하는 밀서를 척준경에게 보냈다. 이에 따라 척준경과 병부상서 김향이 군사를 일으켜 이자겸 일당을 모두 제거했다.

　이자겸은 영광으로 유배되어 그곳에서 병으로 죽었다. 인종은 이때부터 문벌귀족을 견제하고자 서경과 지방 출신의 신진 관료를 등용했다. 이듬해 3월 서경 출신 좌정언 정지상이 척준경을 탄핵하여 암타도에 유배시켰다. 이로써 이자겸의 난은 비로소 완전히 평정되었다.

개경파와 서경파의 대결

이자겸의 난이 진압된 개경에는 김부식의 경주 김씨, 이수의 경원 이씨, 임원후의 정안 임씨 등 새로운 문벌귀족이 부상했다. 인종은 기존 문벌귀족과 개경파를 견제하기 위해 서경을 중심으로 성장한 신흥 관료들을 등용했다.

이때 인종의 신임을 얻은 서경 출신의 정지상●과 백수한은 학문적 스승인 묘청을 인종에게 소개하고 인종의 측근인 김안, 문공인의 지지를 얻어냈다.

그 무렵 북방에서는 여진족이 세운 금나라가 1125년에 거란(요)을 멸하고, 1127년에는 북송마저 정복했다. 북송 황제인 휘종과 흠종은 오국성(국내성)에 끌려가 굶어죽는 치욕을 당했다. 이때 금나라에서는 고려에 군신 관계를 강요했다. 당시 권력을 장악하고 있던 이자겸은 금나라가 침입할 경우 서경파와 무신이 득세할 것으로 여겨 금나라에 사대의 예를 취했다.

이자겸이 제거되고 개경파의 우두머리 자리를 차지한 김부식도 경주 출신의 신라계답게, 고려는 신라를 계승한 나라로 굳이 북방 영토를 놓고 다툴 필요가 없다며 금나라의 군신 관계 요구를 수용했다.

그러나 지난날 거란의 침략으로 막대한 피해를 입은 강동 6주와 서경의 고구려계는 이에 반발했다. 군신 요구를 받아들일 경우 금나라가 고려를 업신여기게 될 뿐 아니라, 나중에는 개경파가 대동강 이북까지 금나라에 줄 수도 있다고 염려했기 때문이다. 이에 묘청은 인종에게 개경의 지덕이 쇠하니 고구려 도읍지였던 서경(평양)으로 천도하면 36국이 조공하며 국가의 명운이

● 정지상이 지은 한시
〈송인(送人)〉

雨歇長堤草色多
(우헐장제초색다)
送君南浦動悲歌
(송군남포동비가)
大同江水何時盡
(대동강수하시진)
別淚年年添綠波
(별루년년첨록파)

비 개인 긴 둑에 풀빛 진한데
남포에서 임 보내니 노래 구슬퍼
대동강 물 어느 때에 마르겠는가
이별의 눈물 해마다 푸른 물결에 더해지는데

※ 이 시의 제목은 〈임을 보내며〉 또는 〈대동강변〉으로도 알려져 있다.

왕성해질 것이라 건의했다.

● 발해의 복국 운동
970년경부터 1116년까지 150여
년 동안 정안국, 오사국, 연파국,
흥료국, 고욕국, 대발해국으로
이어진 발해 유민들의 투쟁.

　요동에서 발해 유민들이 여러 차례에 걸쳐 복국 운동●을 일으
켰던 사실을 생각해보면 묘청의 주장이 무리만은 아니었다.
1115년 2월에 고욕이 요주에서 봉기하여 고욕국을 세웠으며,
1116년 1월에는 고영창이 동경성에서 대발해국을 세웠다. 모두
일 년도 지나지 않아 실패했지만, 만일 고려와 연계한다면 폭발
력을 지닐 수도 있었다. 발해 유민들이 많이 살고 있던 서경이나
강동 6주 주민들은 상인이나 승려를 통해 이런 사정을 듣고, 묘
청의 주장에 적극 찬동했다.

　인종은 이자겸의 난으로 개경의 궁궐이 불타고 민심도 흉흉하
며 금나라의 동향도 불안하던 차에 묘청이 천도를 건의하니 마
음이 움직였다. 인종이 흔들리자 개경파는 태조 이래 끈질기게
제기된 서경 천도 움직임에 촉각을 곤두세우고 이를 막고자 했
다. 그들은 고려가 신라의 계승국이라는 논리를 제기하며, 유교
의 정치 질서인 조공책봉 제도에 따라 금나라에 사대를 해야 한

개경파와 서경파의 차이

	개경파	서경파
기원	신라계	고구려계
성향	보수적 유교 사상, 신라 계승	풍수지리, 자주적 전통 사상, 고구려 계승
사상	보수적 유학 관리들(김부식)	불교, 전통 신앙, 풍수지리설
성장	중앙 문벌귀족 세력	지방 출신 개혁적 신진 세력
사상	사대주의 유교 질서	북진 정책, 옛 땅 수복
정통성	신라 계승	고구려 계승
주장	사회질서 확립, 금에 사대 관계 주장	서경 천도, 칭제 건원, 금국 정벌
인물	김부식, 김인존	묘청, 정지상

다고 주장했다. 결국 서경 천도를 놓고 신라계 개경파와 고구려계 서경파가 한 치의 양보도 없는 치열한 권력 투쟁에 돌입했다.

묘청의 서경 천도 운동[●]

서경 천도 운동을 주도한 묘청은 《고려사》 '열전'에 간신으로 나와 있다. 묘청은 도교, 불교, 전통 종교의 영향이 함께 드러나는 이름이다. 묘는 현묘지도를, 청은 도교의 3청을 의미한다.

이런 점에서 묘청은 승려라기보다 유불선에 능통한 혁명가로

● 묘청 서경 천도 운동의 특징
풍수 사상, 개혁적 신진 관료, 지방의 서경파 주도, 금국 정벌 · 칭제 건원 · 서경 천도 주장, 신채호는 자주적 운동으로 평가, 서경파 정지상의 〈송인(대동강변)〉 시가 유명
(수) 2005, (수) 2007, (수) 2010, (검) 2-2, (검) 2-3, (검) 7-3, (검) 4-4, (검) 3-1

◀ 묘청의 서경 천도 운동
민족사학자 신채호는 묘청의 봉기를 자주파(서경파)와 사대파(개경파)의 싸움으로 보았는데, 김부식이 이끈 사대파가 승리하여 이후 우리 역사에는 사대주의 병폐가 자리 잡게 되었다.

의주 / 창주 / 정주 / 철주 / 연주 / 안주 / 성주 / 서경 / 곡주 / 수안 / 황주 / 개경 / 고 려

김부식 토벌군 지휘

→ 토벌군 진로
■ 묘청의 세력 범위

볼 수 있다.

1127년, 묘청은 백수한이 검교소감으로 서경에 부임했을 때 그의 스승이 되었다. 묘청은 백수한을 앞세워 도참사상과 풍수지리를 이용하여 개경의 지덕이 쇠퇴하여 고려에 액운이 자주 일어난다며, 만일 기운이 왕성한 서경으로 천도한다면 주변국을 아우르는 제국이 될 것이라고 선동했다.

인종은 묘청의 제안을 받아들여 서경으로 천도하고자 백성 구제와 국가 안녕을 도모하는 15조항의 유신정교(維新政敎)를 선포하고, 1128년 11월부터 임원역에 대화궁을 짓도록 했다. 1129년 궁궐이 완성되자, 묘청은 칭제 건원(황제를 칭하고 독자적인 연호를 쓰는 것)과 금나라 정벌을 건의했다. 서경을 기반으로 하는 신진 관료들은 고구려의 역사성을 지닌 서경으로 도읍을 옮기고, 자주국가의 상징인 칭제 건원과 금나라 정벌을 통해 국가의 위신과 왕실의 존엄을 세우고자 했다. 이에 개경파인 평장사 김부식, 참지정사 임원기, 승지 이지저 등이 반대했다.

묘청은 줄기차게 서경 천도, 칭제 건원, 금나라 정벌을 주장했고, 인종은 여전히 개경파와 서경파 사이에서 줄타기를 했다. 이런 가운데 1131년 임원궁에 호국백두악, 평양선인 등 여덟 성인에게 제사를 지내는 팔성당이 세워졌다.

그러나 순조롭게 진행되던 서경 천도는 개경파의 끈질긴 반대와 이에 설득당한 인종이 결심을 하지 못하고 미루던 중, 1134년 대화궁에 벼락이 떨어져 궁궐이 불타면서 물거품이 되었다.

인종이 결국 천도하지 않겠다고 결정을 내리자 묘청은 1135년 1월 4일에 분사시랑 조광, 병부상서 유감, 측근인 조창언, 안중영과 함께 서경에서 봉기했다.

묘청은 국호를 대위, 연호를 천개, 군사들은 하늘에서 보낸 충성스럽고 의로운 군대라는 의미로 천견충의군이라 불렀다. 이들의 거사를 반란으로 보기는 힘든데, 이는 새 왕을 내세우지 않고 인종을 서경에 모시고자 했기 때문이다.

김부식은 개경에 있던 서경파의 핵심 인물인 정지상, 백수한, 김안을 임의로 처형하고 1월 10일 토벌군을 일으켰다. 중군장 김부식, 좌군 김부의, 우군 이주연으로 이루어진 토벌군은 김부의가 작성한 평서 10책에 따라 속전속결을 피하고 지구전과 회유책을 병행했다. 이때 서경 봉기의 주모자인 조광은 토벌군의 기세에 눌려 묘청과 유감의 목을 베고 윤첨을 시켜 김부식에게 투항할 뜻을 전했다.

그런데 고려 조정이 윤첨을 옥에 가두고 주모자를 모두 처형하려는 강경책으로 나서자, 조광은 결사 항전에 나섰다. 토벌군의 지구전에 말려든 서경 봉기군은 고립과 식량 부족으로 사기가 땅에 떨어졌다. 이듬해 2월 19일 토벌군이 총공세를 가하여 조광은 전사하고, 서경 봉기는 일 년여 만에 막을 내렸다.

개경파 김부식은 고려가 신라를 계승한 국가라는 신라정통론을 역사적으로 확정하기 위해, 1145년 인종의 명을 받아 《삼국사기》*를 썼다. 《삼국사기》는 '신라본기'를 '고구려본기'와 '백제본기' 앞에 두고 궁예와 견훤을 모두 신라 왕실과 관련 있는 사람으로 만들었다. 이것은 후고구려, 후백제, 고려가 모두 신라 역사를 계승한 국가라고 말하기 위해서였다. 이후 고려에서는 고구려 계승 국가라는 이념이 점차 퇴색하고 신라 정통론이 뿌리내리기 시작했다.

● 김부식의 《삼국사기》
신라 계승론('신라본기' 앞에 수록), 유교적 합리주의(단군신화 배제), 사대주의(삼국 연호 사용 비판), 기전체 사서
(수) 2008, (검) 3-3

신채호가 보는 묘청의 서경 천도 운동

묘청은 서경 출신 승려로 도참 사상과 풍수에 능했다. 제자 백수한의 천거로 인종의 사부가 되었으며, 고구려 계승론을 주장하는 서경파의 수장으로 정지상 등과 함께 서경 천도, 칭제 건원, 금국 정벌을 주장했다. 신라 계승론을 따르는 개경파의 반대에 부딪히자 서경에서 봉기를 일으켰으나 실패하고 살해되었다. 이후 《고려사》 '열전'에서는 묘청이 간신으로 평가되고 서경 천도 운동은 반란으로 묘사되었다.

묘청을 재평가한 사람은 독립운동가이자 민족사학자인 단재 신채호였다. 그는 〈조선 역사상 일천년래 제일대 사건〉이란 글에서 난신으로 매도당한 묘청의 서경 천도 운동을 한국사에서 아주 중요한 계기로 인식했다.

신채호는 묘청의 서경 천도 운동을 신라 계승론과 고구려 계승론, 유교 사상과 전통 사상, 사대와 자주의 관점을 놓고 문벌귀족 개경파와 신진세력 서경파가 고려의 운명을 놓고 벌인 권력 투쟁으로 보았다.

신채호는 사대주의 유교 질서를 추구하는 개경파가 서경파를 누르고 승리하면서, 고려는 자주적 기풍과 전통 사상이 무너지고 패배주의와 굴종적인 사대주의가 만연하게 되었으며, 이런 사대적 전통이 조선으로 이어져 결국 일본에게 나라가 망하는 결과를 만들었다고 했다.

신채호는 조선의 멸망도 결국 고려의 개경파에서 연원하는 유교적 사대주의 때문으로 여기고, 묘청의 서경 천도 운동을 우리 역사 천 년의 기간 동안에서 가장 중요한 사건이라고 평가한 것이다.

논술 생각나무 키우기

고려는 중기에 이르러 문벌귀족이 지배하는 사회가 되었다.
문벌귀족은 어떻게 권력을 장악하고 유지했을까?

Point 1 고려 시대 지배권력의 변천 과정을 살펴보고, 각 시대에 지배권력이 성장하게 된 정치·군사·경제적 배경과 요인을 알아보자.

Point 2 고려 중기에 문벌귀족이 형성될 수 있었던 사회적 조건이 무엇이고, 문벌귀족의 권력이 유지될 수 있게 한 요소들을 찾아보자.

Point 3 문벌귀족이 고려의 정치·문화·사회에 끼친 영향을 알아보자. 긍정적인 영향과 부정적인 영향을 구분하고, 이것이 고려 후기의 지배권력에 어떻게 이어졌는지 살펴보자.

공부를 더 하고 싶다면

✎ **《윤관》**(이동렬 지음, 파랑새어린이)
여진족을 정벌하고 동북 9성을 쌓은 윤관 이야기는 우리의 시각을 만주 평원의 고구려 땅으로 인도한다. 고구려의 후예로 세상에 태어나 고구려 옛 땅 수복의 대망을 이룬 윤관의 삶에서 무력감과 패배감을 떨치는 기개를 배울 수 있다.

✎ **《서경의 아침 묘청》**(역사인물편찬위원회 지음, 역사디딤돌)
민족사학자 신채호의 평가처럼 묘청 사건은 우리 역사의 항방에 중요한 계기였다. 고려가 신라를 계승한 나라라고 주장하는 개경파에 맞서 고구려 전통을 주장한 서경파의 우두머리 묘청이 어떤 사람이었는지, 그의 발자취를 이야기 형식으로 풀어냈다.

✎ **《파랑새가 춤춘다 김부식》**(역사인물편찬위원회 지음, 역사디딤돌)
고려 문벌귀족을 대표하는 김부식은 고려의 신라 계승론을 주장하는 개경파의 중심으로, 묘청의 난을 진압하고 《삼국사기》를 저술했다. 오늘날 사대적이라 비판받는 김부식의 일대기와 역사서 《삼국사기》의 저술 과정을 담고 있다.

제6장
고려와 몽골의 투쟁

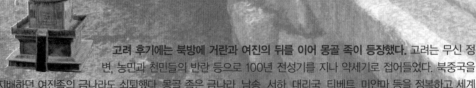

고려 후기에는 북방에 거란과 여진의 뒤를 이어 몽골 족이 등장했다. 고려는 무신 정변, 농민과 천민들의 반란 등으로 100년 전성기를 지나 약세기로 접어들었다. 북중국을 지배하던 여진족의 금나라도 쇠퇴했다. 몽골 족은 금나라, 남송, 서하, 대리국, 티베트, 미얀마 등을 정복하고 세계 제국을 이루었다. 고려는 몽골에 예속되어 100여 년간 부마국으로 명맥을 유지했다. 여말선초에 이르러 공민왕은 반원 자주 운동을 일으켜 몽골의 예속에서 벗어났다. 그러나 고려 말 정치권력을 장악한 권문세족은 공민왕의 개혁을 좌절시키고 농민들의 희망을 짓밟았다. 이때 대안으로 등장한 집단이 성리학을 바탕으로 개혁 정치를 부르짖은 중소 지주 계층의 사대부들이었다. 우왕은 최영과 더불어 신흥 국가인 명나라의 압력에 대항하여 요동 정벌을 시도했다. 이때 신진 사대부들은 신흥 군벌인 이성계를 앞세워 위화도 회군을 일으키고, 유교를 이념으로 하는 성리학의 나라, 사대부의 나라인 조선을 건국했다.

역사를 보는 눈

신진 사대부가 선택한 길, 개혁과 사대의 이중성
고려는 후기에 이르러 신라계승론이 대세를 형성했고,
고구려의 옛 땅에서 일어난 거란, 여진, 몽골이 오히려 동아시아의
역사를 주도했다. 원명 교체기의 격변기에 신진 사대부들은 주자성리학을
바탕으로 유교국가를 건설했다. 미시적 차원에서는 개혁과 변화를
동반한 역사의 발전이지만, 거시적 관점에서는 대륙사의 상실과
사대적 노예 의식의 고착화였다.

| 13~14세기경의 세계 |

몽골이 세계사를 주도한 시기이다. 1206년 몽골 제국을 세운 칭기즈 칸은 세계 정복의 깃발을 들었으며, 그의 손자 쿠빌라이는 동아시아, 유럽, 아랍에 걸친 세계제국을 세우고 200여 년간 팍스 몽골리카 시대를 열었다. 고려는 몽골의 부마국으로 명맥을 유지했다. 동남아시아는 몽골의 침략에 맞서 민족의식이 강화되면서 민족국가의 기초가 형성되었고, 일본은 몽골 침략을 막아냈지만 300여 년간 세계와 고립되었다.

북유럽에선 바이킹 족으로 불리는 노르만 족이 등장했고, 서유럽의 기독교 세력과 오리엔트의 이슬람 세력은 200여 년에 걸쳐 십자군 전쟁을 벌였다. 이를 계기로 동로마 제국과 셀주크투르크는 전쟁의 후유증으로 멸망의 길에 들어섰으며, 북이탈리아의 도시국가와 오스만투르크가 성장하는 발판이 되었다.

우리나라 ▼	주요 연표	▼ 세계
무신 정변	1170년	
지눌, 정혜결사 조직	1188년	
	1192년	미나모토 요리토모, 가마쿠라 막부 세움
최충헌, 4대 62년 최씨 정권 수립	1196년	
만적의 난	1198년	
	1206년	인도에 술탄 왕조 건립
	1206년	테무친, 몽골 제국 건립, 칭기즈 칸 추대
	1215년	영국왕 존, 마그나카르타(대헌장) 서명
	1226년	베트남, 몽골 군 물리치고 쩐(진) 왕조 건국
30년 여몽 전쟁 발발	1231년	
	1238년	타이 족 나라 수코타이 왕조 건국
	1250년	이집트에 맘루크 왕조 건국
	1258년	몽골 제국, 바그다드를 점령하고 일한국 건국
고려와 몽골의 강화조약	1259년	
100년 무신 정권 무너짐	1270년	
삼별초의 항쟁	1270년	
여몽 연합군의 제1차 일본 원정	1274년	
	1279년	몽골대칸 쿠빌라이의 남송 정복과 동아시아 천하 통일
	1299년	오스만 1세의 오스만투르크제국 건국
	1338년	프랑스와 영국의 백년 전쟁 발발
	1347년	흑사병이 대유행에 따른 유럽 봉건제 붕괴
공민왕의 영토 회복과 대몽 항쟁 시작	1351년	
	1351년	한산동, 백련교도의 난 일으킴
신돈의 개혁 정책 시행	1364년	
	1368년	주원장의 명나라 건국
이성계의 위화도 회군	1388년	
조선 건국, 이성계 태조 즉위	1392년	

테무친

마그나카르타

삼별초의 항전지 용장산성

해인사 팔만대장경

조선 태조 이성계의 옥새

명나라의 토용군

1 무신 정변과 농민 항쟁의 시대

한 줄로 읽는 우리 역사

문벌귀족의 권력 독점에 저항하는 무신들의 정변이 일어나 100년에 걸친 무신 정권이 탄생했다. 지눌은 선종을 개혁하여 정혜쌍수·돈오점수를 바탕으로 선교 일치를 내세우는 조계종을 세웠고, 요세는 천태종을 바탕으로 백련결사를 일으켰다. 일연은 국난의 위기에서 《삼국유사》를 저술했다.

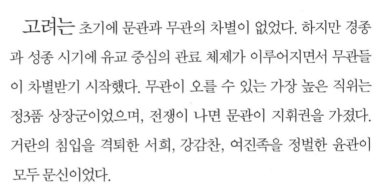

고려는 초기에 문관과 무관의 차별이 없었다. 하지만 경종과 성종 시기에 유교 중심의 관료 체제가 이루어지면서 무관들이 차별받기 시작했다. 무관이 오를 수 있는 가장 높은 직위는 정3품 상장군이었으며, 전쟁이 나면 문관이 지휘권을 가졌다. 거란의 침입을 격퇴한 서희, 강감찬, 여진족을 정벌한 윤관이 모두 문신이었다.

문신들은 신분을 가지고 무신들을 멸시했다. 고려 초기에는 거란족, 여진족과 전쟁을 치르면서 신분이 낮은 사람들이 군대에서 공훈을 세워 장군이 되기도 했다. 또 문벌귀족의 사병으로 시작하여 군대에서 승진을 거듭한 장군도 있었다. 이런 출신 성분은 문벌귀족을 형성한 문신들이 무신을 멸시하는 이유가 되었다.●

경천사 10층 석탑
고려 말에 세워진 대리석 석탑으로, 원래 경기도 개풍 경천사지에 있던 것이 구한말 일본으로 밀반출되었다가 반환되었다. 탑신부와 기단에 불상이나 보살상이 부조로 빈틈없이 새겨져 있고, 목조 건물의 구조를 모방하여 조각해놓은 아름다운 탑이다. 현재 국립중앙박물관에 있다.

또한 묘청의 서경 천도 운동이 실패로 끝난 뒤, 개경을 중심으로 한 신라계 문신들은 고구려계를 중앙 정치에서 축출하고 무신들을 노골적으로 차별하기 시작했다.

1133년, 인종은 국자감의 칠재 가운데 무신을 위한 개설 과목인 무학재를 폐지했다. 무신 차별이 조직적·제도적으로 고착화되자 무신들의 반발도 더욱 거세져 결국 무신 정변으로 이어졌다.

무신 정변, 100년 무신 정권의 탄생

《고려사》에 따르면, 1170년 8월 30일 보현원에 나들이 가던 의종(1146~1170)이 군사들을 불러 고려의 무예인 수박희 대결을 시켰다. 이때 대장군 이소응이 젊은 장교를 이기지 못하고 달아나려 하자, 문신인 기거주 한뢰가 이소응의 뺨을 때려 섬돌 아래로 굴러 떨어지게 만들었다.

의종과 문신이 박수를 치며 즐거워하자 무신 정중부, 김광미, 양숙, 진준 등이 얼굴빛을 바꾸면서 서로 눈짓을 했다. 정중부가 앞으로 나아가 한뢰에게 이소응이 비록 무관이나 정3품 대신인데 어찌 그렇게 모욕을 주느냐며 꾸짖었으나, 의종이 말려서 그만두었다.

이날 밤 견룡행수 이의방과 상원 이고, 이의민 등이 순검군을 모으고 정중부의 허락을 받아 정변을 일으켰다. 일찍이 정중부가 견룡대정으로 있을 때, 인종은 그의 수염이 아름답다고 칭찬한 적이 있다. 그러자 문신의 우두머리였던 김부식의 아들 김돈중이 정중부의 수염을 촛불로 태우는 무례를 저질렀고, 화가 난 정중부가 김돈중을 구타했다.

이를 안 김부식이 정중부에 대한 처벌을 강력하게 요구했지만, 인종이 그를 달래고 벼슬이 강등되는 선에서 마무리되었다. 정중부는 이때의 치욕을 가슴에 담아두었다가 보현원에 따라온 김돈중을 보고 청년 장교들의 반란을 묵인한 것이다.

이의방이 이끄는 청년 장교들은 보현원에 있던 문신을 전부 살해하고, 의종을 앞세운 채 개경에 진입하여 역시 문신들을 닥치는 대로 죽였다. 보현원을 탈출하여 감악산으로 숨어 들어간 김돈중도 결국 발각되어 목이 잘렸다.

무신 정변이 성공하자 무신들은 의종을 거제도로 유배시키고

무신 정권 100년의 흐름

구분	기간	성격	주도 인물		통치기구	주요 사건
제1기	1170~1196년	정변 주도 세력	이의방	1170~1173	중방 (회의기구)	• 1145년 김부식, 《삼국사기》 편찬 • 1185년 지눌, 정혜결사 조직 • 1176년 망이·망소이의 봉기
			정중부	1173~1179		
			경대승	1179~1183	도방(사병 집단)	
			이의민	1183~1196	중방	
제2기	1196~1258년	최씨 무신 세력	최충헌	1196~1219	교정도감(감찰기구)	• 1206년 칭기즈 칸의 몽골 건국 • 1231년 여몽 전쟁(1231~1259) • 1236년 팔만대장경 조판 시작
			최우	1219~1249	정방 (인사기구)	
			최항	1249~1257		
			최의	1257~1258	교정도감 (감찰기구)	
제3기	1258~1270년	항몽 주도 세력	김준	1258~1268	도방 (삼별초)	• 1260년 고려와 몽골의 강화조약 • 1270년 삼별초의 대몽 항쟁 • 1280년경 일연의 《삼국유사》 저술
			임연	1268~1270		
			임유무	1270	서방 (자문기구)	

동생인 왕호를 명종(1170~1197)으로 추대했다. 무려 100여 년에
걸친 무신 정권(1170~1270)의 시작이었다.

제1기 무신 정권, 집권 기반의 구축

　무신 정변이 성공하자 수장 정중부는 참지정사, 주동자 이의
방은 대장군, 이고는 장군이 되었다. 당시 정중부는 온건파로 원
로 장군을 대표하며, 이의방과 이고는 강경파로 청년 장교의 지
지를 받고 있었다. 이의방은 경쟁자 이고를 제거하고 정중부와
함께 중방을 통해 정국을 운용했다.●

　이의방은 딸을 태자비로 삼고 국정을 마음대로 했다. 결국
1173년 조위총이 반란을 일으켜서 어수선한 틈을 타, 정중부의
아들 정균이 이의방을 죽이고 단독 정권을 세웠다.

　정중부는 문하시중이 되어 아들 정균, 사위 송유인과 더불어
제멋대로 정국을 이끌었다. 정중부 부자의 횡포가 심해지자,
1179년 문신과 결탁한 경대승이 견룡 허승과 함께 결사대 30인
을 이끌고 정중부와 그의 무리들을 죽이고 무신 정권을 장악했
다. 경대승은 도방을 차리고 정국을 이끌었지만, 많은 무신들을
적으로 만들어 언제 자객이 들어올지 모르는 불안감을 못 이겨
급사했다.

　이때 경대승에게 의종을 죽인 죄를 추궁당할까 두려워 경주로
피신했던 이의민이 명종의 부름을 받고 개경으로 돌아왔다. 이
의민은 평장사와 판병부사 자리에 올라 무신 정권을 장악했다.

> ● **무신 집권기 권력기구**
> 정중부(중방), 경대승(도방), 이
> 의민(중방), 최충헌(교정도감),
> 최우(정방, 인사기구)
> (겸) 1-4, (겸) 6-3, (겸) 3-2

이의민은 아버지가 소금 장수이고 어머니는 사찰 노비였다. 신분이 천했지만 고려 시대 무인들이 가장 좋아하던 무예 수박희를 잘하여 장군까지 오른 인물이다. 그는 천성이 무식하고 포악하여 백성들의 원망과 지탄을 한 몸에 받았다. 결국 황해도 우봉 출신의 최충헌이 1196년 4월 이의민을 습격하여 죽이고 무신 정권을 탈취했다.

무신 정권 초기에 이처럼 권력 교체가 자주 일어난 것은 무신들의 국정 경험이 부족한데다 문신들을 탄압하여 정국 운영 지원을 받지 못했기 때문이었다. 또 자신들의 권력을 유지하고 보호할 사병 집단이나 공적인 무장 세력도 만들지 못한 것도 원인이었다. 최충헌은 이런 경험을 바탕으로 사병 집단과 권력기구를 만들어 무신들의 장기 집권 체제를 마련할 수 있었다.

제2기 무신 정권, 최씨 무인 집단

최충헌은 상장군 최원호의 아들로 음서를 받아 문관에 출사했다. 무신 정변이 일어나자 무관직으로 바꾸고, 조위총의 반란을 진압할 때 공을 세워 두각을 나타냈다. 이의민 집권기에 권력에서 배제되었지만, 결국 이의민을 제거하고 권력을 장악했다.

최충헌은 정변에 성공한 뒤 명종에게 〈봉사 10조〉를 올려 국가 정책과 제도, 관직, 기구 등 전반에 걸친 개혁 정책을 건의했다. 비록 집권을 합리화하려는 의도에서 제출한 개혁안이지만, 문관으로 관직을 시작했던 최충헌의 경험과 노련한 정국 운용 방식이 돋보이는 조치였다.

최충헌은 스스로 추밀원지주사 직책을 맡고 조영인, 임유, 최선 등의 문벌귀족을 발탁하여 문신들의 지지를 이끌어내는 기민함을 발휘했다. 명종이 〈봉사 10조〉를 따르지 않으려고 하자 폐위시키고 신종(1197~1204)을 내세웠다.

최충헌은 신변 안전과 권력 유지를 위해 1202년 사병 조직인 도방을 설치했고, 1209년에는 집권기관인 교정도감을 두어 23년 동안 장기 집권(1196~1219)을 했다.

최우는 최씨 집권기 2대 집정으로 도방을 내도방과 외도방으로 확대하고, 마별초와 삼별초를 두어 무력 기반을 더욱 탄탄하게 다졌다. 1225년 인사권을 다루는 정방을 자택에 설치하고, 1227년에는 문신들을 포섭하기 위한 정국 자문기구인 서방을 두었다.

최우가 몽골 군이 쳐들어오는 혼란기에도 무려 30년간(1219~1249) 집권할 수 있었던 것은 권력기구를 정비한 덕분이다. 그 결과 3대 집정 최항의 8년(1249~1257), 4대 집정 최의의 2년(1257~1258)을 더해 제2기 무신 정권은 4대 62년을 이어갔다.

지눌의 정혜결사와 요세의 백련결사

문종에서 인종에 이르는 100여 년 동안 문벌귀족은 고려 사회의 모든 권력을 장악했다. 이들의 독점 권력에 저항한 세력은 크게 세 갈래 흐름으로 정리할 수 있다. 차별받는 무신, 호족 가운데 지방에 남아 향직이 된 중소 지주층, 선종 계열의 승려 집단이 그들이다.

무신 정권은 자신들의 정변을 시대적 변혁의 반영으로 설정한 뒤, 문벌귀족과 결탁한 화엄종·법상종 등 교종과 대립각을 세우고 있던 선종 계열을 끌어들였다.● 선종은 체제 변혁적인 속성을 지니고 있었기 때문에, 무신 정권의 정당성을 홍보하는 이념적 도구가 되기에 안성맞춤이었다.

보조국가 지눌은 사굴산문의 승려로 1182년 승과에 급제했으나 출세를 포기하고 《육조단경》과 《대장경》을 읽으며 사회 변혁과 불교 통합을 구상했다. 1188년 대구 공산(팔공산)의 거조사에서 정혜결사(수선결사)를 조직하고 권수정혜결사문을 발표했다. 1200년 승주 송광산 길상사에서 돈오점수(頓悟漸修)와 정혜쌍수(定慧雙修)●● 를 바탕으로 한 선교 일치를 내세웠다. 이는 의천이 교종을 바탕에 두고 선종을 흡수한 것과 달리, 선종을 교종의 우위에 두는 통합 방식이었다.

돈오점수란 일순간에 깨달음을 얻었더라도(돈오), 그동안 살면서 얻은 망령된 습관이 남아 있기 때문에 계속 수행해야 한다(점수)는 논리였다. 무신 정권은 이를 문벌귀족 제거가 돈오이고, 사회 개혁 추구는 점수라는 식으로 적용했다. 선종의 구산선문은 최씨 무신 정권의 지원을 받아 지눌의 조계종으로 통합되어 사회 변화를 이끄는 동력으로 발전했다.

지눌의 사상은 지감국사 혜심으로 이어졌다. 혜심은 심성론에 입각한 유불일치론●●● 을 주장하여 지방 향직에 있던 중소 지주층을 중앙 정계로 끌어들였는데, 이는 주자성리학●●●● 을 받아들인 신진 사대부의 등장으로 이어졌다. 그 뒤 설악산 진전사로 출

● 고려 매향비
사천 매향비 유명, 불교 신앙(미륵), 불교 문화(불상, 탑 조성), 향도 조직(마을 노역, 상장례, 마을 제사 주관)
(겸) 6-고, (겸) 6-3, (겸) 4-3, (겸) 4-고

●● 지눌의 정혜쌍수
수선사 결사 운동, 선종의 입장에서 교종 포용, 참선을 우선하고 교학은 차선, 돈오점수, 무신 정권의 비호로 성장
(수) 1996, (수) 2003, (겸) 2-1, (겸) 2-2, (겸) 4-3, (겸) 3-3

●●● 혜심의 유불일치론
유교와 불교의 일치화, 성리학 사상의 배경, 심성의 도야를 강조
(수) 2006

●●●● 주자성리학 영향을 받은 인물들
이제현(만권당), 안향(《주자대전》 반입), 이색(수양 강조), 정몽주(이론 정진), 정도전(정치 이념)
(수) 2005, (겸) 1-6, (겸) 2-4

강진 백련사 | 요세가 천태종을 기반으로 백련결사를 일으킨 사찰로, 전남 강진 만덕산(다산)에 있다. 조선 후기에 초의선사와 정약용이 녹차 문화를 일으킨 곳이기도 하다.

가했던 일연이 지눌과 혜심의 사상을 계승했다. 일연은 1281년 군위 인각사에서 《삼국유사》●●●●● 를 저술하여 민중과 인간을 바탕으로 고려 사회의 기풍을 개혁하고자 했다. 일연의 정신은 같은 가지산문 출신인 보감국사 혼구, 태고화상 보우로 이어졌다.

지눌의 정혜결사와 다른 흐름으로, 천태종의 교관겸수를 바탕으로 백련결사를 주도한 요세가 있다. 요세는 합천에 기반을 둔 중소 지주층 출신으로 천태종 승려가 되었으며, 1185년 승과에 합격했다. 하지만 천태종의 형식에 치우친 법회에 실망하고 천하를 유람하며 깨달음을 얻었다.

한때 지눌의 수선사에서 정혜결사에 가담했지만, 1208년 천태종의 법화 사상을 받아들여 강진 만덕산 백련사에서 결사 운동을 조직했다.

●●●●● **일연의 〈삼국유사〉**
고려 후기 자주성 확대, 단군의 역사 기술, 불교적 역사관(신화, 민담, 불교 사화), 한국 문화의 독자성 강조
(주) 2006

요세의 백련결사는 교관겸수와 법화삼매참, 정토왕생을 핵심으로 한다. 교관겸수(教觀兼修)란 부처가 입으로 말한 가르침(교)을 바탕으로 부처의 마음을 읽어야(관) 한다는 의미다. 그리고 좌선과 독경, 염불에 지극 정성을 다해 현세의 죄악을 참회하는 법화삼매참(法華三昧懺)을 실행하여 궁극적으로 정토에 왕생하자는 것이 요세의 대중적 불교 운동이었다.

요세의 사상은 지방 지식인, 향리층, 농민들에게 각광받았으며 정명국사 천인, 진정국사 천책으로 이어져 지눌의 정혜결사와 함께 조선 개국의 원동력인 신진 사대부의 사회 개혁에 많은 영향을 주었다. ●

● **고려의 불교 사상**
균여 화엄종(보살 실천행), 의천 천태종(교관겸수), 조계종 지눌(정혜쌍수와 돈오점수), 혜심(유불일치설)
(검) 7-고, (검) 5-3

고려, 양인과 천인이 있을 뿐이다

고려의 신분을 문벌귀족, 중간층, 양민, 천민으로 구분하는 것은 잘못된 방식이다. 고려의 신분제인 양천제는 모든 백성을 양인과 천인으로 나눈다. 양인은 벼슬길에 나선 관료(문관, 무관)층, 군인·향리 등의 정호층, 일반 농민에 해당되는 백정층, 수공업이나 잡역에 종사하는 잡척층으로 구성되었다. 천인은 노예들로, 고려민의 40퍼센트 정도를 차지했다.

문신 관료층은 호족이나 문벌귀족으로 과거나 음서제를 통해 형성되었으며, 무신 관료는 세습으로 군인이 되었다. 향리는 지방에서 행정 실무를 맡았으며, 고려 후기에 이르면 신진 사대부 세력으로 변화한다. 이들이 고려의 지배 세력으로 정호층을 이룬다.

백정층은 조선 시대의 천직인 백정과 달리 일정한 조세와 요역, 군역, 공납을 담당하는 평민을 뜻한다. 하지만 과거에는 응시할 수 없었는데, 조선의 과거가 모든 평민에게 기회를 준 것과는 달리 고려의 과거는 문무 관료에게만 일정한 자격을 주었기 때문이다.

잡척층은 향·소·부곡·장·처와 같은 지역에 사는 사람들로, 천민이 아니라 농사를 지으면서 도자기·종이·소금·쇠 등 수공업 계통의 특수직을 병행하는 신분이다. 이들은 백정층에 비해 과도한 요역으로 고통을 받았다.

문신 집권기에 온갖 억압과 수탈에 시달린 백성들은 신분 차별을 받던 무신들이 집권하면 좋은 세상이 오리라는 기대와 희망을 품었다.

하지만 무신 정권기에도 세상은 변하지 않았고, 오히려 수탈과 억압이 더욱 심해졌다. 그래서 무신들의 공포정치가 계속되는 가운데 각지에서 군인, 농민, 노비의 봉기가 일어났다.

만적, 노비도 사람이다

무신 정권 때 처음으로 반기를 든 세력은 서북면의 성주, 철주, 창주의 군인들이었다. 1172년, 이들은 수령의 억압과 수탈, 신분 차별에 반대하며 반란을 일으켰다.

1173년에는 동북면병마사 김보당이 정중부와 이의방을 타도

하고 의종을 복위시킨다는 명분으로 반란을 일으켰으나 이의민
에게 패배하여 실패했다. 이의민이 무신 정권 권력의 중심에 등
장하는 계기가 된 사건이었다.

　1174년 서경유수 겸 병부상서 조위총이 개경의 무신 정권을
응징한다는 명분으로 인근 40여 주현의 백성을 이끌고 군사를
일으켰다. 조위총의 반란은 2년이 지난 1176년 6월에야 실패로
막을 내렸다. 하지만 항복을 거부한 조위총의 잔여 세력이 3년여
에 걸쳐 항쟁했다. 이런 측면에서 보자면 민란의 성격이 강한 반
란이었다.

　개성 북쪽 서북면과 동북면의 반란을 군인들이 주도했다면,
남쪽은 주로 농민과 천민의 반란이 주축을 이루었다. 1176년 6월
숯을 굽는 지역인 공주의 명학소에서 망이와 망소이가 1천여 명
의 농민군을 이끌고 신분 해방과 수탈 금지를 명분으로 봉기했
다. 농민군은 개경을 공격 목표로 삼고, 1월에 공주를 점령하여
예산 가야사를 근거지로 삼아 주변으로 확대했다. 이듬해 3월에
는 천안 홍경사를 습격하여 불을 지르고 천안 일대까지 점령했

가야사와 남연군 묘
망이 · 망소이는 명학소에서 난
을 일으켜 천안, 서산으로 세력
을 확장했는데 그 중심지가 가야
사였다. 1844년에 흥선 대원군
이 사찰을 부수고 아버지 남연군
의 묘로 삼았다.

다. 비록 7월에 진압되었지만 그 여파는 전국으로 퍼졌다.

1176년 11월에 서산(가야산)에서 손청이 반란을 일으켜 망이·
망소이의 봉기군과 합세했으며, 1177년 2월에는 익산에서 미륵
산적의 반란이 일어났다. 또 1182년 충청도 관성(옥천)과 부성(서

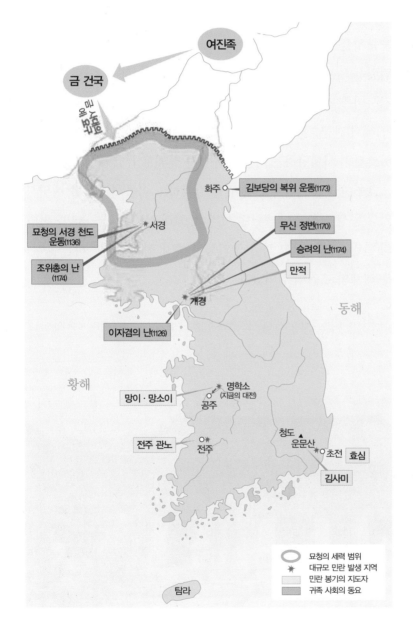

여진족

금 건국

금 사대의 외교

서경

화주 ○ ── 김보당의 복위 운동(1173)

묘청의 서경 천도 운동(1136)

무신 정변(1170)

승려의 난(1174)

조위총의 난 (1174)

만적

개경

동해

이자겸의 난(1126)

황해

명학소 (지금의 대전)

망이·망소이

공주

청도

운문산

초전 ── 효심

전주 관노

전주

김사미

○ 묘청의 세력 범위

✳ 대규모 민란 발생 지역

 민란 봉기의 지도자

 귀족 사회의 동요

탐라

◀ 무신 집권기의 농민 반란
문벌귀족의 권력 독점에 반발하
여 일어난 무신 정변도 백성 편
이 아니었다. 결국 각지에서 농
민들이 봉기를 일으켰고, 이는
한국사를 발전시킨 원동력이 되
었다.

산), 전라도 전주에서는 죽동이 주도한 민란이 발생했다. 향, 소, 부곡 같은 특수한 부락의 주민들은 본업인 농사 이외에 숯이나 소금 생산에 과도한 노동력을 징발당했다. 이들의 봉기는 생존을 위한 격렬한 항쟁이었다.

농민들의 봉기가 소강상태에 접어들고 있던 1193년 7월 청도 운문사를 근거지로 김사미가, 초전(울산)에서는 효심이 대규모 민란을 일으켰다. 토벌군은 초반에 대패하다가, 이듬해 2월에야 김사미를 사로잡아 처형하고 반란을 진압했다. 효심은 밀성(밀양)에서 관군 7천여 명을 전사시키는 등 기세를 올렸으나 12월에 사로잡혀 처형당하는 바람에 봉기는 실패로 끝났다.

1196년 최충헌이 무신 정권을 장악하고 이듬해 명종을 폐위시키고 동생 신종을 내세웠던 시기에, 고려 각지에서는 농민·천민의 반란이 일어났고 하급 군인들이 중앙 정계에 진출하는 등 신분 해체의 조짐이 일어났다.

청도 운문사 대웅보전 | 운문사는 진흥왕이 창건한 사찰로 경북 청도에 있다. 고려 말에 김사미가 난을 일으킨 곳으로 현재는 비구니의 청정 도량이다.

1198년 5월, 최충헌의 노비 만적은 개성의 북산에서 미조이, 순정 등 노비 여섯 명과 함께 비밀 회담을 열고, 왕후장상에 어찌 정해진 혈통이 있겠느냐며 신분 해방과 정권 탈취를 목표로 봉기를 모의했다. 하지만 율학박사 한충유의 가노 순정이 이를 밀고하여 거사를 일으키지 못하고 만적을 포함한 100여 명이 가죽 부대에 담겨 강물에 던져졌다.●

무신 정권은 자신들의 가내 노비까지 반란에 가담한 것에 충격을 받고, 도방이나 야별초 같은 사병 조직을 확대하고 백성을 더욱더 탄압했다. 그러나 백성들의 저항은 끊이지 않았다.

1200년 진주의 공사 노비가 신분 해방을 부르짖으며 봉기했고, 1202~1204년 경상도 일대에서 농민들이 거세게 저항하며 반란을 일으켰다. 1203년 개경의 어린 노비들인 가동이 전투 연습을 하다 발각되어 50여 명이 처형당했고, 1216년에는 양수척의 난리가 일어났다.

13세기 초반에 이르러 고려는 무신 정권의 탄압, 문벌귀족의 수탈, 농민과 천민의 반란●으로 전국이 초토화되었다. 곧이어 몽골의 침입이라는 대규모 재난이 닥치면서 고려는 백성들에게 더 이상 희망을 줄 수 없는 나라가 되었다.

● **고려 시대의 노비**
공노비와 사노비로 나뉜다. 공노비는 관청의 잡역에 종사하는 공역 노비와 농사를 지으며 관청에 일정의 세금을 납부하는 외거 노비가 있다. 사노비는 주인의 집에 살며 일하는 솔거 노비와 주인과 따로 살면서 신분상 얽매인 외거 노비가 있다.

● **무신 집권기 농민 항쟁의 이유**
권문세족의 토지 침탈, 과다한 수조권, 공역과 부역의 증가, 하층민의 신분 해방 투쟁
(검) 1-4, (검) 2-2, (검) 6-고, (검) 6-4, (검) 4-4, (검) 5-고

정혜결사와 백련결사는 고려 사회를 어떻게 바꾸었는가?

고려 초기의 왕건은 호족과 결합한 선종 사상을 받아들였지만, 왕권 강화를 추구한 광종은 통합 사상인 화엄종을 중시했다. 그러나 지방 세력의 이익을 대변하는 선종과 법상종이 여전히 위력을 떨쳤다. 그래서 의천은 선종과 교종을 통합하는(교관겸수) 천태종을 일으켰으나 문제를 해소하지는 못했다.

12세기 말에 이르러 선종 계열의 지눌은 정혜쌍수와 돈오점수를 핵심으로 하는 정혜결사를 일으켰다. 일순간의 깨달음을 얻었어도 아직은 망령이 남아 있으므로 계속 정진해야 한다는 돈오점수와 함께, 정혜쌍수는 선종의 참선을 우위에 두고 교학을 받아들이는 통합 방식이었다. 이는 무신 정변의 정당성이 지속적인 개혁에 있다는 논리로 받아들여져, 무신들의 지지와 후원을 받게 되었다.

백련결사는 천태종 계열의 승려인 요세가 주도한 불교 개혁 이론이었다. 요세의 결사 운동은 법화삼매참과 정토왕생이 핵심이다. 이는 지극 정성으로 현세의 죄악을 참회하면 고통이 없는 극락으로 간다는 불교 운동으로 지방의 지식인, 향리층, 농민들의 지지를 받았다.

이후 정혜결사는 고려 말 혜심의 불교와 유교의 실천과 수양은 같다는 유불일치론으로 이어졌다. 백련결사는 지방의 중소 지주층이 중심이 되는 신진 사대부에 영향을 끼쳤고, 이런 흐름이 고려 말의 권문세족을 비판하고 조선을 개국한 혁명 세력의 이념적 근거로 발전했다.

100년에 걸친 무신 정치가 가능했던 요인은 무엇일까?
그럼에도 불구하고 무신들이 왕위를 찬탈하지 않은 까닭은
무엇일까?

Point 1 고려를 건국한 호족 계통의 무신 세력이 밀려나고 문신 세력이
권력을 장악하게 되는 과정과 이유를 찾아보자.

Point 2 무신 정변을 일으킨 무신들은 왕위를 찬탈하지 않고, 합법적인
권력기구를 만들어 간접 통치하는 방식을 채택한 이유가 무엇
인지 알아보자.

Point 3 무신들이 100년에 걸쳐 권력을 장악하고 유지한 비결을 정치
적 · 경제적 · 국내외적 환경 등 여러 시각에서 생각해보자.

공부를 더 하고 싶다면

✏️ **《우리 역사를 바꾼 귀화 성씨》**(박기현 지음, 역사의아침)
단일 민족의 허상에 빠진 혈통주의를 벗어던지면 우리 역사가 여러 지역, 많은 종족들이 꾸
미고 발전시킨 다양성의 세계라는 걸 인식할 수 있다. 수로 왕비 허황후, 베트남에서 온 화
산 이씨, 흉노가 뿌리인 경주 김씨, 여진족 이지란 등 우리의 역사와 문화에 녹아든 귀화인
들을 만나볼 수 있다.

✏️ **《만적》**(유금호 지음, 이유)
왕이나 재상은 원래 하늘에서 정해준 게 아니라는 깃발을 내걸고 노비 봉기를 일으킨 최충
헌의 노비 만적의 삶과 생애를 소설로 썼다. 역사의 기록은 매우 짧고 간단하여 상당 부분
이 소설적 상상력으로 채워져 있지만, 한 시대의 질곡에 온몸으로 저항한 어느 노비의 결단
과 고뇌를 느껴볼 수 있는 책이다.

2 여몽 전쟁과 삼별초의 항쟁

한 줄로 읽는 우리 역사

1206년에 북방에서 몽골 족이 일어나 고려를 침략했다. 30년에 걸친 여몽 전쟁 끝에 고려와 몽골은 강화조약을 맺고, 고려는 원나라의 간섭을 받는 부마국이 되었다. 삼별초는 강화조약에 반대하며 진도, 제주도에서 항쟁했다.

　정치 경험이 부족한 무신들의 공포정치가 계속되는 동안, 각지에서는 군인들의 반란, 승려들의 저항, 백성들의 민란이 끊이지 않았으며 노비들도 주인에게 저항하는 반란에 동참했다. 무신 정권에 참여했던 이규보는 고려 사회의 문제를 극복할 방법을 역사에서 찾기 위해 1191년 무렵 〈동명왕편〉●을 썼다. 고조선이 붕괴된 뒤 여러 소국들이 들고 일어난 난세를 극복하고 천하를 통일한 주몽 같은 영웅상이 필요했기 때문이다.

해인사 전경
경남 합천 소재. 경내에 있는 장경판전은 세계 문화 유산으로, 강화 선원사에서 판각한 고려대장경을 보관하고 있으며 이 때문에 법보사찰이라 부른다. 대장경판은 세계 기록 유산이다.

고려가 혼란에 혼란을 거듭하던 이때, 북방의 초원을 통일한 몽골 족이 강대한 몽골 제국을 세웠다. 몽골 제국은 고려 북방에 위치한 금나라를 공격하기 위해 고려에 대해 협력을 요구했다. 그런데 1225년 고려에 왔다 돌아가던 몽골 사신 저고여가 압록 강변에서 살해되는 사건이 일어났다. 몽골은 이를 침략의 명분으로 삼고 1231년부터 1259년까지 30여 년 동안 일곱 차례에 걸쳐 고려를 침공했다. 이를 30년 여몽 전쟁이라고 부른다.

● 이규보의 〈동명왕편〉
《동국이상국집》에 수록, 몽골 침략에 저항 의식, 민족 자주 의식 반영, 고구려 계승 의식 표출, 전통 사상과 신화의 반영, 건국 영웅에 대한 시가 형식 (검) 7-4, (검) 3-3, (검) 3-1

제1기 여몽 전쟁, 30년 항쟁이 시작되다

1차 여몽 전쟁(1231~1232)은 1231년 8월에 일어났다. 몽골 제국의 대칸인 태종 오고타이는 금나라를 정벌하기 전에 고려를 견제하고자 살례탑(살리타)에게 3만의 군사를 주어 개경을 침공하게 했다. 충주까지 진격한 몽골 군은 배상금과 인질을 조건으

이규보 사당
경기도 강화 소재. 〈동명왕편〉을 지어 고구려의 영광과 기개를 본받아야 한다고 외친 이규보의 사당이다. 동편에는 이규보의 무덤이 자리 잡고 있다.

처인성 승첩 기념비와 처인성 전적지 | 몽골의 2차 침입 시 김윤후가 몽골 군의 대장인 살례탑을 사살한 곳으로, 성의 맞은편 언덕은 지금
도 살장터라는 지명이 전해온다.

로 강화를 맺고 돌아갔다.

2차 전쟁(1232)은 고려가 배상금을 지불하지 않고 6월에는 수
도를 강화도로 옮겨 결사 항전의 태도를 보이면서 벌어졌다. 몽
골은 살례탑에게 1만 기병을 주어 고려의 국토를 유린하게 했지
만, 살례탑은 용인 처인성에서 김윤후의 화살에 목숨을 잃었다.
대장을 잃은 몽골 군은 황급히 철수하고 양국은 강화를 맺었다.

3차 전쟁(1235~1239)은 5년 동안 이어졌다. 1234년에 금나라를
멸망시킨 몽골은 남송과 고려의 연합을 막고 고려를 완전히 굴
복시키기 위해 치밀하게 전쟁을 준비했다. 그리고 고려 정부에
강화도에서 개경으로 환도할 것을 요구했다. 몽골 군의 3차 원정
군은 충청, 전라, 경주까지 진격하여 고려 국토를 초토화시켰다.

● 직지심체요절
백운화상 초록, 청주 흥덕사에
서 1372년 간행, 현존하는 가장
오래된 금속 활자본, 모리스 쿠
랑의 《조선서지》에서 알려짐
(검) 7-고, (검) 7-초, (검) 4-초,
(검) 3-5

●● 고려대장경 조판 목적
불교 통한 몽골 침략 저지, 최씨
무인 정권의 권력 연장, 민심의
방향을 불심으로 전환, 현재 세
계 기록 유산 지정
(검) 1-5, (검) 1-6, (검) 2-6,
(검) 6-4, (검) 5-초, (검) 3-5,
(검) 3-4

이때 몽골에 의해 황룡사 9층 목탑이 불타 없어졌고 수많은 유적들이 잿더미가 되었다. 이런 가운데에도 세계 최초의 금속 활자 인쇄본인 고금상정예문(1234)이 인쇄되었다. ● 안타깝게도 이 책의 실물은 전해지지 않고, 충주 흥덕사에서 인쇄한 직지심체요절(1378) ●이 현존하는 가장 오래된 금속 활자본으로 확인되어 세계 기록 유산에 등재되었다.

최씨 무인 정권의 2대 집정인 최우는 부처님의 힘으로 몽골 군을 물리친다는 명분을 내세워 강화도 선원사에 대장도감을 설치하고, 1237년에 팔만대장경 ●●을 조판하기 시작해 12년 만인 1248년에 완성했다.

그러나 팔만대장경을 조판한 진짜 목적 ●●은 무신 정권을 유지하고 몽골 침략에 대한 백성들의 비난이 무신 정권으로 쏠리는 것을 희석하려는 데 있었다.

● **목판 인쇄와 금속 활자의 차이와 공통점**
목판 인쇄는 불교의 대중화에 기여했고, 동일한 서책만 찍을 수 있다. 금속 활자는 유교의 대중화에 기여했고, 여러 종류의 서책을 찍을 수 있다. 한편 대량 인쇄와 지식의 보급이란 공통점이 있다.

●● **팔만대장경의 명칭**
원래 명칭은 고려대장경·재조대장경인데, 전체 판각의 수가 8만 1천 258매에 이르렀다고 해서 팔만대장경이라고 부른다.

해인사 팔만대장경
고려대장경 또는 재조대장경이라고도 한다. 몽골의 침입을 불력으로 막고자 1236~1251년까지 판각하였고, 현재 세계 기록 유산으로 등재되었다.

제 2 기 여몽 전쟁, 초토화된 고려

4차 전쟁(1247~1248)은 8년 동안의 소강 상태를 거친 뒤인 1247년에 시작되었다. 몽골에서는 1241~1246년에 왕위 계승을 둘러싼 내분이 발생했다.

몽골 제국의 3대 대칸으로 정종 귀위크가 집권하자 몽골은 고려 국왕의 출륙(出陸)과 입조(入朝)를 요구했다. 고려가 거부하자 몽골은 1247년, 홍복원을 앞세워 아무간이 이끄는 4차 원정 부대를 보냈다. 그러나 고려의 적의 보급원을 차단하는 청야 작전과 유격 전술에 휘말려 고전을 거듭하다 본국에 내분이 일어나자 재빨리 철수했다.

5차 전쟁(1249)은 양국의 강경파들이 일으켰다. 1249년 무신 정권을 이끌던 최우가 죽고 아들 최항이 권력을 잡았다. 이 무렵 몽골에서도 내분이 끝나 몽케가 대칸이 되었다. 이에 따라 양국 강경파들은 한 치의 양보도 없이 첨예하게 대치했고, 결국 전쟁

죽주산성 | 3차 여몽 전쟁(1235 ~1239) 때 송문주가 죽주 방호 별감으로 있으면서 몽골 군을 물리친 호국의 현장이다. 경내에 송문주 사당인 충의사가 있다.

으로 이어졌다.

예쿠가 이끄는 5차 원정 부대는 고려 경제를 파탄시키고 몽골에 대한 저항심을 약화시키기 위해 약탈과 방화, 살인을 주로 저질렀다. 고려 정부는 하는 수 없이 고종이 강화도의 갑곶을 건너 새로 지은 승천부로 나아가 출륙의 형식을 취했고, 몽골 군은 철수했다.

6차 전쟁은 몽골이 고려 왕의 입조를 요구하며 일으켰다. 몽골은 고려 왕자 왕창을 인질로 보내는 고려의 강화 조건을 실질적인 항복으로 받아들이지 않고, 계속 임금의 입조를 요구했다. 몽골의 6차 원정 부대는 1차(1254~1255)와 2차(1255~1256)에 걸쳐 대구, 현풍, 나주, 목포를 유린하고 철수했다.

7차 원정도 입조를 요구하며 벌어졌다. 고려 정부가 계속해서 출륙과 입조를 거부하자 몽골은 자랄타이에게 7차 원정 부대를 이끌고 고려 국토를 유린하게 했다.

몽골의 7차 원정군 역시 1차(1257~1257)와 2차(1258~1259)에 걸쳐 평택, 적산, 광주, 이천, 충주를 공격했다. 고려 정부는 전쟁이 길어지면 유리할 게 없다고 판단하고, 태자 왕전(원종)의 입조를 조건으로 몽골과 강화를 맺어 30년 전쟁을 끝내게 되었다.

토풍불개*, 고려와 몽골의 강화 협상

● **토풍불개(土風不改)**
고려와 몽골의 강화조약으로 고려는 비록 원나라의 부마국이자 부속국으로 전락했지만, 고려국과 왕실의 보존을 약속받았다. 이를 토풍불개, 또는 세조구제(世祖舊制)라고 한다.

몽골과의 전쟁이 한참이던 1249년, 대몽 항쟁을 주도하던 최우가 죽고 최항이 3대 집정이 되었다. 최항도 아버지 최우의 대몽강경책을 계승하여 삼별초를 이끌고 대몽 항쟁을 지휘했다.

그러나 4대 집정인 최의에 이르자 권력 장악에 누수가 생겼으며 무신들 내부에서도 강경파와 온건파가 대립했다. 1258년 고종(1213~1259)은 김준, 임연, 유경을 사주하여 최의를 살해하고 제2기 무신 정권을 무너뜨렸다.

고종은 유경을 앞세워 왕권을 되찾고 몽골과의 강화를 시도했다. 몽골은 국왕의 입조를 조건으로 내걸며 고려 정부를 압박했다. 이때 김준이 문신 관료인 유경을 축출하고 제3기 무신 정권을 세웠다.

최씨 무신 정권에 이어 권력을 장악한 김준 정권(1258~1268)은 국왕이 직접 강화도를 나와 개경으로 돌아가는 출륙 환도에 반대했다. 이때부터 고려와 몽골의 강화 협상은 권력 유지를 꾀하는 무신 정권 세력과 왕권 회복을 추구하는 친왕 세력의 치열한 노선 투쟁으로 발전했다.

1259년 3월, 고종은 결국 태자의 입조를 조건으로 걸고 대장군 박희실을 몽골 군에 보내 강화 교섭을 시도했다. 3월 8일, 몽골 군 대원수 자랄타이는 강화도에서 고려의 조건을 수락하고 강화를 받아들였다. 4월 21일 태자 왕전(원종)은 참지정사 이세재, 추밀원부사 김보정 등을 이끌고 몽골 수도인 카라코룸으로 출발하여 5월 18일 요양에 도착했다.

이때 몽골의 대칸 몽케(1251~1259)는 남송을 공격하기 위해 중국 서북쪽 감숙성 육반산에 머물고 있었다. 그리고 왕전이 육반산으로 향하던 중, 6월 30일에 고종이 승하하고 7월 20일에 대칸 몽케가 세상을 떠났다. 왕전은 대칸의 지위가 아우 쿠빌라이에게 갈 것이라 판단하고, 11월경 하남 임여현에서 쿠빌라이와 만나 강화 원칙에 합의했다.

왕전은 귀국하여 1260년 3월 15일 강화도에서 원종(1260~1274)으로 즉위했다. 그리고 4월 29일 종친 왕희가 몽골에 파견되어 강화조약의 세부 항목에 합의했다.

1) 고려는 자국의 풍속을 유지하고, 2) 몽골 인의 고려 출입을 금지하며, 3) 개경 환도는 적절한 시기에 결정하되, 4) 국경 지대의 몽골 군은 가을까지 철수하고, 5) 몽골 사신은 임무가 끝나면 곧바로 귀환하며, 6) 몽골에 살던 고려인은 계속 거주하되 차후에는 일절 입국을 금지한다는 6개 조항이었다.

1261년 원종은 태자 왕심(충렬왕)을 몽골에 파견하여 쿠빌라이가 아리부케를 누르고 몽골의 대칸에 오른 것을 축하했다. 몽골은 대칸 자리를 둘러싼 분쟁이 끝나자 고려 왕의 몽골 입조를 요구했다.

원종은 무신들의 반대를 무릅쓰고 입조를 받아들였다. 몽골과 강화 협상을 통해 고려의 통치자라는 지위를 확인받고, 이를 근거로 무신 정권을 약화시키려는 의도였다.

1264년 8월, 고려를 떠난 원종은 10월에 대도(북경)에 도착하여 쿠빌라이(1260~1294)와 회견하고 고려 왕 지위를 획득했다. 쿠빌라이는 남쪽의 남송과 바다 건너 일본을 정복하기 위해서는 후방에 있는 고려의 물자 지원이 절대적으로 필요했기 때문에 고려에 우호적으로 대했다.

무신 정권의 몰락

1268년 원종은 무신 정권에 대한 승부수를 띄웠다. 그는 추밀원부사 임연을 시켜 김준을 제거하고, 몽골에 대한 온건 노선을 유지하고자 했다. 그러나 임연도 김준과 마찬가지로 대몽 강경론자였다. 임연은 1269년 군사 정변을 일으켜 원종을 폐위시키고 안경공 왕창을 왕으로 추대했다. 원세조 쿠빌라이는 고려의 내정 분란에 대해 원상 복구를 강력하게 요구했다.

임연은 몽골과의 항쟁이 불가능하다고 판단하고, 11월에 다시 원종을 복위시켰다. 몽골의 지지로 다시 복위한 원종은 12월에 몽골에 입조하기 위해 고려를 떠났다. 1270년 2월, 임연이 죽고 아들인 임유무 정권(1270)이 들어섰다.

그해 5월에 고려로 돌아온 원종은 임연이 죽었다는 소식을 듣고 서경(평양)에 머물며 강화도의 모든 백성과 신하들에게 출륙 환도할 것을 명했다. 임유무가 강력하게 반대하자 어사중승 홍문계, 직문하부사 송공례가 원종을 지시를 받아 5월 11일에 임유무를 죽이고, 5월 23일 재추회의에서 출륙 환도를 결정했다. 이렇게 100년에 걸친 무신 정권이 막을 내렸다.

● 삼별초
최우가 조직한 야별초(좌별초, 우별초)에서 기원, 몽골 군의 포로에서 탈출한 병사들로 구성한 신의군 결합, 삼별초(좌별초, 우별초, 신의군)는 최씨 무인 정권의 사병 집단, 개경 환도에 반대하여 봉기(강화도–진도–제주도 항쟁)
(검) 2-2, (검) 2-3, (검) 2-4, (검) 2-6, (검) 4-초, (검) 3-4

삼별초, 누구를 위한 항쟁인가

1270년, 임유무가 죽고 무신 정권이 무너지자 무신 정권의 무력 기반이었던 삼별초는 출륙 환도에 결사 반대했다. 삼별초는

진도 용장산성 | 몽골과의 강화와 출륙을 반대하여 반란을 일으킨 삼별초의 항쟁지이다. 배중손, 김통정이 이끄는 삼별초군은 이곳에서 여몽 연합군에게 패배하자 제주도로 이동하여 항쟁하였다.

최씨 무신 집권기에 최우가 설립한 야별초에서 비롯되었다.

야별초는 점차 확대되어 좌별초와 우별초로 분리되었고, 몽골과의 전쟁에서 부상을 당했거나 포로가 되었다가 탈출한 사람들로 편성된 신의군이 더해져 삼별초가 되었다.

1270년 6월 1일, 삼별초 해산 명령이 떨어지자 장군 배중손, 야별초 지유 노영희, 김통정을 중심으로 한 세력이 승화후 왕온을 고려 국왕으로 추대하고 강화도에 강도 정부를 수립했다.

그러나 국왕이 출륙 환도를 선언한 뒤 많은 사람들은 강화도를 떠나 개경으로 돌아갔다. 배중손과 노영희는 개경 정부와 몽골에 대항하여 지속적으로 싸우려면 후방의 안전지대가 필요하다고 여기고, 8월에 남해의 진도로 근거지를 옮겼다.

삼별초는 진도에 용장산성을 쌓아 남해안 일대에 대한 지배력

▶ 여몽 전쟁

무신 정권은 강화도에서 30년에 걸쳐 여몽 전쟁을 치렀지만 사실 주요 항쟁은 농민들이 주도하였다. 이런 전통은 훗날 의병 운동, 항일 독립전쟁으로 이어졌다.

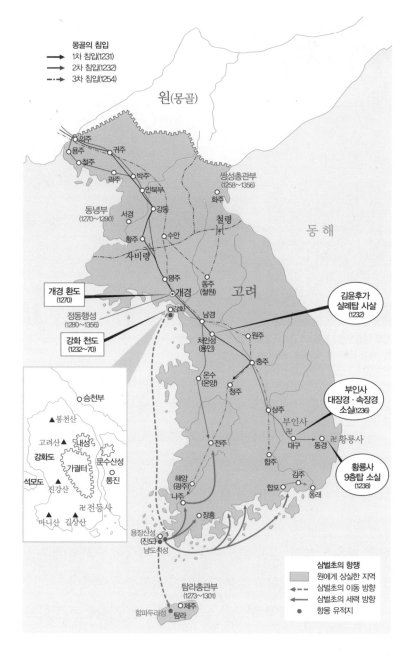

몽골의 침입
→ 1차 침입(1231)
→ 2차 침입(1232)
⇢ 3차 침입(1254)

원(몽골)

의주
용주
귀주
철주
곽주
박주
안북부
쌍성총관부
(1258~1356)
화주
동녕부
(1270~1290)
서경
강동
철령
동 해
황주
수안
자비령
평주
동주
(철원)
고 려
개경 환도
(1270)
개경
정동행성
(1280~1356)
강화
남경
김윤후가
살례탑 사살
(1232)
강화 천도
(1232~70)
처인성
(용인)
원주
충주
온수
(온양)
청주
부인사
대장경·속장경
소실(1236)
상주
부인사
대구
동경
황룡사
황룡사
9층탑 소실
(1238)
합주
김주
동래
합포

승천부
봉천산
고려산
내성
강화도
문수산성
가궐터
통진
석모도
진강산
전등사
마니산 길상산

전주
해양
(광주)
나주
장흥
용장산성
(진도)
남도석성

탐라총관부
(1273~1301)
함파두리성
제주
탐라

삼별초의 항쟁
▨ 원에게 상실한 지역
⇠-- 삼별초의 이동 방향
⇠ 삼별초의 세력 방향
● 항몽 유적지

을 강화하고, 일본에 국서를 보내 연합을 제안했다. 개경 정부는 9월부터 진도를 공격했으나 실패했다.

삼별초는 후방의 안전을 위해 11월에 탐라(제주도)를 점령했다. 원나라 세조 쿠빌라이는 삼별초가 일본 정벌의 장애물이라 여기고, 여몽 연합군을 조직하여 공격하게 했다.

1271년 5월 초 원수 아하이, 씬두, 홍다구가 지휘하는 몽골 군과 김방경이 지휘하는 고려군이 함께 진도를 공격했다. 5월 15일, 결국 배중손과 노영희가 전사하고 승화후 왕온은 참수되었다.

진도가 함락되자 김통정은 결사 항전을 주장하는 동조자를 이끌고 탐라로 근거지를 옮겨 전열을 재정비했다. 삼별초는 빠르게 세력을 회복하여, 이듬해 남해안을 영향권 안에 넣고 강화만까지 북상하며 개경 정부를 위협했다.

1273년 2월 씬두, 홍다구, 김방경이 2만 2천여 명의 여몽 연합군을 조직하여 4월에 탐라를 공격했다. 총포 화기의 공세에 삼별초는 버티지 못했고, 전원이 장렬하게 전사하며 3년여에 걸친 반란이 끝났다.

삼별초 반란은 몽골 군에 무릎 꿇지 않겠다는 고려 무사들의 자주 정신이 그대로 드러난 대표적인 항쟁이었다. 하지만 삼별초는 무신 정권의 사병으로 백성을 핍박하고 무신 정권의 이익을 지켜준 군인들이기도 했다. 이들이 민중을 억압하는 권력의 도구였다는 점에서 긍정적으로만 평가할 수는 없다.

현대사에서 민주 정부를 억압하고 군사 반란을 일으켜 정권을 찬탈한 박정희와 전두환 군사정부는 자신들의 정당성을 주장하기 위해, 삼별초의 항쟁 정신을 강조하고 진도와 제주도 등지에 항몽 전적지를 만들었다. 삼별초의 항쟁은 이들에 의해 지나치게 긍정적으로 평가된 면이 있다.

고려에 시집온 몽골의 공주들

1259년 고려와 몽골(원)의 강화조약이 이루어졌다. 100여 년에 걸친 무신 정권을 끝내고 권력을 되찾은 고려 왕들은 원나라의 부마국이 되어 취약한 권력의 토대를 유지하려고 했다. 이런 연유로 두 나라의 왕실 간 혼인관계가 이루어졌다.

고려에 처음 시집온 원나라 공주는 원세조 쿠빌라이의 딸인 제국대장공주 홀도로게리미실이었다. 그녀는 충렬왕에게 시집와서 충선왕을 낳았다. 이후 고려 왕과 원나라 공주의 결혼은 세조구제(世祖舊制)라 불리며 하나의 전통처럼 굳어졌다.

충선왕은 진왕 카말라의 딸인 계국대장공주 보탑실린과, 충숙왕은 쿠빌라이의 손자인 영왕 에센티무루 딸 복국장공주 역련진팔라와 혼인했다. 충혜왕은 진서무정왕 초팔의 딸인 덕령공주 역련진반과 혼인했으며, 공민왕은 위왕 볼로드 테무르의 딸 노국대장공주 보탑실리와 정략적으로 결혼했다. 몽골 지배 100년 동안 어린 나이에 즉위했으나 곧바로 폐위된 충목왕과 충정왕을 제외한 5명의 군주가 몽골의 사위가 된 것이다.

고려 왕이 원나라 공주와 혼인을 한 까닭은 원나라 위세를 빌려 왕권을 강화하려는 욕심과 고려를 부마국으로 삼아 간접 통치하려는 원나라의 이익이 맞아 떨어졌기 때문이다. 그래서 고려 왕들은 원나라 지배 지역에서 유일하게 왕권을 유지할 수 있었다.

비록 왕의 입장에서는 사후에 장인의 나라에 충성했다는 의미에서 시호에 충(忠) 자가 들어가는 것과 몽골 공주의 위세 때문에 자존심이 상했겠지만, 백성의 입장에서는 모처럼 오랜 전란이 끝나고 형식상으로나마 찾아온 평화였던 셈이다.

삼별초의 대몽 항쟁이 일어난 요인은 무엇이며,
그들의 항쟁을 어떻게 평가해야 할까?

Point 1 삼별초가 어떻게 형성이 되었고, 그들이 누구를 위해 봉사하였는지 알아보자. 삼별초의 존재가 도덕적으로 떳떳한지 그렇지 않은지를 생각해보자.

Point 2 원종과 쿠빌라이 사이에 맺은 강화협상 조건이 무엇이며, 고려 왕실이 왜 몽골과 강화협상을 맺고 강화도에서 개경으로 환도하려 했는지 조사해보자.

Point 3 삼별초가 개경 환도에 반대하여 대몽 항쟁을 선언하고, 진도와 제주도로 이동하며 결사 항전을 한 이유를 살펴보자. 그리고 그것의 역사적 의미를 평가해보자.

공부를 더 하고 싶다면

✎《**항몽 전쟁, 그 상세한 기록**》(구종서 지음, 살림)
최충헌의 무신 집권기부터 40여 년 동안 지속된 고려와 몽골의 전쟁을 역사소설로 담아냈다. 고난의 세월을 살아온 민초들과 항몽의 깃발을 든 장군에서 병사까지 많은 이들의 땀과 죽음과 저항의 흔적을 되돌아본다.

✎《**한 권으로 읽는 팔만대장경**》(진현종 지음, 들녘)
몽골의 침입을 부처님의 힘을 빌려 막겠다는 염원으로 최씨 무신 정권이 1236년부터 1251년까지 무려 16년간 만든 1,547부의 고려대장경에 대한 안내서이다. 이름으로만 알고 있던 대장경의 여러 경전과 논소들을 한 권에 담은 정성이 돋보인다.

✎《**고려에 시집온 칭기즈 칸의 딸들**》(이한수 지음, 김영사)
몽골의 부마국이 된 고려는 충렬왕부터 공민왕까지 5대에 걸쳐 몽골 왕녀를 부인으로 맞았다. 세계제국 원나라의 부마로서 고려 왕실을 보존했다는 긍정론부터 자주성을 심각하게 훼손당했다는 부정론을 떠나서, 몽골 100년 지배기의 고려사를 읽는 데 많은 도움을 준다.

몽골 100년 지배와
공민왕의 자주 개혁

3

한 줄 로 읽 는 우 리 역 사

14세기 중엽에 홍건적이 일어나 몽골 제국을 누르고 명나라를 세웠다. 고려는 충선왕, 이제현의 개혁
이 좌절되었으나 공민왕은 대몽 항쟁과 내부 개혁을 단행했다. 이때 신진 사대부는 주자성리학을 바탕
으로 새로운 유교국가 건설을 꿈꾸었다.

고려와 몽골의 대결은 삼별초의 항쟁이 진압되면서 공식적으로 끝났다. 원
종은 비록 몽골 제국의 제후로 지위가 떨어졌지만, 100년에 걸친 무신 정권을 없
애고 왕권을 찾아오는 데 성공했다.

몽골은 삼별초 항쟁을 진압하는 동시에 일본 원정도 준비했다. 1266년부터 여
러 차례 일본에 사신을 보내 항복을 촉구하면서 침략의 명분을 쌓은 몽골은 1271

성균관 | 경기도 개성 소재. 고려 최고의 교육기관인 국자감이
고려 후기에 성균관으로 바뀌었다.

년, 고려에 둔전경략사를 두고 군량과 군함, 병력을 징발했다. 어느 정도 분위기가 무르익자 원세조 쿠빌라이는 드디어 일본 원정을 시도했다.

여몽 연합군의 일본 원정

1274년에 원종이 세상을 떠나고 원세조 쿠빌라이의 사위인 충렬왕(1274~1308)이 즉위했다. 몽골은 같은 해 10월 원수 씬두, 부원수 홍다구, 유복형이 이끄는 몽골 군과 여진군으로 구성된 2만 5천여 명의 정동군을 일으켰고, 도독사 김방경, 장군 김신, 김문비가 이끄는 4만여 명의 고려군이 이에 합세하여 일본 원정에 나섰다.

여몽 연합군은 병선 900여 척에 나눠 타고 대마도와 일기도를 거쳐 10월 18일 마쓰우라(송포)에 상륙했다. 여몽 연합군은 3일에 걸쳐 일본군과 교전하여 해안에 교두보를 확보했다. 그런데 이날 저녁 태풍이 강습하여 병선 대부분이 침몰하고 병력 1만 5천여 명이 물에 빠져 죽는 참사가 일어났다. 여몽 연합군은 남은 병선을 이끌고 퇴각할 수밖에 없었다. 일본에서는 제1차 일본 원정을 좌절시킨 이 태풍을 신의 바람이라는 뜻의 가미카제(神風)라고 부른다.

1275년, 몽골은 일본으로 사신을 보내 재차 항복을 권유했으나 일본의 집정 호조 도키무네는 거부했다. 1279년, 몽골은 양자강을 건너 남송을 멸망시키고 이민족으로는 처음으로 중원을 통

고려 후기 왕계표

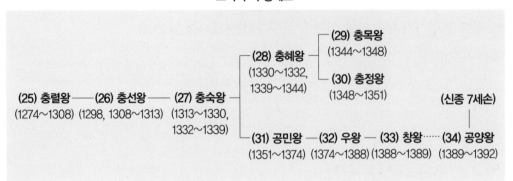

일했다. 1280년 쿠빌라이는 일본 원정을 위해 고려에 정동행성을 설치하고, 이듬해 1월에 출정을 명령했다.

여몽 연합군은 씬두, 홍다구, 김방경이 지휘하는 4만 동로군과 범문호가 이끄는 10만 서로군을 편성했다. 5월 3일 동로군은 합포를 떠나 21일 대마도를 정복했고 26일에는 일기도를 점령했다. 이때부터 동로군은 규슈 해안을 공격하여 6월 7일 하카다 해안에 교두보를 확보했다. 하지만 일본군의 저항에 계속 패하여 6월 13일에는 결국 다카시마(응도)로 후퇴하여 범문호가 이끄는 서로군을 기다렸다.

범문호의 서로군은 6월 초에 강남을 출발하여, 7월 하순 히젠(비전)의 히라도(평호)에 도착했다. 7월 27일 서로군은 다카시마로 이동하여 동로군과 합세했다.

그런데 총공격을 앞둔 8월 1일, 또다시 태풍이 불어 대부분의 전함이 파손되고 10만여 명이 싸움 한 번 제대로 하지 못하고 수장되는 참극이 벌어졌다.

여몽 연합군은 남은 일부 병력만 이끌고 합포로 돌아왔다. 이로써 두 차례에 걸친 여몽 연합군의 일본 원정은 자연재해를 극복하지 못하고 실패했다.

몽골의 고려 간접 지배 100년

여몽 전쟁이 끝나고 강화 협상과 함께 고려는 몽골의 간접 지배기(1259~1356)에 들어갔다.● 몽골(원)은 여몽 전쟁 기간에 고려 정부와 강화 협상을 하면서, 1258년 화주(영흥)에 쌍성총관부를 두어 고려와 여진의 연결을 막고자 했다.

1270년에는 서경(평양)에 동녕부를 두고 직할령으로 삼아 고려와 거란의 교류를 감시했다. 또한 삼별초의 반란을 진압한 다음에는 일본과 남송을 정벌하는 전초기지이자 일본과 연결을 차단할 수 있는 제주도의 중요성을 인식하고, 1273년 탐라총관부를 설치했다.

또한 몽골은 일본 원정이 실패하자 원정군을 지원하기 위해 1280년에 설치한 정동행성을 개경에 그대로 두고 다루가치를 고려에 파견해 내정에 간섭했다.

고려의 권문세족● 가운데 상당수는 정동행성에 빌붙어 부원파로 변신했다. 부원파는 가문과 사익을 위해 사사건건 개혁 정책을 반대하며 백성을 억압하고 수탈했다.

원나라는 부원파를 앞세워 고려에 대해 토지와 백성을 조사하여 보고하도록 끊임없이 요구했다. 고려의 재물을 수탈하고 직접적으로 통치하기 위해서였다.

고려는 이때마다 부마국 지위와 함께 원세조 쿠빌라이가 강화

● **몽골의 고려 지배 특징**
1) 영토 침탈과 내정 간섭
2) 부원파의 득세
3) 부마국의 지위와 제후국 칭호
4) 몽고풍과 고려양

● **고려 권문세족**
문벌귀족 주축, 부원파와 무신 세력 가세, 음서제를 통한 관직 진출, 도평의사사 통한 집권
(검) 1-3, (검) 7-고, (검) 4-3

조약에서 약속한 고려 풍속을 바꾸지 않는다는 '토풍불개(土風不改)' 조항을 내세워 피해 갔다. 부원파들은 끊임없이 고려를 원나라의 일개 성으로 만들려는 입성책동(立省策動)을 되풀이했다.

몽골은 직접 지배가 불가능하자 해마다 어린 공녀와 환관을 요구했다. 이 때문에 자식을 빼앗기지 않으려고 어릴 때 혼인을 시키는 조혼 풍속이 생겨나기도 했다.

고려는 공녀와 환관 공급 외에도 막대한 양의 금, 은, 베, 도자기, 곰 가죽(웅피), 범 가죽(호피), 해동청(매), 인삼, 잣 등의 특산품을 공납으로 바쳐야 했다.

몽골의 100년 지배기는 비록 부마국으로나마 국가의 종묘사직은 유지할 수 있었지만 수탈과 압박에 시달리는 고통의 기간이었다. 이런 와중에도 충렬왕, 충선왕, 충숙왕, 충목왕은 고려의 내정 개혁을 시도했다.

《삼국유사》와 《제왕운기》가 쓰여지다

● 원(몽골)과 고려의 관계
원이 고려에 다루가치(정동행성) 파견, 고려는 원의 부마국, 고려 왕의 시호에 충(忠) 사용, 고려 왕은 원나라 수도인 대도에 숙위로 인질 생활, 고려 왕은 몽골식 이름
(검) 6-초, (검) 3-3

몽골과 고려●의 100년 동안의 관계는 특수한 성격을 지녔다. 지배와 피지배 관계인 동시에, 황제국과 제후국의 종속 관계, 장인과 사위국이라는 혈연 관계였기 때문이다. 오랫동안 권력을 잡았던 무신 세력을 약화 또는 소멸시키기 위해서, 역으로 지배자인 몽골의 지원이 필요한 역설의 시대이기도 했다.

원종은 몽골에 항복하고 고려를 부마국으로 만들었으며 몽골의 강요로 두 차례에 걸친 일본 정벌에 나섰다. 또한 1274년에는

몽골 지배 지역의 변천

동녕부	쌍성총관부	탐라총관부
1270년 서경에 설치 자비령 이북	1258년 화주(영흥)에 설치 철령 이북	1273년 삼별초 진압 뒤 설치 제주도 지역
1290년에 요동으로 옮김	1356년 수복(이자춘 참가)	1356년 폐지

몽골 군을 위한 고려 여인을 선발하는 결혼도감을 설치하여 백성의 지탄을 받았다. 그렇지만 당시 세계를 지배한 몽골로부터 종묘사직을 보장받고, 아들 충렬왕을 원세조의 사위로 만든 외교적 수완은 평가할 만하다.

원종의 큰아들인 충렬왕 왕심은 1271년 5월 쿠빌라이의 딸인 홀도로게리미실(제국대장공주)과 몽골의 수도인 대도에서 혼인했고, 원래 부인인 정화궁주는 제2비로 격하되었다. 그리고 1274년 7월 원종이 죽자 대도에서 고려로 귀국하여 25대 왕으로 즉위했다.

충렬왕은 원 황실의 부마라는 지위를 활용해서, 1279년 10여 명으로 구성된 회의체 도병마사를 70여 명 규모로 늘린 도평의사사로 개편하여 많은 신진 관료들을 국정에 참여시켰다. 또한 응방, 환관, 역관 등 하급 관리를 친위 세력으로 끌어들여 무신 정권의 잔여 세력을 소멸시키고 권문세족을 견제했다.

1294년에는 원성종 테무르에게 탐라 반환을 요청했다. 몽골은 충렬왕이 점차 왕권을 수립해가자 압력을 가해 왕위에서 물러날 것을 강요했다.

충선왕 재위 시절에 민족의식이 고양되면서 불교 개혁에 앞장섰던 일연은 1281년을 전후하여 군위 인각사에서 우리 민족의 시원과 유구한 역사를 기록한 《삼국유사》를 썼다. 충렬왕에게 국왕 측근의 폐단을 시정해야 한다는 내용의 간언 10조를 올렸다가 파직당한 이승휴는 1287년 고향 삼척에서 부패한 정치를 바로잡기 위한 역사의 교훈을 기록한 《제왕운기》●를 썼다.

몽골 제국 3인자, 충선왕의 전지 정치

왕장은 충렬왕에게 양위를 받아 1298년 충선왕으로 즉위했다. 충선왕(1298, 1308~1313)은 세조 쿠빌라이의 외손자라는 지위와 몽골 황실에서 자랐던 영향으로 개혁에 대한 자신감이 충만했다. 세자로서 대리청정을 하면서 1297년 부왕 충렬왕의 총애를 믿고 횡포를 부리던 궁녀 무비를 처단했다.

즉위한 뒤에는 좌중찬 홍자번이 건의한 변민 18사를 바탕으로 27개조 개혁 교서를 발표하여 권문세족의 토지 겸병(대토지 소유), 관리들의 수탈, 세금 횡령 등 일체의 부정부패를 척결하겠다는 의지를 천명했다.

즉위년 4월 인사행정의 폐단을 낳은 정방을 폐지하고 기능을 한림원에 넘겼으며, 5월에는 대대적으로 관제를 개편했다. 위기를 느낀 부패 권문세족과 부원파들은 충선왕의 부인인 제국대장공주를 부추겨 충선왕을 물러나게 했다.

결국 충선왕은 즉위 7개월 만에 물러나고, 충렬왕이 다시 국왕으로 즉위했다. 원나라에 소환된 충선왕은 부왕인 충렬왕 계열의 왕유소, 송린, 홍중희 등의 모함을 받아 10여 년 동안 여러 차

레 위기를 맞았다.

그러나 1307년 정치적 동지인 원무종 카이산을 옹립하는 데
성공하고, 이듬해 부왕이 죽자 원 황실의 지원을 받아 왕유소 등
을 제거하고 왕으로 다시 복귀했다.

충선왕은 복위 교서를 발표하고 조세의 공평, 귀족의 횡포 금
지, 국가가 직접 염전을 관리하는 염법 제정, 백성의 토지를 빼앗
는 행위 금지 등 강력한 개혁 정치를 단행했다. 그러나 얼마 뒤
정치에 염증을 느끼고, 대도로 돌아가 서신을 통해 통치하는 이
른바 전지 정치를 했다.

1313년에는 둘째아들 왕만에게 양위하고 대도의 독서당인 만
권당에 머물며, 명필 조맹부를 초청하여 예술에 심취하고 고려
의 자제들을 뽑아 성리학을 공부하게 했다. 이제현은 대표적인
만권당 출신으로 고려에 성리학을 전파하는 데 중요한 역할을
했다.

만권당 출신 이제현, 11개항의 개혁책을 내다

충숙왕(1313~1330, 1332~1339) 왕만은 충선왕의 둘째아들로
강력한 개혁 의지를 가진 군주였다. 1318년 14개조의 개혁 교서
를 발표하고 개혁기구인 찰리변위도감을 설치했다.

그러나 충숙왕의 개혁은 대도에 머물던 충선왕과 그 측근들의
방해, 여러 차례에 걸친 원나라의 충숙왕 대도 소환 등으로 결국
성공하지 못했다.

그 뒤 원나라는 충숙왕과 아들 충혜왕(1330~1332, 1339~1344)이 번갈아 왕위를 맞게 하여 고려 왕실을 약화시켰다.

1344년 충혜왕의 첫째아들 충목왕(1344~1348)이 8세의 어린 나이로 왕위에 올랐다. 훗날 공민왕이 되는 강릉대군 왕전은 충목왕의 아우이다. 판삼사사 이제현은 이때 충목왕에게 11개항의 개혁책을 제시하고, 수렴청정을 하던 충목왕의 어머니 덕녕공주와 함께 개혁에 착수했다.

그리하여 보흥고, 내승, 응방 등 부패한 기구를 철폐하고 국왕과 신하가 내정을 논의하는 서연을 복구하고 권문세족이 독점한 녹과전을 원래 소유자에게 반환했다.

1347년에는 정치도감을 설치하여 12개의 개혁 과제를 정하고 토지를 조사하는 양전을 실시했고, 1348년에는 굶주린 백성을 구제하기 위한 진제도감을 설치했다. 하지만 부원파나 부패한 세력의 끈질긴 방해, 원나라의 간섭, 그리고 충목왕의 갑작스런 죽음으로 개혁은 좌절되었다.

아우 충정왕(1348~1351)이 왕위를 이었으나 고려 민심이 강릉대군 왕전에게 쏠리자 신하들이 원순제에게 요청하여 폐위시켰다.

이어서 원순제의 제2 황후인 고려 출신의 기황후는 고려에 자신의 지지 세력을 심고자 강릉대군을 고려 왕으로 추대했다. 이로써 시호에 원나라에 대한 충성을 뜻하는 충(忠) 자가 들어가는 고려 왕의 시대는 끝나고 공민왕의 시대가 열렸다.

공민왕의 대몽 항쟁과 내정 개혁

1351년은 원나라와 고려에 변화가 불어 닥친 특별한 해였다. 중국에서는 백련교도들이 머리에 붉은 수건을 두르고 홍건군(홍건적)이라 자칭하며 전국에서 농민 반란을 일으켰다.

당시 고려●에서는 부원파, 권문세족, 사원 집단이 대토지를 소유하고 백성을 수탈했다. 백성에게는 지옥 같은 사회였다. 또한 왜구들의 계속된 침범으로 해안 지역에선 민심이 흉흉하고 불안한 나날이 지속되었다. 이때 공민왕이 22세의 나이로 즉위한 것이다.

공민왕(1351~1374)은 충목왕 시기에 개혁을 주도했던 원로 이제현을 초빙하여 강도 높은 개혁 정책●●●을 추진했다. 즉위년에 정방을 혁파하여 인사권을 전리사와 군부사로 되돌리고, 왕세자에게 경학을 강론하는 서연을 재개했다.

공민왕과 노국공주 영정
종묘 공민왕 사당에 소재, 역성혁명으로 조선을 개국한 태조 이성계는 고려 유민을 무마하고 포용하는 모습을 보이기 위해 종묘에 공민왕 사당을 세우고 제사를 지냈다.

1352년에는 감찰대부 이연종의 건의에 따라 몽고풍의 변발과 호복을 금지하고, 1355년에는 원순제의 부인인 기황후의 권세를 등에 업고 횡포를 일삼던 기철 일당과 부원파를 제거했다.

1356년에는 몽골 연호와 내정 간섭 기구인 정동행성을 폐지했다. 그리고 몽골의 관제를 없애고, 200여 년 전 문종의 옛 제도로 복귀했다. 또 쌍성총관부를 공격하여 폐지시키고 영토를 회복했는데, 이는 중국에서 1356년 홍건적의 반란이 전국적으로 확산되었다는 정보를 입수하고 내린 결단이었다.

공민왕의 1차 개혁은 주로 외사촌 형인 홍언박과 대도에서 그를 시종했던 측근들이 주도했다. 그러나 1359년과 1361년 홍건적이 도적으로 변하여 고려를 침략하는 사태가 벌어졌다.

1363년에는 원나라와 결탁한 시종공신 김용이 흥왕사에서 반란을 일으켰고, 1364년에는 원나라가 충숙왕의 아우 덕흥군을 새 고려 왕으로 책봉하고 최유에게 1만 군사를 주어 고려를 침략하는 사건이 벌어졌다. 다행히 이때 최영과 이성계가 최유를 격퇴하여 공민왕은 내우외환을 모두 극복하고 다시 개혁 정책을 추진할 수 있었다.

신돈의 등용과 개혁의 실패

● 고려 후기 사회상
사노비 증가, 농민들이 자진해 농장의 노비화, 양민 감소로 국가 조세 수입 곤란, 신돈의 전민변정도감 설치
(수) 2007, (검) 7-초

1364년 공민왕은 김원명이 추천한 신돈을 중용하여 제2차 내정 개혁에 착수했다.● 공민왕은 대도에서 인질 생활을 했기 때문에 국내에 친위 세력이 없었다. 또 대도에서 인연을 맺은 시종

공신 조일신, 김용 등은 원나라에 붙어 공민왕을 배신했다.

이때 공민왕이 눈여겨본 대상은 청년 무장 세력, 중소 지주나 향리층의 자제들인 신진 사대부, 선종이나 교종에 속하지 않은 무당파 승려였다. 그런 면에서 신돈은 공민왕이 체제 개혁을 추진하는 데 가장 적합한 무당파 승려였다.

신돈은 권문세족의 정치·경제적 기반을 무너뜨리고 개혁에 대한 백성의 지지를 이끌어내고자, 1366년 전민변정도감●●을 설치하여 노비 해방과 수탈된 토지의 환수를 추진했다. 1367년에는 성균관을 다시 세우고 성리학을 신봉하는 이색, 정몽주, 정도전 같은 신진 사대부●●를 친위 세력으로 끌어들여 권문세족을 공격했다. 1369년에는 신흥 무장 세력 이성계에게 동녕부를 공격하게 해 서북 영토를 수복했다. ●●●

그러나 농민과 천민 계급의 이익을 우선하는 신돈의 개혁은 급진적이어서 숨죽이고 있던 기득권 세력의 표적이 되었다. 게다가 1365년에 개혁을 지지하며 공민왕을 돕던 왕후 노국공주가 세상을 떠나자, 공민왕은 정치를 멀리하기 시작했다. 이에 이존오, 김흥조, 김제안이 연달아 신돈을 탄핵하고 재상 김속명이 신돈을 역모 죄로 몰았다.

결국 신돈은 1371년에 제거되었다. 개혁의 수족이 되어주던 노국공주와 신돈을 잃은 공민왕은 1374년, 측근이던 자제위 소속 친원파 홍륜, 최만생에게 시해당했다. 이로써 공민왕의 제2기 개혁 정책은 물거품이 되었다. ●●●

하지만 신돈을 앞세운 공민왕의 개혁은 여러 측면에서 역사적 가치를 지닌다. 몽골의 지배를 벗어난 자주성의 회복, 몽골의 쌍성총관부와 동녕부 회복, 고려 백성의 숙원인 토지 개혁과 신분

●● **신돈의 전민변정도감**
노비 해방, 토지 개혁, 국가 수입의 확대, 권문세족 견제
(수) 2009, (검) 4-4, (검) 3-4

●● **신진 사대부의 등장**
무신 집권기에 문벌귀족이 몰락한 뒤, 향리의 자제들이 과거를 통해 중앙으로 진출하면서 세력을 키웠다. 공민왕 시기에 성균관의 재개와 함께 개혁 정책에 힘입어 본격적으로 정계에 등장했다.

●●● **공민왕의 영토 수복**
쌍성총관부 수복(1356) 탐라총관부 수복(1356), 정동행성 폐지(1356), 철령 이북 수복
(검) 4-4, (검) 4-3, (검) 5-4

●●● **신돈 개혁의 실패 요인**
1) 지지 세력 부족
2) 급진 정책으로 중도파가 등돌림
3) 고려 내정의 불안정성(경제적 침체, 신분적 동요)
4) 국제 정세의 유동(왜구, 홍건적의 침입 등)
5) 공민왕이 개혁에 철저하지 못했음

해방 추구, 무신 중심에서 문신 중심의 정치로 변화, 신진 사대부와 신흥 무장 세력의 양성 등은 고려 사회를 역동적이고 개혁적으로 변화시키는 원동력이었다.

그러나 개혁의 지속성이 부족했으며 백성의 지지는 얻었지만 정치·군사적인 실권을 장악한 친위 세력 양성에는 실패했다. 또한 지나친 이상주의와 급진 정책은 반대 세력만 키웠다.

결국 고려 내정의 불안정성, 왜구와 홍건적의 침입 등 외적 요인, 권문세족의 조직적인 반대 등으로 개혁은 아쉽게도 성공하지 못했다.

개혁이란 당대에 실패했어도 그것이 추구한 가치는 사회를 변화시키는 촉매제 역할을 한다. 신진 사대부는 비록 신돈과 개혁의 방향은 달랐지만 개혁 정책의 정당성이란 측면에서는 추구하는 목표와 가치가 같았다. 신진 사대부는 신돈이 추구한 개혁 정책●을 바탕으로 훗날 조선을 개국하는 밑거름으로 삼았다.

● 신돈 개혁의 의의
1) 개혁 내용과 방향의 설정
2) 토지 개혁의 당위성 수립
3) 신분 해방의 절박성 인지
4) 새로운 사회에 대한 기대감
5) 신진 사대부의 성장

홍건적●●의 침입과 최영의 부상

●● 홍건적은 누구를 말하는가?
몽골의 지배를 받던 중국 한족은 현세의 고통을 구원해주는 미륵불이 출현한다는 백련교, 미륵교를 숭배했다. 이들은 1351년에 한산동을 추대하고 명왕출세(明王出世)의 깃발 아래 머리에 붉은 두건을 하고 농민 봉기를 일으켰다. 역사에서는 이들을 홍건적이라 한다.

공민왕이 대몽 항쟁을 주도하던 시기에 대륙에서는 머리에 붉은 두건을 두른 농민군들이 봉기를 일으켰다. 홍건적은 원나라 말기에 미륵하생을 믿는 백련교도를 중심으로 중국 하북성에서 봉기한 농민군을 말한다.

백련교 교주 한산동은 1351년, 황하의 범람으로 치수 공사를 위한 노역에 끌려온 농민을 선동하여 반란을 일으켰다가 실패하여 처형당했다.

1356년, 그의 아들 한림아는 백련교를 이끌던 유복통의 추대를 받아 원나라에게 망했던 송나라의 재건을 표방하며 다시 봉기했다. 이들 세력 가운데 일부가 몽골 군에게 패배하여 요동으로 쫓기자, 고려 경내로 들어와서 민가에 불을 지르고 약탈하는 도적 떼가 되었다.

홍건적은 식량과 물자가 부족한 요동보다는 경제적으로 풍요로운 고려를 정복하고, 이곳을 발판으로 중원에 다시 진격한다는 전략을 짜고 고려를 침공했다.

홍건적의 제1차 침입은 1359년 12월에 시작되었다. 11월부터 수천 명의 홍건적이 압록강 주변을 침탈하여 시기를 엿보다가, 강물이 얼자 12월 8일 모거경이 이끄는 4만 명이 드디어 압록강을 건너 의주, 정주, 인주를 점령했다.

고려는 수문하시중 이암을 서북면도원수, 경천흥을 부원수, 김득배를 도지휘사, 이춘부를 서경윤, 이인임을 서경존무사로 삼고 홍건적과 맞서게 했다. 하지만 홍건적의 기세에 눌려 제대로 방어하지 못한 고려군은 서경을 버리고 황주로 후퇴했고, 12월 28일 서경이 함락되었다.

후방에서 전열을 정비한 안우, 이방실, 김어진, 김득배는 2만의 고려군을 이끌고 서경 탈환 작전을 전개하여, 이듬해 1월 19일 서경에서 홍건적을 물리쳤다.

곧이어 퇴각하는 홍건적을 함종에서 공격하여 적장 심자, 황지선을 사로잡고 2만여 명의 목을 베었다. 2월 26일 고려군은 압록강 밖으로 홍건적을 몰아냈고, 이때 살아 돌아간 자가 겨우 300여 명이었다.

홍건적은 3월과 4월에 적은 병력의 수군을 이끌고 풍주(풍천), 덕도(용강), 석도(은율), 봉주(봉산)를 습격했는데, 이는 고려군의 이목을 속이고 다시 침공을 준비하려는 술책이었다.

1361년 10월에는 위평장 반성, 사유, 관선생, 주원수, 파두반이 이끄는 10만의 홍건적이 제2차 침입을 시작하여 삭주와 니성(창성)을 공격했다.

고려는 추밀원부사 이방실을 서북면도지휘사, 참지정사 안우를 상원수, 정당문학 김득배를 도병마사로 삼아 연주(영변), 박주(박천)에서 막아냈다. 이어서 고려군은 도원수 안우를 중심으로 안주에서 홍건적과 결전했으나, 대패하여 상장군 이음과 조천주가 전사했다.

11월 18일 의흥역(우봉)에 이른 홍건적은 기세를 모아 24일 개경을 함락했다. 복주(안동)로 피신한 공민왕은 정세운을 총병관으로 삼아 전열을 정비하게 했다.

이듬해 1월에는 안우, 이방실, 황상, 한방신, 이여경, 김득배, 안우경, 이구수, 최영, 이성계가 이끄는 20만의 고려군이 개경 동쪽의 천수사에 집결했고, 18일부터 총공격을 시작했다.

이때 2천여 명을 이끌던 이성계가 선봉에서 성내로 진입하여 적장 사유와 관선생의 목을 베니, 홍건적의 전열은 무너졌다. 그 결과 홍건적 10여만 명이 목숨을 잃었으며, 파두반이 이끄는 일부만 압록강을 건너 달아났을 뿐이었다.

이때 공민왕을 대도에서 모셨던 시종공신 김용이 여러 장군들의 공을 시기해서, 정세운을 연회에 초청해 살해하는 만행을 저질렀다. 그는 이어서 안우, 이방실, 김득배까지 죽이고 친원파인 기씨 일당과 결탁하여 흥왕사에서 반란을 일으켰다.

이때 밀직사 최영, 지도첨의사 안우경, 상호군 김장수가 군대를 이끌고 김용의 반란을 진압했다. 이를 계기로 최영이 여말선초의 영웅으로 역사의 수면 위로 떠올랐다.

팍스 몽골리카의 시대, 몽고풍과 고려양

팍스 몽골리카의 시대에 고려와 원나라 사이에는 인적 교류는 물론, 학문·문화·사상·문물의 교류가 활발했다. 몽골의 공주가 고려에 시집오면서 따라온 몽골 인들을 통해 그들의 문화가 고려의 지배 세력에 직접적으로 전달되었다. 이때 원나라의 개방적이고 관용적인 국제성과 유목민의 전통이 고려에 많은 영향을 끼쳤는데, 이를 '몽고풍(蒙古風)'이라고 한다.

한편 원나라에 바쳐진 공녀, 원나라에 인질로 가있는 고려 왕자와 수행원, 그리고 유학생과 승려들에 의해 고려 문화도 원나라 지배 세력에게 스며들었다. 특히 원나라 순제의 황후로서 정치적 수완과 권력 투쟁에 능했던 기황후로 인해 고려 문화는 원의 궁중 깊숙이 뿌리를 내릴 수 있었는데, 이를 '고려양(高麗樣)'이라고 한다.

몽고풍의 내용으로는 정치에서 원나라 관직 제도, 복장에서 변발과 호복, 음식에서 육식·설렁탕·소주, 언어에서 인칭의 끝에 붙이는 치나 음식을 뜻하는 수라, 생활 풍속으로 도투락댕기와 두루마기, 저고리 등을 들 수 있다. 고려양으로는 음식에서 떡·유과·순대·불고기·상추쌈, 생활에서 바느질·다리미질·의복 등 주로 여성과 관련된 풍습이 많이 전해졌다.

두 나라의 문화 교류는 정치적 불평등을 떠난 문화상의 동등한 흐름으로, 밋밋하고 고여 있는 전통성을 혁신하는 자극제가 되어 일정하게 역사의 발전에 기여했다.

논술 생각나무 키우기

공민왕의 책사이자 스승 신돈은 강력한 개혁을 추진했지만 기득권 세력의 반발로 오히려 죽임을 당했다.
신돈의 개혁은 역사적인 측면에서 어떻게 평가할 수 있을까?

Point 1 개혁이 필요했던 당시의 시대 상황을 정리하고, 권력 집단의 부패상과 수탈이 어떠했는지도 알아보자. 그리고 어떤 분야의 개혁이 우선 과제였는지도 살핀다.

Point 2 신돈 개혁의 내용, 추진 기구 등이 무엇인지 알아보고, 찬성하는 세력과 반대하는 세력의 입장과 견해를 살펴보자.

Point 3 후대의 영향력이라는 면까지 포함하여, 신돈 개혁의 성공과 실패에 대해 평가해보자.

공부를 더 하고 싶다면

《신돈 미천하니 거리낄 것이 없네》(김헌식 지음, 창해)
천하의 요승부터 시대를 구하려고 뛰어든 혁명가까지, 역사의 평가가 상이한 신돈의 진면목을 찾으려는 노력이 곳곳에 배어 있는 책. 민중의 시대적 요구였던 토지 개혁과 신분 해방, 그것을 막으려는 기득권 세력의 반발, 그 중심에 선 신돈의 삶을 추적하고 있다.

《다정불심》(박종화 지음, 자유문학사)
고려 말 역사의 격랑에 뛰어든 공민왕과 원나라 노국공주의 사랑과 죽음, 절의 여종인 반야와 공민왕의 만남, 우왕의 출생과 신돈의 죽음, 여말선초의 긴박했던 시대상을 역사소설로 그려낸 수작이다.

《천하를 경영한 기황후》(제성욱 지음, 일송북)
고려의 공녀로 몽골에 바쳐진 한 여인이 세계제국 원나라의 최고의 지위인 황후에 이르는 과정을 역사소설로 복원했다. 정치, 재정, 권력의 생리를 체득하고 민중을 지지 기반으로 삼은 탁월한 정치인으로서의 기황후의 면모도 드러난다.

여말선초,
요동 정벌과 위화도 회군

한 줄로 읽는 우리 역사

최영은 고구려 옛 땅을 되찾고 친명 세력인 이성계와 신진 사대부를 견제하고자 요동 정벌을 단행했다. 그러나 정도전과 이성계는 위화도 회군을 통해 최영을 제거하고 권력을 장악했다. 이어서 폐가입진론, 과전법을 거쳐 조선 개국이라는 역성혁명을 성공시켰다.

여말선초는 대략 고려 공민왕 사후(1374)부터 태종 이방원이 왕자의 난(1398)을 일으킨 시기까지를 말한다. 이때 동아시아는 원나라가 초원으로 돌아가 북원으로 명맥을 유지하고, 명나라가 중국의 주인으로 등장하는 세력 교체기였다. 이 시기 고려에는 왜구와 홍건적이 침입했고, 왕조 유지를 위해서 신흥 국가 명나라와 교류해야 한다는 친명파와, 북원과 연합하여 요동을 도모하자는 친원파가 외교 노선을 두고 다투었다.

오늘날의 위화도
위화도는 압록강 하구에 있는 섬으로 이성계가 요동 정벌에 나섰다가 회군을 한 역사적인 장소이다.
현재 북한의 영토에 속하며 많은 사람들이 거주하며 농사를 짓고 있다.

전통적인 세력인 권문세족과 사원 세력은 기득권 유지를 위해 개혁을 방해하고, 계속 농민의 토지를 수탈하며 농장을 확대해 갔다.

이런 가운데 선종 계열의 고승 보우, 나옹, 무학 등이 불교 개혁과 체제 변혁을 꿈꾸었다. 또한 안향, 이제현, 이색으로 이어지는 성리학의 학문 전통을 숭상하던 신진 사대부●도 새로운 신진 관료로서 중앙정치에 교두보를 확보하여, 기득권 보수 세력과 치열한 노선 투쟁을 전개했다. 여말선초는 각각의 세력들이 동상이몽을 꿈꾸면서 자신들의 이익을 관철하기 위해 연합과 대결을 펼치던 시대였다.

● **신진 사대부의 특징**
지방의 중소 지주층, 권문세족의 농장 확대 반대, 성리학 수용, 토지 개혁(과전법), 《소학》과 《주자가례》 중시, 역성혁명(폐가 입진과 조선 개국) 추진
(수) 2006, (검) 2-1, (검) 2-4, (검) 5-고, (검) 3-1

왜구의 침입과 이성계의 등장

우왕 시기에 왜구●●가 극성을 부린 이유는 일본의 국내 사정이 한몫했다. 몽골 침략을 막아낸 가마쿠라 막부(鎌倉幕府) 정권이 무너지자, 천황이 권력을 회복하며 건무신정(建武新政)이 들어섰다(1333). 그러나 곧이어 2명의 천황이 60년간 분열하여 싸우는 남북조 시대(1336~1392)가 시작되었다. 일본은 전국이 전란에 휩싸이고, 패배한 세력들은 해안에 거주하면서 왜구로 돌변했다.

왜구는 단순한 해적 집단이 아니라, 주로 대마도·일기도·구주(규슈)에 거주하는 무사 집단이었다. 이들은 수백에서 수천 명이 무리를 지어 고려의 서남해안을 침략했다. 왜구는 1350년(충

●● **왜구 토벌 지역**
최영의 홍산 대첩(1376), 최무선의 진포 대첩(1380), 이성계의 황산 대첩(1380), 정지의 남해 대첩(관음포 대첩, 1383)
(검) 4-고, (검) 5-고

홍산 대첩비
부여 태봉산성에 위치, 최영 장
군이 왜구를 물리친 홍산 대첩을
기념하여 1977년에 세워졌다.

정왕 2년)부터 공민왕 재위 기간(1351~1374) 동안 115회에 걸쳐
침략했고, 우왕 재위 기간(1374~1388)에는 횟수가 늘어 378회에
이르렀다. 특히 경상, 충청, 전라 3도가 가장 심했다. 이 가운데
왜구를 섬멸한 홍산 대첩(1376), 진포 대첩(1380), 황산 대첩
(1380), 남해 대첩(1383)은 모두 우왕 때 벌어진 전투였다.●

　홍산 대첩은 최영이 왜구를 섬멸한 전투를 말한다. 1376년 2월
부터 수백 명의 왜구들이 금강을 거슬러 올라와 노략질을 하고 7
월에 연산의 개태사까지 침입하자, 고려의 원수 박인계가 나가
싸우다 전사했다. 6도 도순찰사였던 최영은 60세의 나이였지만,
왕에게 출전을 허락받아 왜구 토벌에 나섰다.

　왜구가 홍산에 이르자 최영은 양광도 도순무사 최공철, 조전
원수 강영, 병마사 박수년을 이끌고 태봉산에 진영을 마련한 뒤
앞장서서 왜구와 싸웠다. 최영이 왜구가 쏜 화살에 입술이 맞고
도 주저하지 않고 적진으로 들어가 싸우자, 사기가 높아진 고려

군이 일거에 왜구를 물리쳤다.

진포 대첩은 1380년 나세, 심덕부, 최무선이 화포를 이용하여 왜구를 물리친 해전이었다. 경북 영천 출신의 최무선은 청년 시절 왜구를 물리치기 위해 중국인에게 화약 제조법을 익힌 뒤, 1377년 화통도감의 제조가 되었다. 그때부터 대장군포, 육화포, 화통, 화전과 같은 여러 화기를 만들어 왜구의 침입에 대비했다.

1380년 8월, 왜구들이 500여 척의 군선을 이끌고 금강 하류인 진포(서천)에 정박하고 내륙을 약탈하자, 해도원수 나세, 부원수 심덕부, 최무선이 100여 척의 군선을 이끌고 대적했다. 이때 고려 군은 화포를 사용하여 왜선을 모두 불태우는 대승을 거두었다.

황산 대첩은 1380년 이성계가 운봉 정산에서 왜구를 섬멸한 전투로, 진포 대첩의 연장선에서 이루어졌다. 왜구는 진포에 상륙해서 약탈하다가 돌아갈 군선이 진포에서 모두 격침되자 소백산을 따라 남해로 이동했다. 8월에는 왜구가 함양에서 고려군을 대파하고 남원을 공격했다.

이때 양광·전라·경상 순찰사로 임명되어 왜구를 방비하던 이성계는 왜구가 함양과 운봉을 지나 황산에 이르렀을 때, 배극렴, 왕복명, 우인열, 도길부, 박림종, 홍인계, 임성미, 이원계와 함께 왜구를 공격했다. 이성계는 다리에 화살을 맞고도 분전하여 적장인 아지발도를 사살하고 왜구를 섬멸했다. 이때 살아 돌아간 왜구는 70명에 불과했다.

관음포 대첩이라고도 부르는 남해 대첩은 1383년 정지가 최무선의 도움을 받아 남해안을 약탈하던 왜구를 섬멸한 해전이었다. 왜구들은 3년 전 진포 해전의 패배를 설욕하기 위해, 1383년 5월 120척의 군선을 이끌고 합포(마산)를 공격했다.

이때 해도원수 정지는 나주와 목포에 주둔하고 있던 군선 47척을 이끌고 합포에 이르렀다. 정지는 왜선을 찾아 나섰다가 박두양에 이르러 적선과 마주했다. 왜구는 큰 군선 20척을 앞세워 공격했으나, 최무선이 만든 화포의 공격으로 27척이 파손되고 2천여 명이 첫 전투에 전사했다.

전의를 잃은 왜구는 황급하게 퇴각하여 대마도로 달아났다. 이후 왜구들은 고려의 화포에 두려움을 갖고 더 이상 노략질을 하지 못했다.

왜구 침입 시기에 고려에서는 최영, 최무선, 이성계가 민중의 영웅으로 떠올랐다. 최무선의 화포는 왜구를 섬멸한 일등 공신으로 1389년 박위의 대마도 정벌, 1396년 김사형의 대마도 정벌, 1419년 이종무의 대마도 정벌에서도 아낌없이 위력을 보여주었다.

이 가운데 이성계는 동북면의 군벌로 중앙 정계에서는 소외된

개태사 철확
충남 논산에 위치, 태조 왕건의 개국 사찰로 융성하였으나 고려 말에 퇴락하였다. 철확(쇠로 만든, 발이 없는 큰 솥)은 500명 이상의 밥을 지을 수 있어 개태사의 규모를 짐작케 한다.

고려 지배층의 변화

시기	전기	중기	후기	말기
연도	918~1046년	1046~1170년	1170~1351년	1351~1392년
지배층	호족, 개국공신	문벌귀족	권문세족	신진 사대부
세력 형성	후삼국 호족 고려 개국공신 군사력과 공로	왕실과 통혼 가문 간 통혼 관직의 독점	부원파 무신 세력(일부) 도평의사사 독점	지역 중소 지주층 성리학 유학자 도덕성 확보
관직 진출	지역 토착지배 지위의 세습	음서, 교육, 과거(사학 출신)	주로 음서	과거(성균관)
변화 요인	광종의 개혁	무신 정변	공민왕 개혁	조선 개국
국제 관계	자주적 외교	친송파	친원파	친명파
경제 기반	세습 토지	공음전, 과전, 농장	토지 겸병, 장원 소유	토지 개혁

무장이었다. 하지만 최영의 후원을 받아 왜구 토벌, 홍건적 격퇴 등 빛나는 전공을 세워, 차츰 신진 사대부와 소외받는 소장파 무장들의 신망을 얻으며 최영과 함께 여말선초를 움직이는 실세가 되었다.

우왕의 권문세족 척결

우왕(1374~1388)은 공민왕과 사찰 노비였던 반야 사이에서 태어났다. 1374년에 공민왕이 시해당하자 이인임의 지지를 받아 왕위에 올랐다. 이인임은 측근 세력인 지윤, 임견미, 염흥방과 정권을 잡고, 신진 사대부의 노선인 친명 정책을 버리고 몽골 초원으로 물러난 북원을 지지하는 친원 정책을 추구했다.

　당시 고려 조정의 세력은 중국 대륙의 정세에 따라 친원파와 친명파로 나뉘었다. 그중 이인임, 임견미, 염흥방은 친원 수구파이고, 최영과 이색은 친원 개혁파였다. 정몽주와 이숭인은 친명 보수파이고, 정도전과 조준은 친명 개혁파라 할 수 있다.

　우왕은 부패하고 매관매직을 일삼아 백성의 원망이 거센 이인임 일당을 축출하고자 최영, 이색, 정몽주, 정도전, 이성계의 도움을 필요로 했다. 당시 최영은 권문세족과 군벌귀족의 지지를 받았으며, 이성계는 친명 개혁파의 신망이 두터웠다. 최영과 이성계는 우선 이인임 일파를 제거하는 데 뜻을 같이했다.

　1388년 1월 순군부의 상만호 염흥방이 밀직부사를 지냈던 조반을 역모 죄로 고발했다. 당시 염흥방의 가내 노비 이광이 주인의 위세를 믿고 조반의 농장을 침탈했다. 조반은 이광에게 토지를 돌려달랐고 했으나 거절하자 그를 죽였고, 사건을 설명하고자 개경으로 오고 있었다.

　염흥방은 그것도 모른 채 군사를 이끌고 조반을 토벌하러 개경을 떠났다. 그때 조반은 개경에 입성하여 교주도의 원수 정자교에게 체포되었고 순군옥에 갇혀 심문을 받았다. 우왕은 염흥방이 거짓으로 밀고한 사실을 파악하고 몰래 최영과 이성계에게 염흥방, 임견미 등 이인임 일파를 체포하게 했다.

　이 사건으로 임견미, 도길부, 염흥방 등 권문세족 50여 명이 처형되고, 이인임은 경산부(성주)로 유배되어 그곳에서 죽었다. 최영과 이성계는 우왕 정권 시기에 드디어 고려 최고 권력인 수문하시중과 수시중이 되어 권력의 중심에 우뚝 올라서게 되었다.

우왕과 최영의 승부수, 요동 정벌

최영과 이성계는 모두 왜구와 홍건적 격퇴라는 시대적인 과제를 해결한 영웅으로서 역사의 무대에 나타나 민중의 열렬한 지지를 받은 구세력과 신세력의 대표 인물이었다.

이인임은 제거되었지만, 권력의 중심부는 신진 사대부가 차지하고 왕권은 오히려 쇠약해졌다. 이에 최영은 친명파 신진 사대부의 입지를 약화시키고, 이성계 집단의 사병으로 이루어진 군사력을 고려군이 흡수하여 왕권을 강화시키기 위해 요동 정벌이라는 승부수●를 던졌다.

당시 요동 군벌은 몽골의 나하추로, 무려 20만 군을 보유하고 있었다. 나하추는 1372년부터 줄기차게 북중국을 공격하다가 1387년, 본국인 북원에서 내란이 일어나자 명나라에 투항했다.

따라서 명나라는 무주공산이 된 요동을 차지하고, 고려와 북원의 연결을 막고자 1387년 12월 고려 북쪽에 철령위를 설치하겠다고 일방적으로 통보했다.

우왕은 4월 1일 최영과 이성계를 불러 요동 정벌을 명했다. 그러나 친명파를 대표하던 이성계는 다음과 같은 사불가론(四不可論)을 내세우며 요동 정벌에 반대했다.

1) 작은 나라가 큰 나라를 거스르는 일이고(이소역대 : 以小逆大), 2) 여름에 병력을 일으키면 농사를 망치며(하월발병 : 夏月發兵), 3) 온 나라가 원정에 나서면 왜구가 그 틈을 노려 침략할 것이고(거국원정 : 擧國遠征 / 왜승기허 : 倭乘其虛), 4) 장마철이라 활시위가 늘어나고 군대에 역병이 날 수 있다(시방서우 : 時方暑雨 / 노궁해교 : 弩弓解膠 / 대군질역 : 大軍疾疫).

● **우왕의 요동 정벌 추진 이유**
1) 왕권 강화 : 정치적 입지와 정통성 강화
2) 사병 견제 : 지방군과 사병을 중앙군에 편입
3) 신흥 사대부 견제
4) 명과 북원에 대한 견제와 협력 정책

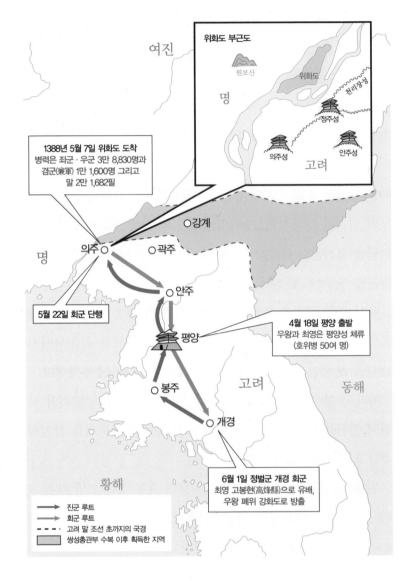

▶ **요동 정벌과 위화도 회군**
최영의 요동 정벌은 이룰 수 있
는 꿈이었으나 시대가 불운했
다. 이성계는 위화도 회군을 단
행하여 최영을 제거하고 조선
을 개국했다.

위화도 부근도

여진

명

원보산

위화도

천리장성

정주성

의주성

고려

안주성

1388년 5월 7일 위화도 도착
병력은 좌군·우군 3만 8,830명과
겸군(傔軍) 1만 1,600명 그리고
말 2만 1,682필

○강계

명

의주 ○

○곽주

○ 안주

5월 22일 회군 단행

평양

4월 18일 평양 출발
우왕과 최영은 평양성 체류
(호위병 50여 명)

고려

동해

○ 봉주

○ 개경

6월 1일 정벌군 개경 회군
최영 고봉현(高烽縣)으로 유배,
우왕 폐위 강화도로 방출

황해

→ 진군 루트
→ 회군 루트
---- 고려 말 조선 초까지의 국경
▨ 쌍성총관부 수복 이후 획득한 지역

하지만 우왕은 국내외 정세가 결코 고려에 불리하지 않다고
판단해, 최영을 팔도도통사로 삼아 요동 정벌의 깃발을 들었다.
좌군도통사 조민수가 이끄는 좌군은 심덕부, 박위 등이 배속되
어 서경, 양광도, 경상도, 전라도, 계림(경주), 안동 지역에서 군사
를 차출했고, 우군도통사 이성계의 우군은 정지, 지용기, 배극렴,

이두란, 이원계가 장군으로 배속되어 안주도, 동북면, 강원도의 인원으로 채웠다.

요동 정벌군의 실제 전투 병력은 3만 8천 800명이고 병참, 공병의 일을 담당하는 부속군은 1만 1천 600여 명, 군마는 1만 2천여 기에 이르렀다. 4월 18일 요동 정벌군은 드디어 서경(평양)을 출발했다.

이성계의 위화도 회군

요동 정벌군은 5월 7일 압록강 하구의 위화도에 도착하여 정세를 관망했다. 최영은 우왕의 만류로 서경에 머물며, 서신과 사신을 여러 차례 보내 압록강을 건너 요동으로 진격하라고 촉구했다.

이성계는 강물이 불어 강을 건너기 어렵고 도망가는 병사들도 속출하고 있다며 회군을 요청했지만, 우왕과 최영은 이를 묵살했다. 강을 건널 것인가, 명령을 거부하고 회군할 것인가. 이성계는 운명의 기로에 섰다. 그것은 단지 이성계 개인의 문제가 아니라 신진 사대부의 앞날과 고려의 운명이 걸린 역사적인 결단의 순간이었다.

이성계의 참모들은 요동으로 건너가 승리하면 공이 최영에게 돌아갈 것이고, 패배하면 책임은 이성계가 질 수밖에 없으니, 회군하여 권력을 장악하는 것이 최선이라고 설득했다.

이성계는 조민수와 여러 장군들을 회유하고 포섭한 뒤 드디어 회군하기로 결정하고, 5월 22일 군사를 돌려 서경으로 진격했다. 결국 왕명을 어기고 반란의 깃발을 든 것이다.

우왕과 최영은 이성계가 반란을 일으켰다는 급보를 받고 개경에서 군사를 모았으나 1천여 명에 불과했다. 6월 1일 개경에 도착한 이성계 반란군은 최영의 저항을 간단하게 물리쳤다.

군사 정변에 성공한 회군파는 우왕을 폐위하여 강화도 교동으로, 최영은 고봉(고양)으로 유배했다. 그 뒤 최영은 합포와 충주로 옮겨졌다가 12월 이성계의 주청으로 참살당했다.

최영이 꿈꾸었던 요동 정벌은 이성계의 위화도 회군으로 실패했다. 고구려의 옛 땅을 되찾고자 하는 이상적 명분과 이성계 세력의 제거라는 현실적 목표를 지녔던 요동 정벌은 이렇게 끝을 맺었다. 그 일로 고려 사회 전반에 충격적인 변화의 폭풍이 불어닥쳤다. 바로 고려 멸망과 조선 개국이었다.

최영 묘소
경기도 고양 소재. 고려의 마지막 무인으로 기개를 떨친 최영의 묘소로, 한적한 숲속에 찾는 이가 거의 없어 수백 년이 지난 오늘날 고려의 멸망을 다시 생각하게 한다.

신진 사대부, 토지 개혁과 폐가입진론

위화도 회군을 기점으로 고려 사회는 정몽주,● 이숭인, 이종학, 권근, 조민수로 대표되는 온건개혁파와 정도전, 조준, 남은, 윤소종, 조반이 주도하는 급진개혁파로 세력이 양분되었다. 온건개혁파 조민수는 이색의 도움을 받아 우왕의 아들 창왕(1388~1389)을 추대하여 주도권을 장악했다.

창왕은 비록 9세에 왕위에 올랐지만 관리를 선발하고 평가하는 전선법을 이부와 병부에서 관장하게 만들어 인사의 공정성을 세웠다. 정방을 폐지했고, 성석린의 건의를 받아 빈민 구제기구인 의창●●을 설립했다.

창왕이 온건개혁파의 지지를 받아 점차 왕권을 세워가자, 역성혁명을 추진하던 급진개혁파는 창왕의 권력 기반인 권문세족의 경제 기반을 무너뜨리는 승부수를 던졌다. 그것은 과전법이라 부르는 토지 개혁이었다.

정도전은 신진 사대부 세력과 함께 권문세족이 독점한 토지제도를 혁파하는 전제 개혁을 시도했다. 권문세족의 사주를 받은 조민수가 이를 강하게 반대하자, 대사헌 조준이 탄핵하여 창녕으로 귀양 보냈다. 이때 판문하부사 이색이 명나라에 사신으로 갔다가 명태조 주원장에게 창왕의 입조를 건의했다. 명나라의 승인과 후원을 받으면 창왕의 입지는 이성계도 건드리지 못할 것이라는 계산이었다. 그러나 명태조는 고려의 내정에 간섭하지 않겠다고 선언했다.

반격을 노리던 급진개혁파는 1389년 11월 김저 사건을 일으켰다. 최영의 조카 대호군 김저와 최영 측근의 문인인 부령 정득후

● **정몽주**
동방이학의 원조, 목은 이색의 제자, 공민왕 시기 과거 급제, 성균관 박사, 고려 개혁 및 사수, 선죽교에서 이방원에게 피살, 조선 시대 사림의 영수로 추앙
(검) 7-고, (검) 5-4

●● **고려의 사회 제도**
의창(흉년 시 빈민 구제), 상평창(물가 조절), 대비원(환자 진료), 혜민국(의료 담당), 구제도감(재해 수습), 구급도감(재해 구제). 제위보(재단법인, 빈민 구제)
(수) 2001, (수) 2010, (검) 2-5, (검) 7-4, (검) 6-3, (검) 6-초

개성의 선죽교 | 이방원은 조영규를 시켜 선죽교에서 정몽주를 격살했다. 고려사수파 정몽주의 죽음은 역성혁명의 장애물이 사라졌다는 뜻이다. 정도전과 조준을 중심으로 한 역성혁명파는 새 나라를 개국하는 데 방해되는 세력을 모두 유배시키거나 제거했다.

는 황려(여주)에 유배되어 있던 우왕을 찾아 이성계를 죽이겠다는 결의를 다지고 곽충보와 상의했다. 그러나 곽충보는 이성계에게 이 사실을 밀고했다. 결국 11월 12일 김저가 체포되고 정득후는 자살했다.

급진개혁파이자 회군파인 이성계, 심덕부, 지용기, 설장수, 성석린, 조준, 박위, 정도전은 김저 사건을 빌미로 창왕을 폐위시키기 위해 흥국사에 모였다. 이때 우왕과 창왕은 공민왕의 혈통이 아니라 신돈의 자손이므로 고려의 왕통을 이을 수 없으니, 새로운 왕씨로 국왕을 옹립하자는 폐가입진론(廢假立眞論)이 나왔다. 그 결과 신종의 7대손인 정창군 왕요를 공양왕(1389~1392)으로 추대하고 같은 해 12월, 강릉에 유배되었던 우왕과 창왕을 시해했다.

정몽주 묘소 | 경기도 용인 소재. 정몽주는 조선 초에는 역사의 패배자이자 역적이었으나 조선 중기에 이르러 그의 성리학에 대한 깊이와 고려에 대한 충성심이 사대부의 표상이 되어 사림의 영수로서 추앙받았다.

1390년 5월 급진개혁파 조반은 이색과 우현보가 파평군 윤이와 중랑장 이초를 몰래 명나라로 보내 이성계 일당을 제거할 군대를 보내줄 것을 요청했다는 이른바 윤이·이초의 난을 밀고했다. 이 사건으로 온건개혁파 이색, 우인열, 이숭인, 권근이 옥에 갇히고 권문세족 무신들과 사병들이 제거되었다.

토지 개혁의 승부수, 과전법과 조선 개국

1391년, 급진개혁파는 과전법 도입●을 마무리하고 역성혁명파로 전환하여 군부를 장악했다. 1월에는 삼군도총제부가 설립

> ● **고려 말 척불론**
> 신진 사대부(이색, 정몽주, 정도전 등)의 주장, 사원 경제 폐단, 불교 승려의 타락, 번잡한 불교 행사의 문제를 비판, 성리학 사회의 건설을 주창
> (수) 2004

되고 이성계, 배극렴, 조준, 정도전이 각각 삼군도총제사, 중군총제사, 좌군총제사, 우군총제사가 되었다. 이때부터 신진 사대부는 고려 왕조를 유지하면서 점진적인 개혁을 추진하자는 고려사수파와 새로운 사대부의 나라를 세워 급진적인 개혁을 도모하자는 역성혁명파로 양분되었다.

고려사수파의 수장 정몽주는 회군파의 역성혁명을 막기 위해 근왕병을 모으고 최후의 반격을 준비했다. 1392년 3월 이성계가 해주에서 낙마하여 중상을 입는 사고가 일어났다. 정몽주는 4월에 간관 김진양을 시켜 조준, 정도전, 남은, 윤소종, 남재를 탄핵하여 관직을 삭탈하고 유배를 보냈다.

이성계가 해주에서 개성으로 돌아오자, 정몽주는 이성계의 동태를 파악하기 위해 문병을 핑계로 선죽교를 건너 이성계의 집을 방문했다. 그것은 정몽주의 결단이자 모험이었지만, 결과적으로 지나친 자신감에서 나온 패착이 되어버렸다. 이방원이 〈하여가(何如歌)〉*를 지어 정몽주를 포섭하려고 시도했지만, 정몽주는 〈단심가(丹心歌)〉**로 거절의 뜻을 표했다.

이방원은 조영규를 시켜 선죽교에서 정몽주를 격살했다. 고려사수파 정몽주의 죽음은 역성혁명의 장애물이 사라졌다는 뜻이다. 정도전과 조준을 중심으로 한 역성혁명파는 새 나라를 개국하는 데 방해되는 세력을 모두 유배시키거나 제거했다. 그리고 1392년 7월 11일 우시중 배극렴이 공민왕비 정비의 선양 교시를 빌려 이성계를 새로운 왕으로 추대했다. 고려 왕조(918~1392)는 태조 왕건의 개국 이후 34왕 475년 만에 막을 내렸다. ●●●

● 이방원이 지은 〈하여가〉
이런들 엇더하며
져런들 엇더후료
(이런들 어떠하리
저런들 어떠하리)
만수산(萬壽山) 드렁츩이
얼거진들 엇더후리
(만수산 드렁칡이
얽혀진들 어떠하리)
우리도 이곳치 얼거져
백년(百年)시지 누리이라
(우리도 이같이 하여
백년까지 누리리라)

●● 정몽주가 지은 〈단심가〉
이 몸이 주거주거
일백 번 고쳐 주거
(이 몸이 죽고 죽어
일백 번 고쳐 죽어)
백골이 진토 되여
넉시라도 잇고 없고
(백골이 진토 되어
넋이라도 있고 없고)
님 향댨 일편단심이야
가실 줄이 이시랴
(임 향한 일편단심
가실 줄이 있으랴)

●●●
신진 사대부의 성공 요인
1) 개혁의 추진 : 과전법과 신분 해방
2) 반원 친명 노선 : 명나라의 성장
3) 문벌귀족 숙청 : 도덕성과 명분의 장악
4) 개국 이념의 존재 : 성리학적 국제 질서와 통치 이념

고려사 10대 사건

구분	연대	사건
①	918년	왕건이 궁예를 몰아내고 고려를 건국
②	958년	광종이 과거제를 실시
③	993년	여요 전쟁의 시작(993~1018)
④	1076년	문종, 경정전시과를 제정함
⑤	1107년	윤관과 오연총이 여진 정벌, 동북 9성을 축조
⑥	1135년	묘청의 서경 천도 운동, 김부식에게 토벌당해 실패함
⑦	1170년	이의방과 이고 등이 무신 정변을 일으킴
⑧	1231년	고려와 몽골의 여몽 전쟁(1231~1259)
⑨	1351년	공민왕의 대몽 항쟁(1351)과 신돈의 개혁(1364)
⑩	1388년	최영의 요동 정벌과 이성계의 위화도 회군

권문세족과 신진 사대부

고려 후기의 지배 세력은 문벌귀족, 무신 세력 일부, 그리고 몽골 지배기에 성장한 부원파들로 이루어진 권문세족이었다. 이들은 과거제라는 공식적인 방식보다는 조상과 가문의 위세를 빌려 음서제로 관직에 나아갔고, 서로 통혼을 하여 족벌 체제를 강화했으며, 도평의사사 같은 기구를 통해 권력을 독점했다. 또한 농민들의 토지를 겸병하고 국가에 세금도 내지 않는 방식으로 대농장을 경영하며 경제적 기반도 마련했다.

신진 사대부는 지방에 뿌리를 둔 중소 지주층과 자립 자족이 가능한 중농 계층의 학자들로서, 주자성리학을 받아들여 수양과 실천을 중시하는 개혁적 성향을 지녔다. 특히 권문세족의 토지 겸병이 가속화되면서 자영농으로 전락하게 된 사대부들은 강하게 저항했다. 이들은 공민왕 때 신돈에 의해 재건된 성균관을 통해 중앙 권력에 진출했고, 부원파의 후원 세력이었던 원나라가 몰락하고 유교의 나라를 표방한 명나라가 들어서자 친명파가 되어 더욱 세력을 확대했다.

14세기 말에 원명 교체기의 국제 정세, 토지 개혁, 신분 해방, 권력의 장악을 둘러싸고 권문세족과 신진 사대부는 격렬하게 대립했다. 최영은 신진 사대부를 견제하기 위해 요동 정벌을 단행했지만, 신진 사대부는 위화도 회군으로 반격에 성공했다. 승기를 잡은 사대부들은 폐가입진론을 내세워 우왕과 창왕을 구세력으로 몰아내고, 백성들의 절대적인 지지를 받은 토지 개혁에 착수하여 과전법으로 역성혁명의 발판을 마련했다. 그리고 결국 불교국가인 고려를 멸하고, 성리학 질서의 유교국가인 조선을 개국하는 최후의 승리를 얻었다.

논술 생각나무 키우기

고려 말은 신흥 강국 명나라가 원나라를 북방으로 몰아내고
중원을 차지한 권력 교체기였다. 이런 정세 속에서
고려 우왕과 최영이 요동 정벌을 추진한 이유는 무엇일까?

Point 1 13세기 말 동아시아 정세를 전체적으로 조망하고, 중국 대륙의
세력 교체를 전후한 고려 사회의 분위기를 알아보자.

Point 2 대륙의 향배를 놓고 친명파와 친원파가 주장한 내용이 무엇인
지 알아보고, 그러한 주장을 하게된 원인을 찾아보자.

Point 3 최영의 요동 정벌이 갖는 정치적 배경과 그것에 반대한 이성계,
정도전 등 신흥 사대부의 입장이 무엇인지 비교해보고, 역사적
평가를 내려보자.

공부를 더 하고 싶다면

✎ **《무학대사》** (황인규 지음, 밀알)
불교와 유교, 친명파와 친원파가 격돌하는 여말선초의 격변기에서 태조 이성계의 스승으
로서 불교와 고려의 개혁을 추구한 무학대사의 삶과 사상을 다룬 평전이다.

✎ **《정도전을 위한 변명》** (조유식 지음, 푸른역사)
고려 말의 부패한 세상을 바꾸겠다는 신념을 실천한 혁명가이자 토지·제도·사회 전반의
개혁을 추진한 개혁가 정도전의 사상과 일대기를 치밀하게 그려냈다. 태종 이방원에게 제
거되어 조선 500년 동안 난신으로 살았지만 오늘날 조선의 루소로 되살아난 그의 면모를
제대로 볼 수 있는 역작이다.

찾아보기

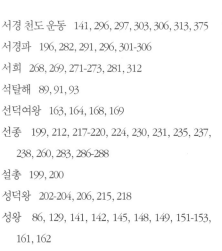

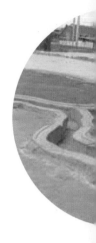

새우와 고래가 함께 숨쉬는 바다

교과서와 함께 읽는 청소년 한국사 1
구석기 시대부터 고려 시대까지

지은이 | 오정윤
펴낸이 | 전형배
펴낸곳 | 도서출판 창해
출판등록 | 제9-281호(1993년 11월 17일)

초판 1쇄 발행 | 2010년 7월 31일
초판 4쇄 발행 | 2014년 4월 15일

주소 | 110-300 서울시 종로구 인사동5길 20번지(관훈동 198-36) 오원빌딩 602호
전화 | 070-7165-7500(代), (02) 333-5678
팩시밀리 | (02) 322-3333
홈페이지 | www.changhae.net
E- mail | chpco@chol.com
＊chpco는 Changhae Publishing Co.를 뜻합니다.

ISBN 978-89-7919-968-0   64900
ISBN 978-89-7919-967-3 (전2권)

값·18,000원

ⓒ 오정윤, 2010, Printed in Korea

이 도서의 국립중앙도서관 출판시도서목록(CIP)은 e-CIP 홈페이지
(http://www.nl.go.kr/cip.php)에서 이용하실 수 있습니다.
(CIP제어번호 : CIP2010002543)